产权经济学理论在中国的市场实践

何亚斌 ◎ 著

THE PROPERTY RIGHTS ECONOMICS THEORY
AND ITS MARKET PRACTICE IN CHINA

中国金融出版社

责任编辑：王雪珂
策划编辑：丁志可
责任校对：李俊英
责任印制：陈晓川

图书在版编目（CIP）数据

产权经济学理论在中国的市场实践/何亚斌著．—北京：中国金融出版社，2020.8

ISBN 978-7-5220-0628-4

Ⅰ.①产…　Ⅱ.①何…　Ⅲ.①产权—经济学—研究—中国　Ⅳ.①F12

中国版本图书馆CIP数据核字（2020）第085663号

产权经济学理论在中国的市场实践
CHANQUAN JINGJIXUE LILUN ZAI ZHONGGUO DE SHICHANG SHIJIAN

出版
发行　中国金融出版社

社址　北京市丰台区益泽路2号
市场开发部　(010)66024766，63805472，63439533（传真）
网上书店　http://www.chinafph.com
(010)66024766，63372837（传真）
读者服务部　(010)66070833，62568380
邮编　100071
经销　新华书店
印刷　保利达印务有限公司
尺寸　169毫米×239毫米
印张　24.75
字数　330千
版次　2020年8月第1版
印次　2020年8月第1次印刷
定价　98.00元
ISBN 978-7-5220-0628-4

序[1]

改革开放41年来，党领导全国人民解放思想、实事求是，大胆地试、勇敢地闯，在各方面都干出了一片新天地。市场体系建设也是这样。现在，我国已从传统的计划经济体制改革发展到社会主义市场经济体制，市场已在资源配置中起到决定性作用，并更好发挥了政府的作用。

资本市场是市场体系的核心内容。就企业资本的资源配置而言，“使市场在资源配置中起决定性作用”要求建立起两类资本市场，一个是交易上市公司股票和债券的证券市场，另一个是交易非上市企业特别是企业国有资产的产权市场。证券市场是资本市场的头部市场，为上市公司资本运作服务，产权市场是资本市场的长尾市场，为非上市企业的资本运作服务，二者构成复合资本市场体系。和其他长尾市

---

① 本序作者邓志雄，1957年生，湖南人，1974年参加工作，中南大学毕业，教授级高级工程师。

中央党校中青班第十期学员，中国人民大学、中国政法大学、中山大学、中国大连高级经理学院特聘教授，中信改革发展研究基金会咨询委员，深创投博士后流动工作站导师。

曾任湖南新晃汞矿矿长，广东中金岭南有色金属集团副董事长，海南金海股份公司（000657）董事长，中国有色金属工业总公司计划部副主任，国家有色金属工业局企事业改革司司长，国家经贸委综合司副司长，国务院国资委产权局局长、规划发展局局长，现任中国电信集团、中国铝业集团和中国保利集团专职外部董事。

发现并证明了三等分角线性质与判定定律，参与发明PVC合成用复合触媒，参与组织了有色金属行业矿山转产、有色金属行业三年脱困和结构调整工作，推动了国有企业管理信息化工作，牵头推进了中国产权市场建设，参与建立了企业国有产权进场交易制度体系，主持起草中央企业投资管理办法、中央企业结构调整与重组指导意见、中央企业十三五发展规划，推动了中央企业创新基金系建设，对企业发展战略与资本运作、世界经济危机的企业制度成因、复合资本市场建设理论、混合所有制发展理论与操作等有独到见解。

场一样，在信息化时代到来之前，产权市场因交易成本较高而未能发展起来。

2003年，国务院国资委联合财政部颁布3号令——《企业国有产权转让管理暂行办法》，建立起了企业国有产权转让进场交易制度。2016年，国资委联合财政部颁布32号令——《企业国有资产交易监督管理办法》，明确国有企业增资扩股交易要进场操作。在3号令和32号令之间，国资委还针对产权市场规范和交易过程创新出台了一系列相关文件，促进了国企改革深化和产权市场发展。

2015年8月，中共中央、国务院出台《关于深化国有企业改革的指导意见》，明确产权市场和证券市场都是“资本市场”，使产权市场的资本市场地位在国家顶层制度设计中正式得以确认。自此，中国在世界资本市场上率先创建出了由证券市场和产权市场复合而成的资本市场。用复合资本市场分别为上市公司和非上市企业提供产权形成与流转的资本运作服务，使包括国有企业和小微企业在内的各类企业的资本配置都由市场起决定性作用，同时又更好发挥出政府的作用，这就是资本市场的中国特色！这一特色既使企业国有产权实现了阳光下的市场化运动，极大减少了国有产权流转中的暗箱操作与各种腐败，为社会主义市场经济体制落地发展开辟了坚实道路，又使广大非上市企业得以进入资本市场与各类社会资本有机结合，使上市公司与非上市企业的融资能力更加均衡，减小了企业之间的马太效应，抑制了社会的两极分化。

贯彻落实企业国有资产进场交易制度，离不开各地产权交易市场的建设和发展。2004年底，全国各省区市政府分别选择确认了66个产权交易机构作为企业国有产权交易平台。京津沪渝四市的国有产权交易机构获得了中央企业国有产权交易资质。湖北、山东、河北、广东等先后实现了省域产权交易市场的统一整合。2011年2月，经国务院同意，民政部批准设立了中国企业国有产权交易机构协会，使之成为全国产权交易机构建设规范与创新合作的大平台。近年来，多个跨省域联合的企业国有资产线上交易系统正在不断探索中加快发展。

事在人为，任何市场制度都要靠人来执行、落实和发展。企业国有产权进场交易制度的落实，靠的是国资委、相关部委和产权交易机构的积极作为。产权交易市场的发展，靠的是一代代产权人的执着追求和倾情奉献。我国产权界有一大批产权交易机构主要负责人连续任职10年以上，有的甚至长达20年，他们成为推动当地产权市场发展的领军力量。这支队伍绝大多数人想干事、能干事、不出事。他们对产权市场的开拓创新有着源源不竭的激情，他们有志存高远、公道正派、维护契约、坚守底线的高尚品格，有专注、创新、担当、实干、奉献的产权人精神，有对产权事业无怨无悔、情系一生的市场情怀，非常难能可贵，值得总结弘扬。

庚子年初，时逢大疫，人人宅家，微信上的产权群却更加热闹。突然有了大把富余时间的人们，有了坐下来总结交流的宝贵机会。作为群主，湖北产权何亚斌同志向我提议请大家一起就产权制度、产权市场、产权人写点东西。这个想法得到上海产权蔡敏勇、北京产权熊焰、内蒙古产权马志春等同志的积极响应。在我看来，他们四位同意将各自已发表的产权经济文章整理出来，结集出版，将他们从事产权事业以来的心路历程如实报告出来，将他们对产权市场规范创新问题的思考展望全面分享出来，将一个个产权交易的生动故事陈述解读出来，是在对产权交易行业未来高质量发展贡献智慧，是在给未来的一代代产权人提供史料与参考，确实是一件大好事。他们的文章，过去我读过一些，这次系统整理出来，我又读了不少，感觉非常亲切，从中可以感受到我国企业国有产权进场交易制度的巨大力量，感受到当代中国产权市场的壮丽气象，感受到产权人的创新智慧和执着追求。我深信，由这样的著作组成的丛书一定会对我国未来产权人队伍建设具有参考价值，更希望丛书的出版能激励产权界更多新老朋友也积极加入进来，共同书写好中国特色复合资本市场的发展故事和历史经验。

是为序！

2020 年春节于北京家中

目　　录

第三编　产权市场实务

第四编　产权市场培育和监管政策解读

第五编　产权市场风险防范与信用建设

第六编　产权市场未来展望

附　录

自　　序

中国产权交易市场建立已有32年。我作为第一代产权市场开拓者，深爱着这份前无古人、前无外人的事业，用我最精力充沛、最具有创造性、最充满激情的年华，投身、参与、见证了中国产权市场的建立、发展，并且为之作出从理论到实践的应有贡献。

追求创新是我从骨子里迸发出来的个性特征。但创新需要有良好的氛围，我必须选择。这一生，创新氛围最浓、事业情怀最深、学术成果最丰的时期，是1998年6月主动呈辞湖北省直机关副局长职务、创建湖北产权市场并连续主持省产权交易所全面工作的这11年，以致2009年6月超龄退休后又业余为之工作和研究了10年。

这21年中，我在产权经济学理论研究和产权交易市场化运作实务方面有些心得，发表学术论文91篇，记录了我个人的实践操作和学术成果，现选取其中以反映创新思想和创新成果为主要特色的30篇文章编辑成书，定名为《产权经济学理论在中国的市场实践》，就是我在21年来的所做、所思和所得。

（一）

中国产权市场是改革开放后开创的。

关于“产权”的内涵，现代产权经济学创始人、美国经济学家阿尔钦早在其1961年出版的《产权经济学》中就下过定义：“产权，是一种通过社会强制手段而实现的、对某种经济物品的多种用途进行选择的权利。”（见《新帕尔格雷夫经济学大辞典》，经济科学出版社，

1992年版，第1101页）

关于“产权”的外延，中共中央在2003年10月下过定义：“产权是所有制的核心和主要内容，包括物权、债权、股权和知识产权等各类财产权。”（见《中共中央关于完善社会主义市场经济体制若干问题的决定》）

关于“产权交易”的定义，我在1999年有过表述：“这是指交易双方当事人，依照法律规定和合同约定，通过兼并、招投标、拍卖或网络竞争等方式，将一方当事人所享有的企业产权，转让给另一方当事人，而使被交易企业丧失法人资格或改变法人实体的法律行为。主要发生于产权所有者之间的产权让渡与转移。”（见本书《论产权交易制度化》）

建设中国产权交易市场（以下简称产权市场）是前无古人、前无外人的事业。

何谓“前无古人”？因为在世界上，社会主义＋计划经济有先例，而社会主义＋市场经济无先例。改革开放后经济体制不再沿袭苏联的计划经济模式，计划经济体制下没有产权交易，不需要产权交易市场。1978年党的十一届三中全会启动了我国改革开放的伟大进程，从计划经济，计划经济为主、市场调节为辅，到有计划的商品经济，再到1993年建立社会主义市场经济体制，再到2003年完善社会主义市场经济体制，发展到今天，走过了42年的艰难探索历程。作为社会主义市场体系重要组成部分的产权市场，在改革开放进程中应运而生，也是历史的必然；但产权市场该如何建设，国有产权交易该如何进行，历史上没有既定的制度和方法可循。

何谓“前无外人”？因为资本主义＋市场经济有先例，而社会主义＋市场经济无先例。西方发达资本主义国家没有产权交易市场，它们的资源配置主要是通过公开股票交易市场或场外协商谈判的企业并购市场；而苏联东欧原社会主义国家在1991年剧变后普遍实行私有制，没有公开的产权市场，原来的存量国有产权，交易无序，流失十分严重，导致腐败十分严重。中国实行的是社会主义市场经济，完善公有制为主体、多种所有制经济共同发展的基本经济制度，第一次出现以公有制和市场经济相结合为前提的产权交易活动，没有国外成功经验可参考。

这种在中华五千年历史上前无古人、在世界两百多个国家中前无外人的社会主义市场化产权市场，在中国，经过艰难探索，创造出来了！

（二）

我有幸参与了这项创造性的事业。产权市场，不断得以规范，又有着巨大的创新空间。我的创新，主要表现在以下几个方面的贡献。

第一，在产权交易理论方面有所贡献。

主要体现在三个方面。一是关于国有企业改制的主导者问题，1999年在华中科技大学经济学院的硕士论文中，针对当时某些地方国企改制的混乱局面，我提出，改制的主导者必须是该国企的出资人而不能是其经营者。我的论文主要观点发表在1999年7月8日《湖北日报》，完全符合2003年11月30日《国务院办公厅转发国务院国资委〈关于规范国有企业改制工作意见〉的通知》关于国企改制批准主体的规定。二是关于国有企业股权交易的受让方问题，1999年我在硕士论文中提出，“产权交易的根本目的，并不仅仅在于资本规模的扩大和结构的改善，而是要实现经济资本与优质人力资本的最佳结合。也就是说，在产权交易活动中，只有当产权通过市场交易最终流向具有经营管理能力的企业家，资源的优化配置才有可能最终实现”。（见1999年7月8日《湖北日报》）这一论点，完全符合2005年12月29日《国务院办公厅转发国资委〈关于进一步规范国有企业改制工作实施意见〉的通知》精神，其中首次提出“择优选择投资者”。三是关于产权市场的定位问题，我在2000年发表了《产权市场是资本市场的一部分》一文（见本书第二编），完全符合 2015 年《中共中央　国务院关于进一步深化国有企业改革的指导意见》中关于证券交易市场与产权交易市场同属于资本市场的表述。

第二，在运用交易业务创新成果对国家产权交易法律法规完善方面有所贡献。

一是关于企业破产资产处置平台问题，运用我 2006 年操作的创新案例写出文章，为《企业破产法》的实施，为破产清算处置修补了漏洞，受到司法部重视。二是关于增资扩股办理渠道问题，运用我 2007 年操作的创新案例写出文章，明确提出只能通过产权交易机构这一条渠道来受理的意见，经湖北省国资委采纳发文，在全省范围内突破了国务院办公厅 2005 年关于增资扩股受理多渠道披露信息的规定，后在 2016 年国务院国资委、财政部《企业国有资产交易监督管理办法》中得到确认。三是关于创新交易方式问题，运用我 2008 年操作的案例证明，进入产权交易市场内公开征集受让方，只产生一个经过评审合格的意向受让方的协议交易项目，完全可以在挂牌价的基础上，大大提高增值率。我写出《以“评审加竞价”方式提高场内协议转让项目增值率》一文，引起国务院国资委产权局高度重视，并在 2009 年国务院国资委出台的《企业国有产权交易操作规则》中作了制度上的完善，改为：“只产生一个符合条件的意向受让方的，由交易机构组织双方，按挂牌价与买方报价孰高原则直接签约。”

第三，在创新产权市场融资功能、体现资本市场属性方面有所贡献。

成熟的资本市场具有融资和流转两大功能，分别在一级市场和二级市场上实现。产权市场如果不能发挥融资功能，就不能算完整的资本市场。我在 2000 年就提出产权市场属于资本市场一部分的论断，作为湖北产权交易所的创始人和操盘手，就应当有所作为。基于我同时担任湖北省股权托管中心董事长的职务，2006 年 2 月我在该中心年会上提出，要利用托管的未上市企业股权资源，与招商银行武汉分行青岛路支行合作开展股权质押融资的探索，收到了初步成效，在全国产权界开了先河。时任中国人民银行武汉分行行长张静到本交易所调研后撰写了《股权质押融资：破解中小企业融资难题的新方式》的论文，2008 年 9 月 1 日在《金融时报》“行长论坛”刊发，同时根据我所这一创新实践积极向中国人民银行总行、中国银监会和湖北省人民政府提出了建议，推动了这一融资创新方式上升到国家政策顶层设计的进程。2009 年 3 月，国务院国资委在杭州召开全国“企业国有产权管理暨产权交易机构工作会议”，安排我介绍经验，题为《拓展产权交易机构融资功能　创造产权市场持久生命力》。这种融资方式，经过 10 年的完善，2015 年 5 月 8 日，《湖北省人民政府办公厅关于转发湖北省股权质押融资办法的通知》，发各市州人民政府、省政府各部门，要求“认真遵照执行”。武汉光谷联合产权交易所于 2007 年初设立股权托管登记部，业务发展很快；2011 年 11 月组建独立法人的武汉股权托管交易中心，2015 年 7 月将湖北省股权托管中心整合进来，截至 2019 年底，已发展成为主要市场指标稳居同业机构前列、在全国区域性股权市场具有广泛影响力的运营机构。8 年来，实现融资总额 1 109 亿元，其中股权质押融资 646 亿元，占融资总额的 58%。

第四，在创造性地提出以“五统一”为原则整合建设区域产权市场方面有所贡献。

2003 年 11 月湖北省国资委成立后，面对的全省产权市场现状是，多头监管，机构众多，市场分割，效率低下。我在充分征求意见的基础上，于 2005 年 2 月向省国资委提出了解决思路：以省产权交易中心为龙头，以“五统一”即“统一监管机构、统一信息发布、统一交易规则、统一审核鉴证、统一收费标准”为原则，整合全省产权机构。这一建议被省国资委采纳，同年 4 月在《湖北省国资委关于选择确定全省企业国有产权交易定点机构有关问题的通知》（鄂国资产权〔2005〕

76号）中正式确立。经过3年不懈努力，到2008年1月最终完成整合。值得高兴的是，8年后的2013年3月26日，李克强总理在国务院第一次廉政工作会议上讲话提出："要改革和完善国有产权交易制度，推进市场化改革，实行统一信息披露、统一交易规则、统一交易系统、统一过程监测。"李总理这一要求，随后体现在下面两个文件中：国办函〔2013〕63号《关于贯彻落实国务院第一次廉政工作会议精神任务分工的通知》、国务院国资党委纪检〔2013〕97号《关于国资委贯彻落实2013年反腐倡廉工作任务分工的意见》。

关于湖北产权交易事业的创新，国务院国资委产权局给予了积极评价。2008年7月10日，该局主要负责人到武汉光谷联合产权交易所检查验收，湖北省国资委主要负责人等陪同。产权局领导说，湖北产权交易工作的创新，在各省中比较多，尤其是"五统一"整合产权市场的模式，"非常符合中国产权市场的发展方向"（见何亚斌：《不信东风唤不来》，湖北人民出版社，2009年版，第334页）。

（三）

有人问我们创新比较多又都经得起历史检验的原因，我初步分析，这要感谢改革开放时代给予的机遇，感谢国家和省两级国资委给予的指导，感谢恩师给予的智慧，感谢同事给予的支持。此外，可能与下列四个因素分不开。

一是有理论准备。理论来源一个是在华中科技大学所学。说来话长，1997年2月我动心离开政府机关转行投身产权事业，就进入华中科技大学经济学院在职攻读硕士学位，师从张卫东教授。彼时张卫东教授正应当代产权理论大师张五常教授之邀，赴香港大学经济金融学院进行合作研究，主要课题就是新制度经济学与产权理论。而张五常教授又是现代产权经济学创始人阿尔钦的入室弟子，并与诺贝尔经济学奖得主、产权经济学主要代表人物科斯保持着亦师亦友的密切关系。循着这种机缘，我系统学习了产权理论方面的知识。后来我将硕士论文选题定为“产权交易”，又得到武汉大学研究产权理论的著名学者江春教授的指导。理论的另一个来源是我国著名产权经济学家常修泽教授的《产权交易理论与运作》。1998 年 2 月，我开始搜集产权交易方面的专业文献，发现了南开大学经济研究所常务副所长常修泽教授的大作《产权交易理论与运作》（经济日报出版社，1995 年版），对我帮助极大。同年 6 月我创办湖北产权交易所，就是读着这本书开始建设产权市场、开展产权交易业务的。这一过程异常艰难。实践中的问题需要理论上的答案，我多次研读常教授的专著，后来又当面向他请教，由此有幸与常教授交谊甚深。

二是有法规研学偏好。我对法律法规有敬畏之心，有学习之好。我们都追求“守正出奇”，但首先要守正规范。多少年来，我对党中央的会议文件有很强的学习热望，通过主编并基本每年更新国有产权交易适用法律法规制度，系统学习法规，指导工作，因而受益。我主持产权交易所工作 11 年，没有出现过一起违规案件，退休又 11 年，也没有发生过一起与我有关的违规案件。其次我们要突破思维，出奇制胜，许多法规制度其实又为我们创新指明了方向，留出了空间。比如，国务院国资委 3 号令《企业国有产权转让管理暂行办法》，就是规范和创新相结合的典范。

三是有实操项目经验。我当产权交易所一把手，重大项目、疑难项目，我都亲自参与提供思路，设计策划，关键环节甚至具体操作，所以我知其难在何处、突破口在何处、创新点能够在何处。不在第一线，不经手项目，不了解市场实际，就难有真切体悟。

四是有总结提炼习惯。中国道路能够不断发展、走向成熟的原因，就在于中国共产党人总是自觉地把成功的实践上升为理论，用正确的理论指导新的实践，把成功的和成熟的实践确定为制度，用制度指导工作。我在有价值的项目完成后，都要求项目经理作书面总结，写典型案例分析，我自己更是注重从理论上提升。前文列举的创新成果，绝大部分是从案例总结而来。我写作的激情，就是这样被激发出来的。

（四）

中国产权市场从建立到创新发展，离不开一代代产权人的啼血付出。我们第一代中国产权人不仅十分出色地做好了各自交易所的经营管理工作，还注重学术研究，撰写出不少较高质量的论文。《左传》云："太上有立德，其次有立功，其次有立言，虽久不废，此之谓不朽。"唐代经学家、孔子第31世孙孔颖达对"立言"作了"谓言得其要，理足可传"的注释。从这个层面上说，我虽无意去追求不朽，但我自信，本专著足以达到"言得其要、理足可传"的要求。思想的光芒无论多么微小，总该有它存在的价值。所以我有心通过编辑本书，将自己的思想和经验总结出来，传承下去，达到存史、资治、励志之目的。真诚希望后继英才，能勇于创新，在服务国企产权不断流动和资源优化配置的同时，充分运用资本平台功能，服务各类市场主体，为产权市场谱写更加绚丽的华章。

是为序。

何亚斌

二〇二〇年七月十八日

前　言

本书编辑不是按一般文选模式以文章发表时间先后为序，而是按文章内涵逻辑作出分类，编排为六大类：中国产权市场发展历程、产权市场理论研究、产权市场实务、产权市场培育和监管政策解读、产权市场风险防范与信用建设、产权市场未来展望，最后有附录。

本书作这样的架构设计，指导思想是力求形成相对比较科学的体系，使读者对西方产权经济学理论在中国的市场化创新和运作有一个比较清晰的了解，因而对产权市场研究者和实际从业者起到一定的参考作用。有用性是本书追求的最高宗旨。

上面，基本说清了全书的逻辑架构，下面分别理出每一编内部的逻辑关系，介绍全书30篇文章每文的写作背景及主要创新点，尽量用简练通俗的语言，把我经历的产权市场故事讲好。

（一）

第一编，中国产权市场发展历程，收入7篇文章。

《中国产权市场发展历程评述：政策沿革视角》，是2009年应著名经济学家、北京大学经济学院教授曹和平之邀，为其主编的《产权市场蓝皮书：中国产权市场发展报告（2008—2009）》撰写的，被曹教授认为是首开从制度建设着眼、从国家宏观政策演进沿革的视角评述中国产权市场发展历程之作。此文的价值在于，不仅梳理、分析了产权市场政策法规历史发展的逻辑关系，而且对产权市场发展作了分期，其三阶段分期法，为业界所认同，2018年得到国务院发展研究中心市场经济研究所的确认。

《中国产权市场发源地考》，是2018年为庆祝中国改革开放40年、产权市场成立30年而写的。中国产权协会秘书长夏忠仁评价："亚斌同志的《考》，实事求是地考证了我们从哪里来、我们为什么能来、我们得向何处去，充分地论证了我们的梦想初心以及要实现的愿景，值得我们深思镜鉴。"此文一出，产权界纷纷称赞它起到了正本清源的作用。

《湖北产权市场是怎么创建起来的》一文，是2014年应中国产权协会首任会长、上海联合产权交易所总裁蔡敏勇之约撰写的，收入他倡导主编出版的《产权市场 中国创造》（同济大学出版社，2014年版）一书中。2013年，该书副主编、江西省产权交易所原总经理任胜利多次动员我写作，我都没有答应。"忍顾来时路，惜朝（zhāo）有几人！"我不忍回顾创业之初的艰辛。产权交易所最艰难时到了搞不下去的境地，此时我的老同事老朋友、中国诚信信用管理公司董事长毛振华收购了福建联华国际信托公司，请我去当总经理，我心动过，但为了对追随我的员工负责，我谢绝了。最困难时心理几乎崩溃，我到武昌殡仪馆去"游览"，一位研究生同学陪我静静地坐在主吊唁大厅台阶上，注视着门前那尊不锈钢雕塑《人生》出神，领略其哲学的启示——人的生命，来源于土，回归于土，九九归一。我从产权交易所坚守下来了，终于将绝望之山凿成希望之石。湖北产权交易事业的成功，是我和交易所同事们的杜鹃啼血之作。想到这里，我于2014年初答应了蔡敏勇的要求，一口气写下这篇3.5万字长文。为了经得起历史的检验，我将文稿发给其中提到的几乎所有人士征求意见，采纳他们的合理建议才定稿，至今无一人有异议。我在我的另一专著《不信东风唤不来——我与湖北产权市场十一年》自序中，曾引用北宋诗人王令《晚春》诗句"子规夜半犹啼血，不信东风唤不回"，表达我当年的悲怆心境和对产权市场未来前景的坚定信念。

《武汉光谷联交所十年科学发展路》，提炼出以湖北省产权交易中心为基础而设立的武汉光谷联合产权交易所十年奋斗历程中所获得的八条有益启示，作了理论升华。

我国国有产权交易在全国范围建立进场交易制度，是2002年1月中纪委全会从源头治腐出发最先提出来的，在执行落实方面湖北省纪委走在全国前列。湖北省产权交易中心在省国资委成立之前，参与和协助省纪委在制度建设方面做了卓有成效的工作，时任省委副书记、省纪委书记黄远志到省产权交易中心调研，我作题为《抓住进场交易制度这个关键才能规范好产权市场》的专题汇报，选入本书。

《论我国进场交易制度的建立、定型、落实和延伸》，是填补空白之作。2019年秋，我在整理编辑本书书稿时发现这是一个空白，乃决心考证清楚，于是撰写了这篇万字文，受到国务院国资委权威专家肯定，在财政部主办的《国有资产管理》2020年第1期刊出。

《湖北在全国最成功的创新：以“五统一”整合区域产权市场》的写作故事是这样的：2018年初，中国产权协会组织编书，要求省区市产权交易所各提交一篇最有特色的创新文章。7月，武汉光谷联合产权交易所时任董事长陈志祥商我确定选题。他认为，湖北产权事业在全国影响最大的创新，要数“五统一”整合产权市场，邀请我和他合作写这个题材的文章。我很感动，因为以统一监管机构、统一信息发布、统一交易规则、统一审核鉴证、统一收费标准为原则的区域产权市场优化整合建设模式，是我2004年春向省国资委党委提出并实施的，延续至今，于是我们合作有此文。

（二）

第二编收录产权市场理论研究文章6篇。

《论产权交易制度化》是1999年我的硕士论文节选。主要观点在同年《湖北日报》上发表过。本书关于西方产权经济学理论的内容主要就在这一篇。我提出了制度化的五大对策。论文的创新点在于：提出产权交易的目的，不仅仅在于资本增值和资本结构的调整改善，而应是通过资源市场化配置，实现优良经济资本与优质人力资本的最佳结合，不仅要重视“资”，而且要重视“人”；产权交易的主体，应是产权的所有者而绝对不能是企业的经营者。这些观点在二十多年前提出，是有针对性的、有价值的，后来在2003年组建的国务院国资委颁布的一系列法规制度中一一得到体现。

《产权市场是资本市场的一部分》，是2000年我写给湖北产权交易所的“挂靠单位”省财政厅厅长童道友的。本文较早地提出“产权市场属于资本市场”的论断，这一观点十五年后在《中共中央　国务院关于深化国有企业改革的指导意见》（中发〔2015〕22号）中得到确认。22号文的表述是：“支持企业依法通过证券交易、产权交易等资本市场，以市场公允价格处置企业资产，实现国有资本形态转换。”这就是说，中央文件第一次确认资本市场由证券交易市场和产权交易市场复合组成。

什么是产权市场？它有哪些功能？这些功能如何得以实现？2003年撰写的《论产权市场功能及其实现条件》，从理论上和实践上比较全面地回答了这些基本问题。

我研究了武汉市中级人民法院连续三任院长犯法落马的案件，认为拍卖公司为获得法院执行资产和破产资产的处置业务与法官私下勾结，导致一任接一任院长获刑，这一定是制度性问题。我认为，《企业破产法》在实施方面有明显漏洞。结合我们产权交易中心2006年阳光处置某企业破产资产的实际案例，撰写了《产权市场：企业破产制度的“补天石”》一文，投寄《中国司法》杂志。该刊总编辑对文中案例有疑虑，约请我带着交易项目案卷专程去司法部面谈。经过交流，他们很惊讶，也很惊喜，当即决定发表此文。为了引起读者特别重视，还专门配了编者按：“该文以个别法院在处理破产案上的腐败案例为分析背景，客观分析了新旧破产法在破产案操作中存在的问题，提出运用产权市场堵住破产漏洞的新观点，并用湖北省产权交易中心成功介入某企业破产案发挥产权市场功能的实践，支撑了该观点。”6年后，2012年

6月6日，《最高人民法院关于实施〈最高人民法院委托评估、拍卖工作的若干规定〉有关问题的通知》，决定利用产权市场功能，明确规定：“司法委托标的为国有及国有控股企业的资产及权益（的）……通过省级以上国有产权交易机构的国有产权交易平台依据相关法律法规和司法解释进行拍卖。”

《要重视产权市场整体外部环境的生态系统建设》一文，是我运用系统学的原理结合产权市场实际写作的，在《国有资产管理》发表后，被《新华文摘》转载（见《新华文摘》2007年第15期）。本文论述产权市场生态系统包括三个方面：一是产权市场的整体外部环境问题，二是产权交易机构的内适应与外协调问题，三是区域性产权市场之间的动态关系问题。

《中国国有产权转让的市场化经验及其国际意义——制度设计与实际运作》，是2017年8月应国家发展改革委国际合作司的安排，准备10月初前往古巴国家行政学院讲课准备的课件，经国家发展改革委、商务部和外交部先后审查通过。可惜我没有办成护照去成哈瓦那，原因是中办和国办2013年有文件规定：已离退休领导干部不再派遣出国执行公务。面对政策所限，我有两种选项，最简单选项是回复国家发改委我去不了。但我考虑，这是对国家有利、对产权行业有利、对讲课人未来发展也可能有利的好事，我向国家发展改革委郑重推荐了我的后任、武汉光谷联合产权交易所董事长陈志祥和福建省产权交易所前总经理郑康营，陈志祥讲产权理论和制度设计部分，郑康营讲实际运作和典型案例部分，并一再保证他们定能讲好课。国家发展改革委接受了我推荐的这两位专家，他们也不负所望讲得很成功。国家发展改革委觉得还是应该将我的作用发挥出来，就安排我给来华的外国培训班讲课。我先后在“2017古巴经济模型研修班”、13国“2017非洲英语国家国企改革与治理研修班”“2018多哥宏观经济发展研修班”和“2018中国——毛里塔尼亚共享发展经验研修班”授课，介绍国有产权转让方面的中国智慧和中国方案，学员反响非常好。

（三）

第三编产权市场实务部分收录5篇文章，主要是关于市场培育和业务创新的。

《尽快搭建科技交易大平台　推动武汉城市圈产权市场体系建设》，是我2006年组织课题组研究、我本人执笔撰写的，是精准对症的一篇短文。时任中央政治局委员、湖北省委书记俞正声迅即批示给时任省长罗清泉和数位副省长照办。由于有了责任单位省国资委和负责任的主任杨泽柱，我文中提出的政策建议全都落实了，才有了“五统一”整合湖北产权市场的完成，有了武汉光谷联合产权交易所的诞生和发展。因为这两位主要领导人的批示对于湖北产权市场建设和我个人前景具有命门的意义，所以今年7月我写作了该文的附录，题为《十四年后回看本文的落实成果及重大意义》，希望读者予以关注。

产权市场如果不能具备融资功能就不能成为资本市场。《关于产权交易机构开展未上市股权质押融资的探索》一文，是产权市场融资功能创新的成果。这是我2006年2月在我兼任董事长的湖北省股权托管中心提出、经过一年成功实践的总结。之所以收入本书，是因为它在十年后被政府推广应用。2015年5月8日，《湖北省人民政府办公厅关于转发湖北省股权质押融资办法的通知》（鄂政办发〔2015〕31号），要求各市州政府认真执行。

《国企增资扩股改制方式，应当而且只能通过产权市场来完成》，是我2007年对实际操作案例的理论提炼。这一主张是我第一个提出来的，国务院国资委产权局确认，9年之后在全国统一实行。起因是，2005年12月19日国务院办公厅出台了《国务院办公厅转发国资委关于进一步规范国有企业改制工作实施意见的通知》，提出国企改制可以采取增资扩股这种方式，同时规定，“拟通过增资扩股实施改制的企业，应当通过产权交易市场、媒体或网络公开企业改制有关情况、投资者条件等信息，择优选择投资者。”这个文湖北省国资委怎么贯彻执行呢？2007 年 12 月 29 日出台了《湖北省国资委出资企业规范改制暂行办法》（鄂国资改革〔2007〕422 号）。省国资委党委会讨论这个文案的时候，我参会提出，国办这个文我们省贯彻时不能照抄照搬，有一处是不正确的，增资扩股改制信息披露讲了可选择三种途径：或通过产权市场，或通过媒体，或通过网络来公开，这就为国有资产流失、为谋私，提供了“地下通道”。我主张把“媒体或网络”五字删掉，就只剩下“通过产权市场”规范操作。当时副主任王侃、主任杨泽柱先后同意我的意见。一年后的 2008 年 12 月 1 日，我又提请湖北省国资委出台了《湖北省国资委关于转发〈湖北省国有企业增资扩股进入产权市场择优选择投资者业务规则〉的通知》（鄂国资产权〔2008〕420 号），写明：“今后各级国资监管机构凡批准国有企业以增资扩股方式进行改制、重组、脱钩改制的，在批复文件中须明确要求进入武汉光谷联合产权交易所公开进行。”到 2016 年 6 月国务院国资委和财政部出台《企业国有资产交易监督管理办法》（32 号令），专门写了企业增资扩股一章，明确规定：“企业增资通过产权交易机构网站对外披露信息，公开征集投资方。”自此，增资扩股进场就成为全国统一的制度。

《以“评审加竞价”方式提高场内协议转让项目增值率》，是 2008 年我与国务院国资委产权局的一篇善意商榷之作。2006 年 12 月，国务院国资委、财政部出台《关于企业国有产权转让有关事项的通知》（国资发产权〔2006〕306 号），规定：“对经公开征集只产生一个意向受让方而采取协议转让的，转让价格应按本次挂牌价格确定。”2007 年我们产权交易所承揽了一个项目，武汉石油公司旗下全资子公司实友房地产公司 100% 股权对外转让。按照我们设计的先评审后竞价的交易方案实施后，经公开征集只产生一个意向受让方，但成交价比挂牌价高出 78%。我就写出这篇文章，副标题是“与国资委财政部商榷”，带着文章和案例到国务院国资委产权局去面谈，明确指出 306 号文的“应按原则”，限制了增值空间是不正确的。时任监管处处长黄景安（后任资本运营与收益管理局副局长）表示，你以实际案例证明306号文这一条有问题，我们一定向领导汇报，认真研究，你的文章可以发表，但副标题还要不要呢？2008年4月，国务院国资委年度“企业国有产权管理及产权交易机构工作会议”在昆明召开，安排我在大会介绍经验，题为《创新“评审加竞价”交易方式，充分发现投资者发现价格》。2009年6月，产权局将“应按原则”修改为“孰高原则”，在《国务院国资委关于印发〈企业国有产权交易操作规则〉的通知》（国资发产权〔2009〕120号）中重新表述为：“只产生一个符合条件的意向受让方的，由交易机构组织双方按挂牌价与买方报价孰高原则直接签约。”这就在制度上完善了。

《未上市公司股权交易平台和排污权交易平台试运行成为全国创新业务》一文，介绍的是2008年至2009年上半年我主持的两项创新业务。其来龙去脉，在本书第一编《湖北产权市场是怎么创建起来的》一文之“几项创新业务与几位支持者”部分已作详细回顾，在此不赘述，只简要介绍其逻辑思路。

股份公司中有上市公司和未上市公司，上市公司的股票可以在上海和深圳两个证券交易所交易，但上市公司数只占全部股份公司数的10%左右，还有90%的股份公司和更大量的有限责任公司的股权也需要流动。产权交易机构做过探索，但中国证监会当年一直将此作为产权交易机构的业务红线。我为隔离产权市场监管风险，2008年8月与武汉大学经管学院叶永刚博导团队合作设计建设平台。2009年3月3日，副省长赵斌率有关部门负责人到我们交易所专题调研未上市公司股权交易平台和排污权交易平台筹建情况，省政府副秘书长邹贤启主持会议，我汇报了两平台建设思路和准备工作情况，赵副省长讲话，认为条件已经成熟，同意平台试运行。同时我们的做法也争取到了中国证监会湖北证监局宝贵默许。8年后，2017年1月《国务院办公厅关于规范发展区域性股权市场的通知》（国办发〔2017〕11号）出台，未上市公司股权交易才合法化。

我们在副省长赵斌、副秘书长邹贤启和省环保局局长李兵支持下，经过周密筹备，2009 年 3 月 18 日举行“湖北省主要污染物排污权交易”启动仪式，邹副秘书长主持，李兵和我讲话，赵副省长敲锣启动交易。外地建设排污权交易平台，从 2008 年开始先后有天津、上海、北京等三家产权交易所走在前面，但我们这一平台的监管制度、交易规则和成交结果更佳，为此《人民日报》3 月 20 日第二版头条作了报道，题为《湖北启动排污权交易　价格因素将迫使企业自觉推行节能减排》；《产权导刊》同年第 9 期发表该刊编辑部原主任卢栎仁的文章，题为《湖北：排污权交易有特点》，从五个方面介绍了我们的经验。

（四）

第四编，对产权市场培育和监管法规解读，这是我从业几十年来一大特色，也是本书一大特色。本编收录文章 5 篇。

《伟大的里程碑——学习国务院国资委　财政部 3 号令〈企业国有产权转让暂行办法〉的体会》一文，是我成文最快的作品。这个令的出台，如久旱逢甘雨，在全国绝大多数产权交易所面临困境时它出台了。其核心是规定企业国有产权进场交易，我们能不为之欢呼雀跃吗？非同寻常之处还在于，这个法规有了执行机构，新组建了国务院国资委这个特设机构。正是怀着一腔激情，三天时间写成这篇 6 000 字文章发表。国务院国资委产权局时任副局长邓志雄看到文稿时评价，作者这篇文章对 3 号令精神实质把握到位，“说 3 号令是‘伟大的里程碑’不敢当，但说它是‘里程碑’，确实称得上”。

《明确国有资产交易监管职责，是 32 号令皇冠上的明珠——学习国务院国资委　财政部 32 号令〈企业国有资产交易监督管理办法〉的体会》，是我从中国产权协会退休两年后应秘书长夏忠仁之邀而撰写的。2016 年的 32 号令是对 2003 年 3 号令的全面补充和完善，并且特别注明，该令已“报国务院同意”，这句话就大大提高了它的权威性。经过反复研读，我认为最大的突破莫过于明确了国资委对企业国有资产交易业务的监管职责。稿成，经夏忠仁秘书长同意后，再请该令起草单位之一国务院国资委产权局副局长李晓梁审定，才交付发表。

《产权市场应全面助力央企调整重组——学习国办发56号〈关于推动中央企业结构调整与重组指导意见〉的体会和思考》，是我2014年从中国产权协会退休后应国务院国资委规划局之邀而撰写的，该局是这个〔2016〕56号文的起草单位。我在文中解读了56号文的主要内容，重点在如何“全面助力”上提出见解。我认为，56号文同时为产权界提供了巨大商机，我们可以做什么？应当为此做好哪些工作？这是摆在产权界同人面前必须回答的问题，并在文中提出了具体建议。稿成，规划局局长邓志雄表示满意，说理解到位，对产权行业指导到位。

《深入领会国办新文件要义，谋定而后动——关于公共资源交易平台与产权交易平台建设谈》，是2013年我在中国产权协会担任副秘书长时所作。代表《产权导刊》编辑部，为时任重庆联合产权交易所董事长兼党委书记王学斯的一篇关于整合建立公共资源交易平台的调研报告所写的《编后语》。王学斯报告核心观点是不同意将产权交易平台整合进包括政府采购平台、招投标平台、经营性土地出让挂牌招标拍卖平台在内的公共资源交易平台。我反复读了这份长篇调研报告，研读了重庆市的整合方案，认为该市有关方面对《国务院办公厅关于实施〈国务院机构改革和职能转变方案〉任务分工的通知》（国办发〔2013〕22号）安排2014年任务中关于“整合建立统一规范的公共资源交易平台”一项的文字表述，理解不正确。我一时激情涌动，乃写就这篇2 000字的《编后语》。内容没有对重庆整合方案提出异议，而是对国办、中纪委、国家发展改革委的几个文件作综合分析理解，呼吁重庆和各省区市执行国办22号文时，一定要准确领会其要义，从容谋定而后动，不可早动更不可妄动。我的《编后语》连同王学斯文章一同发表。

经过王董事长等人努力，重庆市委市政府正确决策，废除了原整合方案，改为以产权交易平台为中心，将其他平台都整合进入重庆联交所统一监管，这在全国产生了巨大影响。2018 年 11 月我应现任董事长周业军邀请为重庆市国资系统“国资大讲堂”讲课，并到联交所调研，看到 5 年来这个公共资源交易平台运营效果非常之好。

《正确整合建立公共资源交易平台：海南案例与中国产权协会指导文件》，是我 2014 年上半年在中国产权协会担任副秘书长时的作品，是一个反映市场化产权交易平台与公共资源交易平台很好融合的案例。2014 年 4 月中旬，海南产权交易所向我反映，“海南省公共资源交易市场筹建工作领导小组”发出《关于印发全省统一公共资源市场建设实施计划的通知》（琼资筹〔2014〕1 号），要求“撤销海南产权交易所”，业务归入公共资源交易中心。协会对此高度重视，秘书长夏忠仁安排我飞赴海口调研。同月 22 日到海南产权交易所座谈。参加人员有：省国资委副主任李贤忠和产权处、法规处处长，产权交易所总经理李建林、党委书记陈琼君。我回京立即起草给海南产权交易所的函件，题为《关于充分发挥产权交易平台体制机制优势，更好地服务于公共资源交易平台建设的指导函》。经夏秘书长同意，27 日同时发海南产权交易所（转省国资委）、国务院国资委产权局、国家发展改革委法规司（负责公共资源交易平台整合建立工作）征求意见，取得支持，吸收他们的合理建议后，5 月 5 日以协会函件形式印送海南产权交易所。中国产权协会的《指导函》对海南产权交易所进一步厘清产权交易市场发展思路和参与省公共资源交易平台建设中争取主动起到了较大的指导作用。海南产权交易所将中国产权协会的《指导函》上报省国资委，由省国资委根据该《指导函》重新梳理了思路，并带着《指导函》与省发改委、省政务服务中心等部门会商，结合海南公共资源交易和产权市场实际，共同提出优化整合省公共资源交易平台方案建议，并向省政府和时任常务副省长谭力汇报，获得省政府支持。该省公共资源交易平台的整合方案明确，发挥产权交易市场体制机制优势，保持海南产权交易所独立性，海南产权交易所以进驻方式参与省公共资源交易平台建设，更好服务海南经济社会发展。中国产权协会鉴于该《指导函》在海南取得良好效果，5 月 9 日即以正式文件的形式，将其印发各会员单位，对全行业应对此项工作的冲击，起到了较好的指导作用。该《指导函》的内容是，首先，对国家特别是 2012 年党的十八届中央领导班子成立后关于整合建立公共资源交易平台工作的新思路和新法规作了全面深入的解读，引导海南有关方面准确体会这些法规的精神实质。在此基础上，指导海南产权交易所依法依规坚持正确立场，有理有据向上反映诉求。该函核心观点是："把市场化程度很高的产权交易机构整合到具有行政化的事业单位省公共资源交易中心，将严重影响到产权交易市场的市场化建设"，"根据党的十八届三中全会精神，不利于用市场化的手段公开优化配置资源"。海南案例的意义，不在于仅仅保留了产权交易所这个机构，而在于保住了产权交易这个市场的同时，海南产权交易所利用省公共资源交易平台整合契机，化危为机，获得了发展壮大。2018 年 4 月 13 日，习近平总书记在庆祝海南建省办经济特区 30 周年大会上讲话指出："支持海南设立国际能源、航运、大宗商品、产权、股权、碳排放权等交易场所，形成更加成熟定型的制度体系。"这就为海南省产权交易市场发展带来前所未有的良机。

（五）

第五编产权市场风险防范与信用建设部分 4 文，是我将从事信用建设的体会与产权市场长远发展相结合的作品。

《强化评审监管机制，促进行业健康发展——对京津沪渝产权交易机构检查评审的综述》一文，是为了推广这四家机构的先进经验而作。

这里有故事。首先得简要介绍监管机制，其次介绍国资委对京津沪渝四家具有央企产权交易资质的机构检查评审工作，最后介绍我为什么参加这种评审。

关于监管机制。中国证券监督管理委员会对上海和深圳证券交易所是行政主管 + 行业监管的方式，国务院国资委2003 年3 月成立后，大力推动建立国有资产进场交易制度，但自己不建产权交易所，而是选择现有成熟规范的产权交易所，委托其开展国有资产交易业务同时加强交易监管的方式。2004 年7 月发出《关于做好产权交易机构选择确定工作的指导意见》，指导地方国资委开展本地区的机构选择工作。同年3 月，国务院国资委已明确选择上海、天津、北京等三家机构作为中央企业产权交易试点机构，2007 年5 月又增加重庆联合产权交易所。对于国有资产交易如何监管？国务院国资委会同财政部、监察部、国家工商总局于2004 年8 月发出通知，要求各地对3 号令的执行情况开展监督检查，2005 年11 月又在四部委的基础上，增加国家发展改革委和中国证监会，联合发文推动建立国有产权转让的监督检查工作机制。

关于对京津沪渝四家机构的检查评审。从2005 年开始，国务院国资委会同上述五部委建立了对四家央企产权交易机构的定期检查评审工作机制，重点是检查机构规范开展国有产权交易情况，评审组组长由国务院国资委产权局负责人担任，成员包括六部委以及中央企业、行业专家，形成“6 + 2”模式。检查评审方式是，先由产权交易机构按要求开展自查，评审工作组再到现场听取自查汇报，开展质询，并随机抽查交易项目档案，最后由专家根据评审项目打分，形成评审意见，对发现的问题要求四市国资委督促交易机构提出整改措施，持续提高机构规范运作水平。

关于我参加评审工作的经历。评审检查本身对专业性要求高，除了相关主管部门外，需要行业专家结合行业特点发表意见，而这位行业专家的选择是，先由交易机构推荐，从中确定得票最高者作为行业专家。结果是四机构推荐名单中唯一相同的是何亚斌。我于2009 年6 月退休了，国务院国资委产权局依然邀请我参加2010 年4 月春季进行的六部委评审工作。2011 年3 月中国产权协会成立后，这名业界专家，就改由协会派出，我就成为协会派出的评审专家。

我之所以在此作上述介绍，是因为中国产权市场的这种监管模式非常有效，是中国产权市场成功的关键制度建设，受到全国人大常委会财经委、法工委的充分肯定，受到“透明国际组织”的高度赞扬。我2012年6月以中国产权协会副秘书长身份参加“6+2”对四机构评审后，向秘书处全体人员作了汇报，又与我分管的研究部主任申晓光、副主任伍小保合作写了这篇文章，秘书长同意发表。

《论产权市场信用风险防范》，是一篇信用理论与产权市场实际相结合的力作。我从产权行业超龄退休后，应朋友毛振华之邀，从2010年4月转行从事信用管理工作，立即找来一批信用管理理论著作认真学习。同月，蒙国务院国资委产权局不弃，邀请我仍以产权交易行业专家身份，参加由国资委牵头的检查评审组，对京津沪渝四家获得央企国有产权交易资质的交易机构进行“春季评审”活动。同年10月我主编了我国首本《信用法规选编》，我就想运用我所学信用理论，结合六部委评审的收获，和我创建湖北产权市场并担任产权交易所董事长11年的体会，写成此文。本文对信用和信用风险作了文献综述，对产权市场信用风险现象作了揭示，就产权市场信用风险规避和治理提出对策建议，10年后再读此文，仍有很强的现实意义。

《以法律为保障，推进产权市场信用制度建设》一文，是我主编的《信用建设法规选编》（中国国际文化艺术出版社，2013年版）更新再版时写的。我回顾10年前2003年十六届三中全会《中共中央关于完善社会主义市场经济若干问题的决定》，明确提出了要建立“社会信用制度”，认为这是“建设现代市场体系的必要条件”。这个决定对“社会信用制度”内涵的表述有三个定语，原话是：“以道德为支撑、产权为基础、法律为保障的社会信用制度。”那么10年后这三个定语做得怎么样呢？本文客观评述了党和政府为此所做的工作，认为“以法律为保障”方面的工作，成果不大。本文的主旨，就是呼吁全国人大为信用立法。可喜的是，2018 年全国人大已将《信用法》列入立法规划，由国家发改委起草征求意见。

《信用城市的武汉烙印：以“信用 +”为特色，重在信用信息的应用》一文，是我和中国诚信信用管理股份公司中南分公司几位同事合作撰写的。此文之所以收入本书，是希望在信用信息的应用方面对产权行业有所启示。中国产权协会对行业社会信用体系建设十分重视，几年来取得了很多成果。完成了《产权交易行业信用体系建设研究报告》，制定了《关于行业信用体系建设工作方案》《产权交易行业信用评价实施办法（试行）》《中国产权交易行业信用承诺公约（试行）》等制度；推出道德准则、信息公开、守信联合激励和失信联合惩戒措施等相关标准；建立与国资委、商务部、发改委、人社部等相关部门的联系和沟通机制，扩大行业影响；根据国资委、商务部关于做好行业信用评价工作的相关要求，积极、稳步、规范开展产权交易行业信用评价工作。

（六）

第六编产权市场未来展望部分收入 3 文。

《学习党的十八届三中全会决定，展望产权市场发展改革前景》，是我 2013 年在中国产权协会工作时撰写的，也是一篇对《中共中央关于全面深化改革若干重大问题的决定》的详细解读，着重分析其对产权市场未来发展的促进意义，指出产权市场的发展前景，建议全行业以该决定精神为指导，在顺应大势中维护产权行业的核心利益。

《新的使命与当前任务——学习中发〔2015〕22 号及其配套文件的体会和思考》是一个宏篇。背景是这样的：2015 年 8 月，中发 22 号《中共中央、国务院关于深化国有企业改革的指导意见》历经两年多起草讨论，终于出台了，国资监管机构、中央企业和产权界一片欢呼。与此文紧密相衔接的是，国务院、国务院办公厅、相关部委迅速出台了 4 个推进性的配套文件，可以叫“一拖四”。22 号文中最令产权行业振奋的是将产权市场与证券市场相提并论，等量齐观，二者都作为资本市场的组成部分，中央文件第一次明确了产权市场的定位；4 个配套文件多处直接写到产权市场。在此大好形势下，中国产权协会会长办公会研究，要组织一篇精练重头文章，用于对国务院国资委等部门争取支持，对全行业指导行动，决定请原副秘书长何亚斌担当。同年 11 月 25 日我应召进京接受委托，回武汉一个多月完成交稿，6 000 字，获夏秘书长签批“完全同意”，上协会网站并嘱《产权导刊》尽快发表。

《要素市场化配置与产权市场命运——产权“要素生命论”探讨》一文，是 2020 年 5 月与第一作者常修泽教授合写的。他是著名经济学家，中国宏观经济研究院博士生导师。文章主要思想是他的，发表于《产权导刊》2020 年第 6 期。

写作经过的故事是这样的。4 月 9 日晚中央电视台新闻联播节目播报：中共中央、国务院发布《关于构建更加完善的要素市场化配置体制机制的意见》（中发〔2020〕9 号），我一听，非同小可，与产权市场紧密相关，当即抄起手机录像，又百度出刚刚上网的《意见》全文，当夜研学，感到极其重要。第二天发《产权导刊》编辑部主任王淑洁提请关注，她约我为产权行业撰写解读性文章。我考虑自己退休多年，威望不够，写出来影响力也不大，难以起到应有作用，就没有答应。22 日转请著名经济学家常修泽教授写，他答应，但提出与我合写。我即拟订写作提纲，29 日获常教授同意。五一节假期成稿，5 月 9 日发常教授，他作了认真修改，增写了许多重要观点，后又与常教授电话讨论数次，18 日定稿，8 555 字，交王淑洁，发表于《产权导刊》第 6 期。

本文主要内容和创新点有：一是从理论上综述了古今中外各种要素论，包括威廉·配第的两要素论，卡尔·马克思的三要素论，改革开放后中共发展了的四生产要素论、五生产要素论，2019 年十九届四中全会《决定》确定七生产要素论，即劳动、资本、土地、知识、技术、管理、数据。今年中央 9 号文在坚持七生产要素论的前提下，先安排构建“五大生产要素市场化配置”的体制机制。必须指出，理论上的“生产要素”与实际决策部门设计的“生产要素市场”，是不完全相同的概念。去年《决定》表述的是“生产要素”，今年9号文安排的是“生产要素配置市场”。二是从理论和现实的结合上廓清了产权与生产要素的正确关系，提出了“产权生产要素生命论”。三是对9号文表述的土地、劳动力、资本、技术（将知识并入其中）和数据等五大生产要素的配置市场，提出了完善性建议，包括：增加“管理要素或称企业家要素市场”，成为六大生产要素市场；将劳动力生产要素市场的地位提到首位；补充产权市场内容，并入“资本生产要素市场”部分。四是从现实工作出发，提出了产权市场当前的紧迫任务，这就是：从广度上拓展交易新领域，从深度上发挥行业新能量，从质量上彰显市场新功能。

（七）

附录3篇文章需要特别说明。

附录一：邓志雄、何亚斌等6人的《我国产权市场建设与改革40年》，对正文有重要补充作用。

该文系2018年应国务院发展研究中心市场经济研究所所长王微博士之邀而撰写的，经课题组组长、国务院国资委产权局原局长邓志雄同意而附录本书，目的是让读者了解产权市场波澜壮阔的40年，从而展现产权人创业的艰辛、创新的勇气和贡献的卓著，其中关于产权市场未来发展对策的谋划，具有现实和长远指导意义。

后两文是关于我个人的专题报道。

附录二：《情满大山——记中共鹤峰县委书记何亚斌》。

该文是《湖北日报》总编辑蔡华东等1994年发表的通讯。写作背景是，当年“七一”前夕，我被省委评为全省6名优秀县（市）委书记县（市）长之一，湖北日报社受省委安排，对6人先进事迹作宣传，陆续发表在该报头版头条。这篇通讯之所以被收入本书，是因为它反映了我当县委书记的最大亮点——在全省率先进行了产权制度改革，与我后来从事产权交易事业一脉相承。

附录三：长篇通讯《何亚斌：产权市场拓荒者 前瞻者 成就者》，作者是《证券日报》驻湖北记者站站长王栓祥博士和记者赵谦德，发表在2008年12月19日该报。写作背景是，当年12月，我被湖北省委宣传部、湖北日报社、楚天都市报社、荆楚网站评为“改革开放30年　影响湖北30人”，他们为此采访了我。

此文深情地回放了我1998年创办湖北产权交易所（后以此为基础组建武汉光谷联合产权交易所）的10年艰难困苦历程，矢志不渝坚持不懈的拓荒精神；准确地介绍了我在2004年初提出并在上级支持下，前瞻性地创造了优化整合区域性产权市场的“湖北模式”，受到国务院国资委高度评价，时至今日，更显示出这一模式的生命力；概要地反映了我和同事们的业务创新实践特别是体现产权市场融资功能的成就。

该文最大特色是思想性强。通过此文可以看出，上世纪90年代初我担任县委书记兼县长期间在全省率先实施产权制度改革界定产权归属的作为，与后来弃官投身产权交易事业的行为，思想是一脉相承的。

2003年十六届三中全会《关于完善社会主义市场经济体制若干问题的决定》提出建立现代产权制度，这一制度包含有四大支柱：产权界定制度，产权配置制度，产权交易制度，产权保护制度。我这一辈子，在一县从事过产权的界定制度建设，在一省从事过产权的交易制度建设，也算不枉此生吧。

本书还有诸多不足之处，愿诚恳求教于大家。

二〇二〇年七月二十四日

第一编

中国产权市场发展历程

1. 中国产权市场发展历程评述：政策沿革视角[①]

（2009 年）

相对于一般商品市场而言，产权市场具有更强的制度性和政策性。产权交易制度体系建设的不断完善，不仅是产权市场深入发展的要求，更是我国社会主义市场经济体制建设的必然要求。本文试对我国产权市场的发展历程（至 2009 年）作一简要回顾，并以此为出发点，对国有产权交易制度及政策沿革进行梳理，然后提出进一步完善产权交易制度建设的思考与建议。

一、我国产权市场发展历程简说

我国的产权交易活动是伴随着经济体制改革的不断深化而逐渐发展起来的。早在 20 世纪 80 年代中期，随着我国经济体制改革逐渐以市场为取向，中国便开始思考利用市场机制改善资源配置的效率问题，特别是在政府提出推进工业企业的改组、联合任务之后，以企业的产权转让为主要内容的产权交易便应运而生。产权市场的发生与发展，大致可以划分以下几个阶段。

① 本文写作背景是，2008 年北京大学经济学院教授、博士生导师、北京大学中国产权与 PE 市场研究课题组首席经济学家曹和平到武汉光谷联合产权交易所调研座谈，应曹教授之邀写作。原载于曹和平主编《中国产权市场发展报告（2008—2009）》，社会科学文献出版社，2009 年 8 月，第 312—320 页，原标题为《中国产权交易历程评述：政策沿革视角》。

（一）萌芽兴起阶段（1979—1993 年）

1978 年 12 月，党的十一届三中全会作出重大决策，全国的工作重点从以阶级斗争为中心转到以经济建设为中心上来，因此提出要重视价值规律的作用。1982 年 9 月，党的十二大报告提出建立“计划经济为主、市场经济为辅”的经济体制，据此，1984 年 10 月十二届三中全会《中共中央关于经济体制改革的决定》提出发展“有计划的社会主义商品经济”，“国有企业可以在指导下进行关、停、并、转、迁”，有些小型全民所有制企业可以租或包给集体或劳动者个人经营。1987 年 10 月党的十三大报告《沿着有中国特色的社会主义道路前进》提出，要建立“国家调节市场，市场引导企业”的机制，要加快建立和培育社会主义市场体系，“不仅包括消费品和生产资料等商品市场，而且应当包括资金、劳务、技术、信息和房地产等生产要素市场。”更提出，“改革中出现的股份制形式，包括国家控股和部门、地区、企业间参股以及个人入股，是社会主义企业财产的一种组织方式，可以继续试行。一些小型全民所有制企业的产权，可以有偿转让给集体或个人。”这是党的文件中首次使用“产权”和“产权有偿转让”概念，这就是允许甚至鼓励通过“有偿”、通过市场配置资源。1988 年 3 月，在七届全国人大一次会议中，李鹏总理在《政府工作报告》里提出，要“实行企业产权有条件的有偿转让，使闲置或利用率不高的资产得到充分利用”。正是在这种形势的鼓舞下，1988 年 5 月 11 日，“武汉市企业兼并市场事务所”被武汉市体改委发文批复同意市财政局成立，开展国有产权交易活动，这成为中国第一家产权交易机构。1989 年 2 月 19 日，国家体改委、国家计委、财政部、国家国有资产管理局发出《关于企业兼并的暂行办法》（体政经〔1989〕38 号），同一天，国家体改委、财政部、国家国有资产管理局又发出《关于出售国有小型企业产权的暂行规定》（体政经〔1989〕39 号），这是一个突破，39 号文提出“要搞好出售企业产权的组织、协调和指导工作，有条件的地方还可以组建企业拍卖市场或产权交易市场”，“提倡跨地区、跨行业、跨部门进行企业产权买卖”，“被出售企业产权成交价格要在公开竞争中形成”，这是“产权交易市场”这一名称首次出现在国家部委文件中。

1992 年 2 月，邓小平在武昌、深圳发表南方谈话，对计划与市场、社会主义与资本主义的本质问题作出了革命性的诠释。以南方谈话为核心指导思想，同年 10 月，党的十四大确立中国的改革目标是建立社会主义市场经济体制，使市场在资源配置中起基础性作用，要培育全国统一开放的市场体系。1993 年 11 月，十四届三中全会作出历史性的决定——《中共中央关于建立社会主义市场经济体制若干问题的决定》，提出转换国有企业经营机制，建立现代企业制度，对现代企业制度的表述是 16 个字：产权清晰、权责明确、政企分开、管理科学，该决定首次提出实行“产权流动和重组”，产权交易市场顿时火爆起来。继武汉之后，到 1994 年，郑州、深圳、乐山、山西、北京、天津、上海、江西先后设立了产权交易所，全国共成立产权交易机构 174 家，其中省级 14 家、地级 104 家、县级 56 家，但产权交易不规范的问题也随之凸显。

（二）艰难探索阶段（1994—2002 年）

新兴的产权市场由于没有健全的法规制度，没有明确的市场定位，没有统一的监管部门，出现了一些问题。主要是将非上市公司股权拆细、连续交易变成了股票柜台交易市场，典型的是乐山市产权市场，这些行为损害了产权市场形象，在一定程度上扰乱了金融秩序。鉴于此，1994 年 4 月，国务院办公厅发出明传电报 12 号《关于加强国有企业产权交易管理的通知》，宣布暂停产权交易市场活动。各地产权交易机构纷纷被关闭，产权市场遭受第一次挫折，但国家仍在继续探索。1994 年国务院批复国家国资局的“三定方案”明确其负有“培育和发展国有资产产权交易市场并进行监督管理”的职责。1995 年 5 月国家国资局发布《关于加强企业国有产权转让监督管理工作的通知》（国资发产权〔1995〕54号），这是一个非常重要的规章，该文开篇就说："为纠正目前企业国有产权转让中存在的一些不规范现象，保证产权转让活动健康有序地进行，防止国有资产流失，促进国有资产优化配置"，根据国务院办公厅12号电报和国资局三定方案，制定本通知。该文将产权交易机构定性为中介机构，第七条这样要求："各地要严格执行国办发明电〔1994〕12号文件，不得随意建立企业国有产权转让中介机构。"下面的话明显具有暖意："对现已成立的产权转让中介机构，要认真进行清理整顿，抓紧建立国有产权转让中介机构的管理制度，规范中介机构的行为，发挥其在国有资产重组和结构调整中的积极作用，并逐步形成和完善企业国有产权转让监管体系。"可见继续发挥产权交易机构的作用是主调。地方政府也在探索，1996年3月上海市成立产权交易管理办公室，11月河北省人大常委会通过了全国第一个产权交易地方法规《河北省企业国有资产产权转让管理暂行条例》。

可是，这时又有部分产权交易机构继续尝试非上市股份公司的股权拆细、连续交易业务。1997年11月，全国有12家产权交易机构与山东淄博产权交易所的证券交易报价系统联网，许多企业将股权拆成单股通过淄博交易。受亚洲金融风暴引发原因的启示，同年11月，全国金融工作会议决定对涉嫌场外非法股票交易的产权交易机构进行清理整顿。1998年3月，国务院办公厅转发了中国证监会《关于清理整顿场外非法股票交易方案的通知》（国办发〔1998〕10号），指出："近年来，一些地区未经国务院批准，擅自设立产权交易所（中心）、证券交易中心和自动报价系统等机构，从事非上市公司股票、权证等股权类证券的场外非法交易活动……扰乱了证券市场的正常秩序，隐藏着很大的金融风险，极易诱发影响社会稳定的事端。"为此，武汉证券交易中心（即习惯称呼的"汉柜"）、淄博、乐山、成都等一批产权交易市场被关闭，而上海、北京、天津、深圳等少量比较规范的产权交易机构得以生存下来，这是中国产权市场的第二次挫折。1998 年，在国务院机构改革中，国家国有资产管理局被撤销（2000 年湖北省也相应撤销了这一机构，其职能并入省财政厅）。全国产权交易界积极为企业国有资产在一些竞争性领域的退出、为国有经济的结构调整奔走，产权市场形势有所好转，当年 8 月，《人民日报》头版发表新华社评论员（作者为国家经贸委一司长）文章《煞煞卖企业这股风》，该文对“不加分析地把国有小企业一卖了之”提出了尖锐的批评，这篇文章虽然对当时某些不良现象进行了批评和纠正，但客观上对全国所有产权交易机构形成了严重的打压效果，这也许是作者不愿意看到的。

（三）规范发展阶段（2003 年至今）

2002 年 11 月召开了党的十六大，这次大会提出要改革和建立国有资产监督管理新体制。在建立现代市场体系方面，党的十六大报告提出要在更大程度上发挥市场配置资源的基础性作用，健全统一开放、竞争有序的现代市场体系，要发展产权、土地、劳动力和技术等市场，将产权市场放在其他要素市场之首。最具有伟大意义的是 2003 年 10 月十六届三中全会通过的《中共中央关于完善社会主义市场经济体制若干问题的决定》（以下简称《决定》），《决定》提出要建立现代产权制度，并认为这是“构建现代企业制度的重要基础”，现代产权制度被表述为 16 个字：归属清晰、权责明确、保护严格、流转顺畅。从 1993 年提出建立现代企业制度到 2003 年提出建立现代产权制度是一个历史性的进步。《决定》中特别讲到“要依法保护各类产权，健全产权交易规则和监管制度，推动产权有序流转”，要“建立多层次资本市场体系，完善资本市场结构，丰富资本市场产品”，要“加快发展土地、技术、劳动力等要素市场。规范发展产权交易”，这是首次把“规范发展产权交易”写进了党的决定。也就在 2003 年 11 月，国务院办公厅转发了当年新设立的国务院国资委的《关于规范国有企业改制工作的意见》（国办发〔2003〕96号，以下简称96号文)，规范国有企业改制行为，“非上市企业国有产权转让要进入产权交易市场……并按照《企业国有产权转让管理暂行办法》的规定，公开信息，竞价转让”。接着在同年12月31日，国务院国资委和财政部联合颁布96号文中提到的《企业国有产权转让管理暂行办法》(国务院国资委、财政部令第3号，以下简称3号令)，从解决“进场交易”这个要害出发，明确了企业国有产权转让的监管职责由国资委履行，规定了转让方行为的批准程序，规定了进场前的工作程序和进场后的操作程序。有了96号文和3号令，有了国务院国资委和各省（区、市）国资委这两级得力机构的坚决贯彻执行，并每年检查其执行情况，产权市场才真正走上了规范发展的健康之路，才真正迎来了春天。

二、产权交易制度及相关政策沿革

产权制度是关于产权界定、运营、交易、保护等一系列体制安排和法律规范的总称，是现代市场经济制度的基础。建立现代产权制度，需要发展产权交易，建立交易市场，推动产权顺畅而有序流转。产权交易制度的完善与否是现代市场经济成熟程度高低的主要标志，建立社会主义市场经济新体制必须解决产权交易的制度化问题。

本文拟主要根据378号令、96号文、3号令、《企业国有资产法》(2009年5月1日起施行)、财政部令第54号《金融企业国有资产转让管理办法》（2009年5月1日起施行）和国务院国资委国资发产权〔2009〕120号文《企业国有产权交易操作规则》（2009年7月1日起施行)，从国企改制规范运作制度、国有产权转让批准制度、交易相关制度等3个方面对制度及政策沿革分类阐述，其逻辑关系是：首先国企要规范改制；改制涉及企业国有产权转让要经内部决策和批准；批准转让后要进入产权市场规范操作。

（一）国企改制规范运作的制度

2003 年 11 月，《国务院办公厅转发国务院国资委关于规范国有企业改制工作意见的通知》（国办发〔2003〕96 号）规定了国企改制规范运作的“七道程序、两项注意”。这七道程序分别是：（1）行为批准；（2）清产核资；（3）财务审计；（4）资产评估；（5）进场交易管理，包括信息发布管理、受让条件的审核管理、受让资格的审核确认管理和交易方式的管理；（6）定价管理；（7）转让价款管理。“两项注意”是指国企改制和产权转让中涉及的维护职工合法权益和依法保护债权人利益这两大注意事项。1998 年，国家针对改制中逃废金融债务严重的现象，强调金融债务未落实的不准改制，产权转让收入优先用于归还银行债务。2003 年，国务院办公厅 96 号文仍然强调依法保护债权人利益，但首先强调的是搞好职工安置，职工安置方案未经职工代表大会通过的不准实施改制。特别有意义的是，规定产权转让收入优先用于职工安置，这就是“以人为本”精神在企业改制过程中的切实体现。

2005 年 12 月，《国务院办公厅转发国资委关于进一步规范国有企业改制工作实施意见的通知》（国办发〔2005〕60 号）发布，对 2003 年 96 号文下发以来在实际工作中存在的问题如改制方案不完善、审批不严格，清产核资、财务审计、资产评估和产权转让不规范，以及对维护职工合法权益重视不够等进行了规定，提出要严格制定和审批企业改制方案，认真做好清产核资工作，由出资人加强对改制企业的财务审计和资产评估，切实维护职工的合法权益，严格控制企业管理层通过增资扩股持股，加强对改制工作的领导和管理等措施。

2008 年 10 月全国人大常委会通过的《企业国有资产法》对企业改制进一步作了法律的规定，要求：“企业改制应当依照法定程序，由履行出资人职责的机构决定或者由公司股东会、股东大会决定；企业改制应当制定改制方案，载明改制后的企业组织形式、企业资产和债权债务处理方案、股权变动方案、改制的操作程序、资产评估和财务审计等中介机构的选聘等事项；企业改制涉及重新安置企业职工的，还应当制定职工安置方案，并经职工代表大会或者职工大会审议通过；企业改制应当按照规定进行清产核资、财务审计、资产评估，准确界定和核实资产，客观、公正地确定资产的价值。”

（二）企业国有产权转让的批准制度

国务院第378号令《企业国有资产监督管理暂行条例》解决了企业国有资产归谁管的问题。2003年5月颁布的378号令是根据党的十六届三中全会《决定》中关于“建立健全国有资产管理和监督体制”而制定的。《决定》第一次提出，“坚持政府公共管理职能和国有资产出资人职能分开。国有资产管理机构对授权监管的国有资本依法履行出资人职责，维护所有者权益，维护企业作为市场主体依法享有的各项权利，督促企业实现国有资本保值增值，防止国有资产流失”。378号令将十六届三中全会精神法规化，该令第四条对新体制是这样表述的：“国家实行由国务院和地方人民政府分别代表国家履行出资人职责，享有所有者权益，权利、义务和责任相统一，管资产和管人、管事相结合的国有资产管理体制。”1998年国务院机构改革，撤销了国家国有资产管理局，5年后建立的是一种全新的国有资产监管体制。《企业国有资产法》对此予以确认，该法第十一条指出：“国务院国有资产监督管理机构和地方人民政府按照国务院规定设立国有资产监督管理机构，根据本级人民政府授权，代表本级人民政府对国家出资企业履行出资人职责。”

3号令解决了企业国有产权转让由谁批准的问题。2003年底国务院国资委和财政部颁布的3号令明确指出，“国有资产监督管理机构负责企业国有产权转让的监督管理工作；国有资产监督管理机构决定或者批准所出资企业国有产权转让事项”。《企业国有资产法》对此予以确认："国有资产转让由履行出资人职责的机构决定。"

财政部54号令解决了金融企业国有产权转让由谁批准的问题。2009年3月财政部发布《金融企业国有资产转让管理办法》（财政部令第54号）规定："财政部门是金融企业国有资产转让的监督管理部门；财政部门决定或者批准金融企业国有资产转让事项，审核重大资产转让事项并报本级人民政府批准"。

（三）企业国有产权交易相关制度

中国企业国有产权交易活动的最大特色就是进场交易。进场交易，即国有产权交易活动进入依法设立并经省级以上国有资产管理部门授予国有产权交易资质的产权交易机构内，按规定的程序公开进行。进场交易在国务院国资委成立后最权威的依据是2003年国务院办公厅的96号文，该文规定："非上市企业国有产权转让要进入产权交易市场……并按照《企业国有产权转让管理暂行办法》的规定，公开信息，竞价转让。"

1. 产权交易制度的起步阶段

在企业国有产权交易相关的系列法规中，最重要的当数3号令和对3号令如何贯彻落实、如何进一步规范操作行为的12个配套文件。

3号令即国务院国资委、财政部联合发布的《企业国有产权转让管理暂行办法》，是国务院国资委成立不足一年的2003年12月31日颁布的，它是中国企业国有产权转让管理方面的第一个全国性规章，因此具有里程碑式的意义。它的出台，为促进国有企业的规范改制和企业国有产权的有序流转，提高社会资源配置的效率，防止国有资产流失，提供了统一的制度规范。

3号令的核心内容，一是规定进场交易。"进场"到底进哪种"场"？答案是企业国有产权交易必须进入符合条件的产权交易机构这个"场"，原则是应进必进、能进都进、进则规范。3号令第十条规定了选择产权交易机构的5项基本条件。二是应尽可能充分地披露信息。产权交易的两大功能是“充分发现投资者，充分发现价格”，而发现投资者靠广为推介，发现价格靠充分竞争，因此交易信息的充分披露尤为重要。

国务院国资委就如何落实3号令向各省级国资委提出了明确要求，并根据形势的发展变化，陆续出台了一些对3号令补充完善的规定。到2008年，共出台12个配套制度，它们既是一个以3号令为轴心的完整的规范体系，又是一个互相照应互相衔接的逻辑体系：有3个文件指导落实3号令（国资发产权〔2004〕176号、180号、195号）；有1个文件指导省级国资委选择产权交易机构（国资发产权〔2004〕252号）；有1个文件布置交易信息统计制度（国资厅产权〔2004〕189号）；有2个文件安排对3号令执行情况进行检查（国资发产权〔2004〕261号、国资发产权〔2005〕294号）；有1个文件规范国有股东转让所持上市公司股份（国务院国资委、中国证监会令第19号）；有1个文件关于中央企业国有产权转让信息联合发布制度（国资发产权〔2008〕32号）；有3个文件规范管理层收购、规范转让行为（国资发产权〔2004〕268号、〔2005〕78号、〔2006〕306号）。其中特别重要的是国务院国资委和财政部在3号令颁布3周年的日子即2006年12月31日发布的306号文《关于企业国有产权转让有关事项的通知》。

306号文对六个方面的事项作出了规范，其中最重要的是针对省级和地市级国资委行为的规定——关于省级以上国资监管机构对协议转让方式的批准问题的规定，这是对3号令第30条内容的严格限制。306号文规定，必须不断提高进场交易率，严格控制场外直接协议转让。直接协议转让的批准权和批准机构只属省级以上国资委。最难能可贵的是，鉴于直接协议转让是一种特别重大特别严格的行为，306号文规定“相关批准机构不得自行扩大协议转让范围，不得下放或分解批准权限”。省级以上国资委要“建立对批准协议转让事项的跟踪、报告制度。各省级国资监管机构应当将协议转让的批准和实施结果报告国务院国资委”。这就设计了跟踪问责制度，是对各级国资委的约束。306号文的又一个亮点是，规定“向外商转让企业国有产权应在产权交易市场中公开进行”。

2. 产权交易制度的完善阶段

《企业国有资产法》对产权市场和产权交易机构的法律地位进行了确认：“除按照国家规定可以直接协议转让的以外，国有资产转让应当在依法设立的产权交易场所公开进行。”在3号令实施过程中，一些地方党政领导干部总是认为这只是一个部门规章，没有法律效力，以此抵触进场交易。《企业国有资产法》一出台，此论没有了市场，基本上销声匿迹。在此法出台后，财政部54号令也规定金融企业国有产权必须进入产权交易机构内交易，该令第十一条指出：“非上市企业国有产权的转让应当在依法设立的省级以上（含省级）产权交易机构公开进行。”

为了执行《企业国有资产法》，在这部法律实施仅1个多月后的2009年6月25日，国务院国资委从操作细则的角度，出台了国资发产权〔2009〕120号文，即《企业国有产权交易操作规则》。这个操作规则，一是较3号令更具可操作性；二是适用范围从原定的国务院国资委选择确定的央企国有产权定点交易机构扩大到省级国资委选定的机构。

120号文对国有产权交易的六大环节作出了细致而明确的程序性规定，包括：受理转让申请、发布转让信息、登记受让意向、组织交易签约、结算交易资金、出具交易凭证六大交易环节。这一操作规则不仅使得交易流程更加标准化，保障了交易双方权益，同时强化了信息披露与风险防范机制。统一的操作规则集中体现了国资委成立后产权交易市场逐步形成的成熟模式，它必将有力推动全国各地产权交易市场在操作规则上实现统一，提高市场配置资源的效率。

三、对进一步完善产权交易制度建设的思考与建议

我们十分欣慰地看到，我国产权交易市场历经起步初创、清理整顿和规范发展等阶段，走过了20余年的起伏跌宕、波澜壮阔的发展历程，并以其巨大的社会效益和经济效益显示了旺盛的生命力，其重要功能已为市场所确认，其卓越贡献已为实践所证明。

未来我国产权交易市场的科学发展方向应该是持续加强市场法治建设，尤其是要推动《产权交易法》列入立法规划。理由有三：首先，需要依照专门的国有产权交易法，依法设立产权交易所；其次，产权交易市场的健康发展需要有全国统一的国有产权交易法律；最后，初级权益资本市场的探索发展需要为产权交易立法。《产权交易法》应该是一部实体法和程序法的结合体，既要规定和确认权利和义务或职责，又要制定保证权利和义务得以实施或职权和职责得以履行的有关程序。制定《产权交易法》，可从交易原则、市场管理与市场体系建设、规则与程序、市场主体与主体行为、中介机构、资产评估、信息披露管理、经纪人管理等方面规范产权市场发展。

[附记：“政策沿革视角”后续]

2013年11月12日，中共十八届三中全会通过《中共中央关于全面深化改革若干重大问题的决定》（以下简称《决定》），提出：“全面深化改革的总目标是，完善和发展中国特色社会主义制度，推进国家治理体系和治理能力现代化。”在第一部分提出“紧紧围绕市场在资源配置中起决定性作用深化经济体制改革”，“加快完善现代市场体系”；“经济体制改革是全面深化改革的重点，核心问题是处理好政府和市场的关系，使市场在资源配置中起决定性作用和更好发挥政府作用”。

《决定》特别强调，“完善产权保护制度。产权是所有制的核心。健全归属清晰、权责明确、保护严格、流转顺畅的现代产权制度。公有制经济财产权不可侵犯，非公有制经济财产权同样不可侵犯。”

2017 年 10 月 18 日，习近平总书记在党的十九大报告第五部分，在谈到“加快完善社会主义市场经济体制”时强调，“经济体制改革必须以完善产权制度和要素市场化配置为重点，实现产权有效激励、要素自由流动、价格反应灵活、竞争公平有序、企业优胜劣汰”。

2019 年 10 月 31 日党的十九届四中全会通过《中共中央关于坚持和完善中国特色社会主义制度　推进国家治理体系和治理能力现代化若干重大问题的决定》。第六部分指出，“坚持和完善社会主义基本经济制度，推动经济高质量发展，（一）毫不动摇巩固和发展公有制经济，毫不动摇鼓励、支持、引导非公有制经济发展……（二）坚持按劳分配为主体、多种分配方式并存……健全劳动、资本、土地、知识、技术、管理、数据等生产要素由市场评价贡献、按贡献决定报酬的机制。（三）加快完善社会主义市场经济体制。建设高标准市场体系……健全以公平为原则的产权保护制度，建立知识产权侵权惩罚性赔偿制度，加强企业商业秘密保护。推进要素市场制度建设，实现要素价格市场决定、流动自主有序、配置高效公平……加强资本市场基础制度建设，健全具有高度适应性、竞争力普惠性的现代金融体系，有效防范化解金融风险”。

（2019 年 11 月 6 日补写）

2. 中国产权市场发源地考①

（2018 年）

笔者写作此文的目的，一是为纪念改革开放 40 周年、产权市场建立 30 周年；二是为回望来路，不改初心，以老产权人身份，激励后来者。

1978 年党的十一届三中全会启动了我国改革开放的伟大进程，从计划经济，计划经济为主、市场调节为辅，到有计划的商品经济，再到建立社会主义市场经济体制，再到完善社会主义市场经济体制，经历了 40 年的艰难探索历程。作为社会主义市场体系重要组成部分的产权市场，在改革开放进程中应运而生，是正常和必然的。

本文为产权市场诞生期提供一个有力证据。这就是“高尚全说”。据著名经济学家常修泽 1995 年出版的《产权交易理论与运作》一书介绍，我国研究经济体制改革的主流经济学家之一、国家体改委原副主任高尚全早在 1994 年 12 月就有定论：“80 年代以来，尤其是 1992 年邓小平同志南方谈话和中共十四大以来，随着社会主义市场经济目标模式的确立和改革‘攻坚战’的展开，一场企业制度创新的浪潮正在兴起，按市场化运作的产权交易逐步萌生和发展，应该说，这是历史上第一次出现的以公有制和市场经济相结合为前提的产权交易活动”[1]。我们在

① 此文系应武汉光谷联合产权交易所董事长陈志祥同志 2018 年 3 月之约请而写作，稿成，即送中国产权协会秘书长夏忠仁同志指教。4 月 25 日，夏秘书长批示：“请秘书处的同志们学习研究。亚斌同志的《考》，实事求是地考证了我们从哪里来、我们为什么能来、我们将向何处去，充分地论证了我们的梦想初心以及要实现的愿景。值得我们深思镜鉴。”此文原载于《产权导刊》2018 年第 5 期，第 27－34 页。

界定了我国产权市场创建的历史时期之后，以高尚全同志上面这段话提到的“按市场化运作的产权交易”“以公有制和市场经济相结合为前提的产权交易活动”这两条标准，再来考证我国产权市场的发源地就有了基本原则。

本文的逻辑架构是这样的：明确中国产权市场（产权交易机构）发源地的基本认定条件，再历史地分析我国产权市场发生的必然性、可能性、偶然性，再查明武汉及全国最早诞生的几家产权交易机构成立时间，再研究全国第一家产权交易机构成立后的历程、其作为与现状，从而考证产权市场的发源地。

一、认定中国产权市场（产权交易机构）发源地的基本条件

什么是产权市场？著名经济学家，北京大学经济学院教授、博士生导师曹和平给产权市场下了一个再通俗不过的定义：“产权市场在经济学上，首先是一个市场，但又不是我们日常碰到的百货市场，或者是杂货市场。硬要给一个字面的解释，那产权市场就是产权交易的一个平台”。[2]

在我国，产权交易市场与产权交易机构含义有时等同使用。有的省级机构（如山西、青海）的名称就直接冠以“市场”二字。

认定企业国有产权交易机构的基本要件，至少有5条：

其一，有批准成立产权交易机构的文件。批准机关，必须是政府，或政府体制改革主管机关，或国有资产管理机关。湖北省人民政府1998年5月21日出台的《湖北省国有资产产权交易管理暂行办法》（省政府令第143号）规定：“设立产权交易机构，由设立单位提出申请，报省国有资产管理部门审批。”

其二，有机构编制部门颁发的事业法人登记证或有工商行政管理

部门颁发的企业营业执照。有章程，属于独立的事业法人或企业法人。

其三，有市场经济赋予的市场功能和市场特征。比如，有公信力并同时具备“三公”（公开、公平、公正）特点的信息发布渠道，以使市场交易形成有效竞争，能够有效减少交易各方的信息不对称。再如，有市场必需的一定规模的流动性，能够提高产权等资源配置效率。

其四，有政府物价部门核定的收费标准。

其五，有所在地政府或政府相关产权交易监督管理部门制定的产权交易监管制度。

笔者提出上述“五有”，作为高尚全序言中提出的“按市场化运作的产权交易”之诠释，不是没有依据的。这“五有”，就是2004年国务院国资委《关于做好产权交易机构选择确定工作的指导意见》（国资发产权〔2004〕252号）第五条“选择产权交易机构应当审核的材料”11项中的核心内容。

二、中国产权市场发源地的必然性和可能性分析

（一）必然性分析

我们知道，产权是生产要素商品，是特殊商品。著名产权经济学家、中国宏观经济研究院教授、博士生导师常修泽在他的早期名著《产权交易理论与运作》第三章“中国产权交易的客观必然性分析”中，首先对传统产权制度的弊端做了透视，在此基础上，接着从中国改革需要、开放需要与经济发展需要等三个方面论证了中国开展产权交易的必要性。他特别提出：“产权市场是市场体系的重要组成部分，是一种要素市场。”“我们目前市场体系不完备的突出表现就是要素市场的不健全，因而，产权交易的开展以及由此导致的产权市场的建立，无疑会推动我国市场体系的完善。”[3]5年后的2003年10月十六届三中全

会《中共中央关于完善社会主义市场经济体制若干问题的决定》提出要“加快发展土地、技术、劳动力等要素市场。规范发展产权交易”。虽然没有明确将产权市场列入要素市场中，但在党的文件中第一次出现了“规范发展产权交易”这句话，是值得产权理论界和实务界特别庆祝的。

（二）可行性分析

产权市场出现的可行性表现在，需要有理论和政策上的突破，需要有现实的初步探索。

理论和政策上的突破方面，笔者在 2009 年曾经发表过一篇文章《中国产权交易评述：政策沿革视角》[4]，其中写道：“1984 年 10 月十二届三中全会《中共中央关于经济体制改革的决定》提出发展‘有计划的社会主义商品经济’，国有企业可以在指导下进行‘关、停、并、转、迁’，有些小型全民所有制企业可以租或包给集体或劳动者个人经营。1987 年 10 月党的十三大报告提出，要建立‘国家调节市场、市场引导企业’的机制，要加快建立和培育社会主义市场体系，不仅包括消费品和生产资料等商品市场，而且应当包括资金、劳务、技术、信息和房地产等生产要素市场。更提出，‘改革中出现的股份制形式，包括国家控股和部门、地区、企业间参股以及个人入股，是社会主义企业财产的一种组织方式，可以继续试行。一些小型全民所有制企业的产权，可以有偿转让给集体或个人’。这是党的文件中首次使用‘产权’和‘产权有偿转让’概念。这就是允许通过有偿、通过市场来配置资源了。1988 年 3 月七届全国人大一次会议《政府工作报告》提出，要‘实行企业产权有条件的有偿转让，使闲置或利用率不高的资产得到充分利用’。”从上述政策发展沿革可以看出，产权有偿转让，在政策上已经破题。

在建立产权市场现实的探索方面，其时已经有产权市场的供给方即转让方。我国在 20 世纪 80 年代中后期，有几十万家国有小型企业，

1 万多家国有大中型企业，大都需要产权流动。一些地方已经开始自行探索。在中国，零星的产权转让出现较早的地区是河北保定市和湖北武汉市。1984 年初，武汉市在全国率先提出了企业兼并机制理论并大胆进行了实践探索。武汉牛奶公司以 12 万元的现款购买了新华路体育场的体育餐馆。企业产权作为商品，第一次在武汉实现了交易。之后同年 7 月，保定纺织机械厂将市针织器材厂兼并，保定锅炉厂将保定市风机厂兼并。这是自发的单个企业的行为。一些地方的企业兼并活动，是政府牵头，或政府引导，甚至是政府决定的，更多地依靠行政命令而不是高尚全同志所说的“按市场化运作的产权交易”，这样就不可避免地出现“拉郎配”现象。

1984 年 10 月，党的十二届三中全会通过《中共中央关于经济体制改革的决定》，提出要使企业真正成为相对独立的经济实体，成为自主经营、自负盈亏的社会主义商品生产者和经营者，具有自我改造和自我发展的能力，成为具有一定权利和义务的法人。

1987 年 10 月，党的十三大报告明确提出：“一些中小型全民所有制企业的产权，可以有偿转让给集体和个人。”这就成为党中央倡导企业国有产权有偿转让的政策依据。

从产权市场的需求方即受让方来看，也已基本形成。既有在竞争中形成优势的国有企业有扩张需求，也有外资和民营企业主产生了涉足国企产权的欲望。

历史事件的发生，有其必然性和可行性。武汉作为辛亥革命的起源地，在 77 年后的 1988 年武汉有两件事件的发生，对于我国产权市场的发源，产权交易机构的设立，具有直接催生作用：一件是武汉市的企业兼并活动有了几个成功案例，在全国有了一定知名度；另一件是一场高规格的政策研讨会。

先介绍武汉市 1984 年到 1987 年的企业兼并活动及其成效。

据《武汉文史资料》2008 年第 11 期为纪念改革开放 30 周年而组

织的回忆历史资料专刊，有一篇时年70岁的胡宏江口述、徐志刚整理的文章，题为《开办武汉市企业兼并市场的经过》。胡宏江曾任武汉市体改委企业处处长、市国资局副局长。胡宏江介绍，武汉市1984年率先在全国提出企业兼并机制理论，因为当时正由计划经济向市场经济转轨，企业缺乏自我发展的条件。虽然政府组织过行业改组与联合，但效果不理想。优势企业扩张没有条件，亏损企业有土地但经营不善靠财政补贴过日子。在这样的形势下，"兼并"很自然地应运而生。从1984年到1987年，武汉已有企业兼并案例出现，包括全民企业兼并全民、全民兼并集体的，集体兼并集体的；有系统内部兼并的，也有跨系统跨行业的。但跨系统就出现该系统领导干预阻拦的现象。

胡宏江还介绍说，初始的企业兼并很不规范，兼并时的资产结算问题比较粗糙，有部分国有资产流失了。但随着企业体制改革的不断推进，武汉市的企业兼并活动开展很活跃，并在全国有了一定的知名度。这是武汉市进一步推进产权规范转让的内生动力。

再介绍"企业产权转让政策研讨会"及其影响力。

1988年1月5日，国务院经济技术社会发展研究中心（今国务院发展研究中心之前身）和武汉市人民政府在武汉联合召开了"企业产权转让政策研讨会"，就企业产权转让问题从理论上和实践上进行讨论。"北京声音"给了武汉市政府先行先试的鼓舞。这是外部促进因素。

这个研讨会后，由国务院经济技术社会发展研究中心林伯勤和任兴洲写了综述，题为《发展企业产权市场是深化改革的重要途径——企业产权转让政策研讨会综述》（以下简称《研讨会综述》），发表在1988年3月23日出版的《经济工作通讯》上。

30年后再读任兴洲同志的《研讨会综述》，依然激动不已，对这次研讨会的远见卓识，充满景仰之情。《研讨会综述》回答了当年人们普遍关心的几个问题，论述了产权交易的正确性，扫清了设立产权交易机构思想的和理论的障碍。该文分为四个部分，其中令人惊叹的观点有：

（1）“企业产权转让，既是9年改革的必然结果，也是进一步深化改革的需要，这是与会代表的共同认识”“已有的诸项改革对社会资源存量的横向流动和重组重视不够，这些要素被按条块分割开来，形成了既定的资源配置格局，虽然几年来生产要素市场有所发展，但由于作为要素存量整体的企业不能买卖，不能成为交易对象，使真正的要素市场难以形成，实践已迫切地要求用新的微观机制，重新配置资源，已经出现的企业产权转让在这种情况下便应运而生，为深化改革提供了新的选择。”（2）“一些代表还认为，从某种意义上说，企业产权转让，是继以简政放权为中心和以两权分离为主要依据的改革之后，企业改革出现的第三次浪潮。”（3）“创造必要的市场环境。……设立企业产权交易所，尽量使企业在场内集中交易，以便于统一管理和协调，并能促进较大范围内的竞争。”

胡宏江介绍说，这次研讨会，被国家体改委知道了，要求武汉市体改委去北京汇报。

胡宏江对这次去京汇报作了精彩的回忆：“1988 年元月底、2 月初的时候，我和市体改委秘书长秦舒源一同去北京汇报，正巧武汉市市长赵宝江也在北京，于是我们请上赵市长，3 人就以武汉市的名义向国家体改委作了汇报。国家体改委主任安志文听了汇报后说，这个事情要向总书记汇报。总书记在安志文汇报材料上批示，印发经委召开的承包座谈会讨论。“不久，在全国经委系统的承包座谈会上，秦舒源代表武汉市体改委就企业产权转让问题发了言，引起与会代表的共鸣……于是，武汉市的企业产权转让（做法）就在全国传扬开了。”

一个研讨会，一次到国家体改委汇报，一次总书记安排的全国经委系统介绍，极大地鼓舞了武汉市政府，时任市长赵宝江（后任建设部副部长）、副市长王明权（后任交通银行行长）加快了前进的步伐，于 1988 年 4 月 14 日同一天，出台了两个文件：《市人民政府关于印发武汉市企业兼并市场实施方案的通知》（武政〔1988〕33 号，以下简称

33 号文）和《市人民政府关于印发〈推行企业兼并实现产权合理转让的试行意见〉的通知》（武政〔1988〕34 号，以下简称 34 号文）。

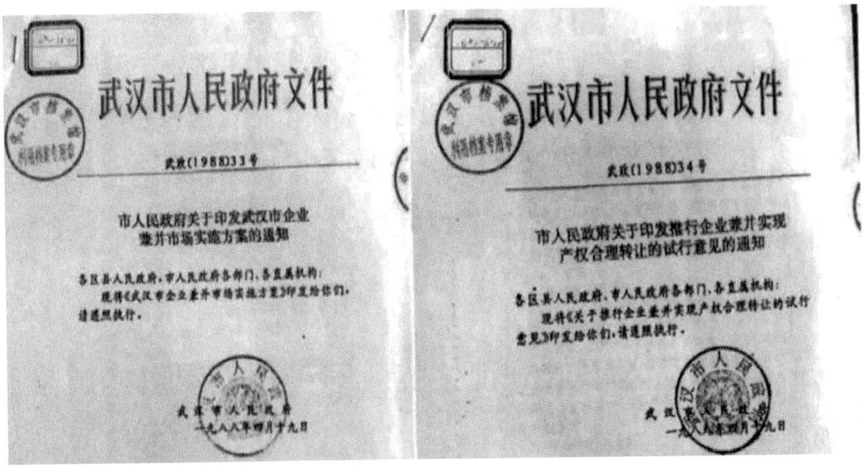

武汉市人民政府文件

武政(1988)33号

市人民政府关于印发武汉市企业兼并市场实施方案的通知

各区县人民政府，市人民政府各部门、各直属机构：

现将《武汉市企业兼并市场实施方案》印发给你们，请遵照执行。

武汉市人民政府

一九八八年四月十九日

武汉市人民政府文件

武政(1988)34号

市人民政府关于印发推行企业兼并实现产权合理转让的试行意见的通知

各区县人民政府，市人民政府各部门、各直属机构：

现将《关于推行企业兼并实现产权合理转让的试行意见》印发给你们，请遵照执行。

郑板桥书斋对联云：“删繁就简三秋树，领异标新二月花”。武汉市政府这两个文件的领异标新，在湖北省乃至在全国，为产权市场的建立，树立了丰碑。笔者最近到武汉市档案馆查到这两个文件，反复研读，十分激动。

（三）武政〔1988〕33 号文简要点评

第一，明确了企业兼并市场的定位、宗旨、交易原则。

第二，组建了企业兼并市场的领导监管机构、常设办事机构，指定了挂靠政府部门，明确了各自的主要职能或主要任务。

第三，制定了交易方式和程序。

（四）武政〔1988〕34 号文简要点评

与 33 号文同一天出台的 34 号文，对企业兼并的原则和范围作了进一步的明确，新增了一些重要内容。

第一，“在企业兼并的程序”中，新增了经职代会同意和债权债务处理的相关内容。

第二，在“被兼并企业职工的安置和福利待遇”部分，保证了职工利益不受损害。

第三，在“产权转让费的来源、代管和使用”部分，保证了兼并企业有购买产权的资金来源，明确了转让收入由谁代理、如何使用。

武汉市人民政府在33号文和34号文出台，即完成了企业产权转让场所——企业兼并市场——的顶层政策设计之后，立即着手筹建企业兼并市场事务所。

三、武汉及全国最早诞生的几家产权交易机构成立时间溯源

（一）武汉市企业兼并市场事务所

1988年5月3日，武汉市财政局以“国有资产管理局筹建小组”的名义，向市体改委和市编委报送了《关于成立武汉市企业兼并市场事务所的报告》（武财政字〔1988〕第167号）。

5月11日，武汉市体改委对市财政局发出《关于同意成立武汉市企业兼并市场事务所的批复》（武体改〔1988〕第012号））。全文如下：“武财政字第167号文收悉，根据武汉市人民政府〔1988〕33号文和34号文的精神，经研究，同意成立武汉企业兼并市场事务所。企业兼并市场事务所是以服务为主的非赢利性社团法人，由市财政局、税务局、审计局、工商银行市分行、工商局、劳动局派员参加。请抓紧时间筹备，尽快对外挂牌开展工作。”此件抄报国家体改委和省体改办。

武汉市财政局对筹建企业兼并事务所非常积极。5月20日，该局任命企业处处长刘宗翰为武汉市企业兼并事务所主任，朱治平、李光明、张世林为副主任。武汉市财政局从系统内选派了6人，市税务局、审计

武汉市经济体制改革委员会文件

武体改[88]第012号

关于同意成立武汉市企业兼并市场
事务所的批复

市财政局：

武财政字［1988］第167号文收悉，根据武汉市人民政府［1988］33号文和34号文的精神，经研究，同意成立武汉市企业兼并市场事务所。企业兼并市场事务所是以服务为主的非赢利性社团法人，由市财政局、税务局、审计局、工商银行市分行、工商局、劳动局派员参加，请抓紧时间筹备，尽快对外挂牌开展工作。

此复

局、工商银行武汉市分行、工商局、劳动局各抽调1人组建筹备处。

1988年5月27日武汉市企业兼并市场事务所开业。这天上午，武汉市人民政府在汉口前进一路举行了开业典礼，市人大常委会主任黎智，副市长王明权、吴厚溥以及各委、局、行业负责人，武汉商场等重点企业负责人，学术界、新闻界人士，共400多人参加。大会宣读了市政府关于武汉市企业兼并市场的一系列文件，企业兼并市场事务所章程和负责人任命文件，厂矿企业代表发了言。胡宏江同志回忆：“大会结束后，武汉市企业兼并市场开业，交易市场内挤满了人，在两块高大的信息发布栏上，写着30多家要求兼并、被兼并的企业的情况。当天上午，武汉市友谊公司兼并硚口汽车运输队，武汉国棉一厂兼并武昌服装厂和美华服装厂。当事者们在事务所负责人和公证员的公证下，签订了合同。”

《长江日报》5月28日头版头条对此作了新闻报道，标题是：《武汉市企业兼并市场昨开业》，“一个新的交易场所使优胜劣汰的企业兼并行为更为方便和合理。昨日上午，位于汉口前进一路的武汉市企业兼并市场正式开业。这是我国第一个以企业产权为交易商品的市场。它的作用是让发展企业‘吃掉’不景气企业，实现社会资源的优化组合。此间行家评论说，兼并市场开业标志着武汉市企业兼并行为进入了一个新的阶段，这是我国继企业承包之后企业经营机制改革的又一次新浪潮。”

1988 年 9 月 16 日，武汉市物价局批准武汉市企业兼并市场事务所的“兼并手续费”项目按成交额的万分之一收取。

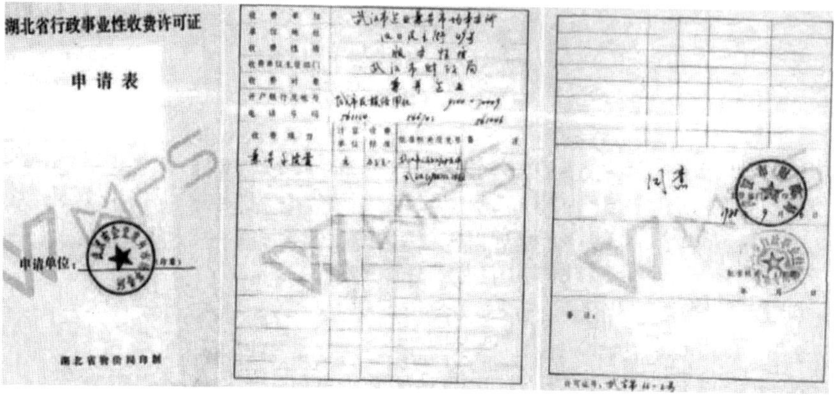
湖北省行政事业性收费许可证
申请表
申请单位：
湖北省物价局印制
武汉市财政局
同意

1988 年 10 月 10 日，武汉市编制委员会给市财政局发出《关于市企业兼并市场事务所人员编制的复函》（武编〔1988〕191 号），同意安排“事业编制五名，人员经费从收取的手续费中列支”。由此可证，武汉市企业兼并市场事务所取得事业法人地位，并拥有事业编制 5 名。

（二）全国其他城市成立产权交易机构时间溯源

郑州市产权交易市场，1989 年经市政府批准成立，事业单位。

深圳市产权交易中心，1993 年 3 月。

乐山产权交易中心有限公司，1994 年 2 月 4 日。

山西省产权交易市场，1994 年 1 月 11 日。

北京产权交易中心，1994 年 4 月 11 日。

天津产权交易中心，1994 年 4 月 13 日。

上海城乡产权交易所，1994 年 4 月 20 日。

江西省产权交易中心，1994 年 9 月。

南京产权交易中心，1994 年 12 月。

上海城乡产权交易所内部刊物《产权交易》1995年第1期发表著名经济学家于光远文章《“产权交易”中的经济学问题》。

1996年9月，江西省产权交易中心创办行业刊物《产权导刊》。

南昌产权交易中心，挂牌于1997年1月6日（据《江西财税与会计》1997年第3期第24页“简讯”）。

关于南昌产权交易机构创立起于1997年，已有定论，但南昌的企业兼并活动虽然晚于武汉却早于该市产权交易机构的成立时间。笔者查到江西省财政厅主办的《江西财税与会计》1997年第3期上，载有连樟寿、徐毅、葛孚桥撰写的《南昌市企业兼并的调查与思考》，其中写道：“南昌市企业兼并最早出现于1986年底。这年11月，江西三波电机总厂兼并了南昌电器总厂，从而率先打破了‘板结’的产权制度，使生产要素得到合理的配置。经过两年多的发展，到1989年4月，全市已有19组共41家企业发生了兼并行为。”“经过10年改革……为了尽可能减少因现阶段市场扭曲等因素给兼并带来的不规范、不正常和不合理的印迹，南昌市设立了企业产权转让办公室，明确规定其（职责是）在产权转让中的指导、协调作用。”我们由此就可以看出，这个设在市政府办公厅内的“企业产权转让办公室”，只是对产权转让活动起“指导、协调作用”，并不是独立法人，不是具备市场交易功能的交易机构或交易场所。

从成立时间看，从符合本文前面提出的“五有”标准看，武汉市企业兼并市场事务所，是中国产权市场的发源地已成定论，并得到国家层面社会各界及全国同行业的认可。

四、全国第一家产权交易机构成立后的历程、作为与现状

（一）历程

有必要说明，武汉市企业兼并市场作为全国第一家产权交易机构，

与1992年4月17日成立的“武汉证券交易中心自动报价系统”即“武汉柜台交易系统”（以下简称汉柜），是两个不同的机构。前者一直存续到2008年1月18日，被整合为武汉光谷联合产权交易所的江城分所，也可以说存续到今天。后者于1994年12月29日经武汉市人民政府批准并报国家体改委备案，1998年11月9日被关闭。被关闭的依据是1998年3月25日《国务院办公厅转发证监会关于〈清理整顿场外非法股票交易方案〉的通知》（国办发〔1998〕10号）。武汉这两家机构在产权交易业界曾经被混淆，在此郑重澄清。

1992年12月16日，在武汉市企业兼并市场的基础上成立武汉市产权交易中心，1994年11月更名为武汉产权交易所。

作为武汉市企业兼并市场的创始人之一，黄保云同志在《中国第一个产权交易机构的诞生和成长——武汉产权市场发展历史简介》[5]中写道：“1996年开始，武汉产权交易所发展中面临的问题日益突出，……1998年开始产权交易所面临的处境更为困难……2003年开始，产权交易所启动股份制改造，引进出资者成立了武汉联合产权交易所。”

1998年6月，笔者受命筹建湖北产权交易所，12月18日在湖北省工商局取得营业执照。我在《湖北产权市场是怎么创建起来的》[6]中写到，2004年4月至2005年底，在省国资委领导下，以“五统一”整合地市州产权交易机构，建立全省（除省会武汉市外）统一产权大市场的经过。“五统一”是指“统一监管机构、统一交易规则、统一信息发布、统一审核鉴证、统一收费标准”。2008年7月10日，国务院国资委产权局局长郭建新同志在湖北省国资委主任杨泽柱、副主任邹顺明同志陪同下到武汉光谷联合产权交易所调研时说：“湖北的‘五统一’，非常符合中国产权市场的发展方向。”

在完成了将全省12个市州产权交易机构整合为湖北省产权交易中心的分中心之后，2006年，省国资委和省产权交易中心启动了对全省最后一家地方产权交易机构——武汉产权交易所的整合工作。但此事受到武汉市国资委时任负责人的强烈抵制。一方面，“五统一”的效果开始显现，对经营困难的武汉产权交易所有示范效应，内心支持整合；另一方面，湖北省政府态度鲜明，省国资委推进有力，历经近两年艰苦努力，终于在2008年1月18日完成对武汉产权交易所的整合，成为武汉光谷联合产权交易所江城分所，在武汉市工商局完成工商登记。省与武汉市产权市场的整合过程，不忍回首，笔者作为湖北产权市场创始人、全省市场整合的当事人和推进者之一，将我连续担任省产权交易机构主要负责人11年的历史，客观记载于《湖北产权市场是如何创建起来的》一文中，3万6 000字，被收入同济大学2014年出版的《产权市场中国创造》一书。后来从事产权事业的同志读此文，应有所收获。

（二）作为与现状

被整合成为江城分所后，全国首家产权交易市场焕发出勃勃生机，发展迅猛：一是自身规模迅速扩大，经营业绩逐年大幅增长。2008年1月新张开业时注册资本100万元，截至2017年底账面净资产6 530万元，若加上固定资产（办公大楼）净资产已逾亿元。成立10年来已缴纳税金2 700万元。二是继续发扬“敢为人先，追求卓越”的首创精神，抢抓机遇，勇于创新，拓展多元化业务模式。如2010年和光谷联交所本部一起开拓法院涉讼资产委托评估与拍卖统一进场业务，形成了法院司法委托改革的“武汉模式”并在全国推广；又如2015年实施国企增资扩股业务，帮助市属国企成功引入社会资本8亿元；2016年完成北大方正控股方正信托57.51%股权进场项目，成交金额50亿元；2017年拓展大宗非法集资案件所涉非公资产进场交易，为维护社会稳定发挥重要作用。三是为国企改革和地方经济发展倾力服务。成立10年，累计成交金额145.96亿元，挂牌交易1 442宗，累计增值金额10亿元，为国企保值增值作出了贡献。

参考文献

［1］常修泽．产权交易理论与运作［M］．北京：经济日报出版社，1995.

［2］曹和平．中国产权市场“童话”［M］//曹和平．源头活水话产权．北京：北京大学出版社，2015.

［3］常修泽．产权交易理论与运作［M］．北京：经济日报出版社，1998.

［4］曹和平．中国产权市场发展报告（2008—2009）［M］．北京：社会科学文献出版社，2009：312－320.

［5］黄保云．中国第一个产权交易机构的诞生和成长——武汉产权市场发展历史简介［M］//本书编委会．产权市场　中国创造．上海：同济大学出版社，2014：2－5.

［6］何亚斌．湖北产权市场是怎么创建起来的［M］//本书编委会．产权市场　中国创造．上海：同济大学出版社，2014：65－95.

［附注：“参考文献”补］

本文2019年10月重修时，对文中“全国其他城市成立产权交易机构时间溯源”部分，参考广东省交易控股集团党委委员、纪委书记李利君《中国产权交易市场30年大事记（一）》（《产权导刊》2019年第6期），作了部分订正和补充。

3. 湖北产权市场是怎么创建起来的[①]

（2014 年）

一、湖北省产权交易中心的初创

今天的武汉光谷联合产权交易所是以原湖北省产权交易中心为基础组建起来的，这个中心为武汉光谷联交所提供了市场化的体制机制、完整的人才队伍、成熟的商业模式、除武汉市以外的全部市州分支机构、基础的信息化系统和良好的外部政治生态环境等条件。

湖北省产权交易中心的前身是湖北产权交易所。因此，故事必得从湖北产权交易所讲起。作为湖北产权交易所和武汉光谷联交所的创始人，回忆 15 年前的艰苦创业历程，我的心情实际上是颇为沉重的。

我是 1998 年 6 月 8 日从湖北省统计局副局长岗位到湖北证券公司（今长江证券公司）报到，受命组建湖北产权交易所的。当天下午，省委组织部副部长胡永继同志、省统计局局长吴威先同志率该局 22 名处长欢送我，一起陪同到湖北证券公司（时在武昌彭刘杨路）就任副总裁。公司董事长兼总裁陈浩武同志举行了隆重的欢迎座谈会，中层以上干部全部出席。陈浩武强调说，我是在他最急需要的时候加盟湖北证券公司的。会后，主客双方共进晚餐，觥筹交错，众宾欢也（欧阳修

① 原载于本书编委会编著：《产权市场 中国创造》，同济大学出版社，2014 年 5 月，第 65—94 页。

《醉翁亭记》语）。

事实上，一年多前，老朋友陈浩武就与我商讨我去湖北证券公司工作事宜。我也想去。一方面，在省统计局，工作上似乎已经驾轻就熟了，思想上难有大的突破，我分管的几个处室的处长、副处长都很努力又能干，我的工作相对清闲却反而觉得不舒服。荷马史诗《奥德赛》有言："没有比漫无目的地徘徊更令人无法忍受的了。"我很想换个新领域逼迫自己学习新东西，我是一个比较积极寻求新的挑战的人。1988年海南刚建省时，我随同湖北省社会科学院副院长张思平同志（今深圳市委常委、统战部部长）一起去刚成立的海南省社会经济研究中心工作，张思平同志任中心主任，廖逊同志任中心副主任，我当办公室主任、科研处处长兼人事处处长。后因湖北不放档案而中断。1989年湖北省委号召省直机关中青年干部到山区去工作，规定家属和户口随迁，很多人害怕选到自己头上，我报了名，到鹤峰县当县长，全家随迁，后任县委书记兼县长。另一方面，从事产权经济学理论学习和产权交易实务，与我1989—1994年当县长、县委书记兼县长时大力进行产权制度改革可一脉相承。还有，我当时正在华中科技大学经济学院西方经济学专业攻读硕士学位研究生，师从产权经济学博导张卫东（他是国际知名经济学家、新制度经济学和现代产权经济学创始人之一、香港大学教授张五常的助手），硕士论文选题特意选了《论产权交易制度化——以湖北为例的实证研究》。当然，我决意去湖北证券公司，最主要的原因是我同陈浩武的深厚友谊。我愿意同他一起干有价值有意义的事。他几次来我家倾谈，还笑谓我家是"城乡接合部"。我们俩的友谊要追溯到20世纪80年代中期，当时他在中国人民银行湖北省分行研究室当科长，我在省统计局综合处当科长，我们都是当时非常活跃的新组织——湖北省青年经济研究会的骨干，张思平是研究会会长。陈浩武聘请我担任他的研究室顾问，由时任行长汪伟给我们4名顾问颁发了聘书。

辞去局长实职下海，当时在我省是稀奇事。我向省委组织部部长黄远志同志汇报这一想法时，他的答复是："不行。你原是省委树立的优秀县委书记，在统计局也干得不错，这样变动，社会上会说我组织部对干部不负责任。你好好干，组织部对你是心里有数的。"

我没有动心，没有放弃。我找专业书来学习。省统计局两位处长和我的司机协助我找遍武汉三镇书店，终于从武昌民主路书店找到关于产权交易唯一的一本书——《产权交易理论与运作》，是著名经济学家、南开大学经济研究所所长常修泽教授写的，经济日报出版社 1995 年 2 月第 1 版，这本书我读了 3 遍。常教授后来担任国家发改委宏观经济研究院副院长，2004 年曾为我的专著《产权交易新工具》写过书评，他的《广义产权论》和《包容性改革论》皆为十八届中央领导所认同。"包容性改革"思想在台湾也很有影响。2013 年 10 月，我以中国企业国有产权交易机构协会副秘书长的身份邀请他担任全国产权交易行业首批高级产权交易师外部评审专家，他欣然应诺，认真负责。

湖北证券公司之所以想办产权交易所，是想利用政府资源，将国有企业的改制重组、产权交易业务与证券公司投资银行业务结合起来，形成推荐上市的上下游业务链：产权交易所负责做国企重组、做股份制改造、培育准上市公司，证券公司利用其推荐上市的资质接手上市辅导业务，推荐上市。除了湖北证券公司的初衷和远见外，当时全国产权市场的好形势也极大地吸引了湖北证券公司管理层。1995 年 5 月，国家国有资产管理局发布《关于加强企业国有产权转让监督管理工作的通知》（国资发产权〔1995〕54 号），一方面要求加强监管，另一方面谨慎鼓励。1996 年 3 月，上海市成立产权交易管理办公室；11 月，河北省人大常委会通过了全国第一个产权交易地方法规《河北省企业国有资产产权转让管理暂行条例》。这时有部分产权交易机构又像四川乐山市产权市场 1994 年初所做的那样，再次尝试将非上市股份公司的股权拆细、连续交易，全国 12 家产权交易机构与山东淄博产权交易所的证券交易报价系统联网，交易十分火爆，盈利十分可观，"形势一派大好"。正是在这种形势下，湖北证券公司副总裁李洪尧受陈浩武派遣，前往产权交易业务做得最红火的山东淄博和辽宁营口等地考察，有意发起组建湖北产权交易所。

时任常务副省长李大强和副秘书长胡运钊同志听取考察汇报后，对陈浩武、李洪尧的想法表示积极支持。

1997 年 6 月 28 日，湖北证券公司向省政府报送《关于组建湖北产权交易所的请示》，其中对政府吸引力最大的是，不要编制，不要经费，由湖北证券公司出资牵头组建公司制的产权交易所，市场化运作。而同时想牵头组建的省体改委、省经贸委向省政府提交的请示件中，都要求建成事业单位，编委批给一定数量的财政全额拨款的事业编制。但是，湖北证券公司这一动议受到省国资局多数同志的抵制，认为国有资产不应交由一家公司去负责交易，不利于监管。

经胡副秘书长主持会议协调，省财政厅党组副书记、副厅长兼省国资局局长陶德雄同志表示支持省政府决策。11 月 4 日，省国资局向湖北证券公司发出《关于批准成立湖北产权交易所的通知》（鄂国资产发〔1997〕118 号）。批复全文是："湖北证券公司：省政府办公厅转来你公司《关于申请组建湖北产权交易所的请示》（鄂证发〔1997〕165 号）收悉。经研究，同意成立湖北产权交易所，现就有关事项通知如下：（1）湖北产权交易所是从事企业产权交易的中介服务机构，独立承担民事责任，不具有监督管理全省产权交易活动的职能，同省内其他产权交易机构是平行的关系。（2）湖北产权交易所由湖北证券公司牵头组建，组建方案和章程报省国有资产管理局审批后，才能运作。（3）湖北产权交易所业务上接受湖北省国有资产管理局指导和监督，经费和资金自己解决。"

陶德雄同志是一位德高望重的正派领导干部，对我产权交易所的发展非常赞佩。2008 年，省产权交易中心成立 10 周年制作纪念光碟时，请他讲话摄像录音，他欣然接受，讲了一段非常动情的感言。

突然晴天一声霹雳。

1998年3月25日，《国务院办公厅转发中国证监会〈关于清理整顿场外非法股票交易方案〉的通知》（国办发〔1998〕10号）出台。10号文剑指产权市场：“近年来，一些地区未经国务院批准，擅自设立产权交易所（中心）……和自动报价系统……党中央、国务院决定……严禁各地产权交易机构变相进行股票上市交易。”淄博、营口、乐山、成都等一批产权交易机构因此而被关闭。

4月初，我得到这个10号文后有点动摇，立即去找胡运钊副秘书长（此前他已兼任省政府办公厅主任），请他就此作政策解读。胡运钊坦然地说，亚斌同志莫担心，湖北产权交易所是经李大强省长和我签字批转到国资局发文设立的，肯定不在10号文清理整顿范围之列。而且，省国资局正在代省政府起草《湖北省国有资产产权交易管理暂行办法》，即将以省政府令的形式发布，规范国有产权进场交易，文稿已到了省政府法制办。

这时，陈浩武对我说，省国资局电话几次催问湖北证券公司：“你们湖北证券公司又要申请建产交所，批复半年了，又没有动静了，再不建就要收回批准文件”，请我下决心。陈浩武特别说他已取得常务副省长李大强对我这一安排的支持。我就下了决心，于4月中旬向省委组织部面交了辞职申请书，表示为了从事产权交易事业，愿辞去省统计局副局长、党组成员职务，不保留公务员身份，不享受公费医疗待遇，到湖北证券公司工作。我又分别向副部长武清海和胡永继表达了我的坚定意愿。

5月6日上午，我接通知到省委组织部，部长黄远志、常务副部长武清海同我谈话说：根据你的申请，我们组织部部务会议研究并报省委常委会，同意你到湖北证券公司工作，副局长、党组成员就免了。武副部长说：“原考虑调你到省林业厅当副厅长，韩永厅长要你去，说你当县委书记时开发非耕地建设经济林搞得很好，现你要求去证券公司，征求分管统计局的李大强副省长的意见后，就尊重你的要求。”

5 月 7 日我到蒲圻市（后改名赤壁市）向省委前书记、省人大常委会前主任关广富同志汇报了我的最新动态。关书记原本就很不赞同我去湖北证券公司，此时也只好勉励我干好。

5 月 9 日，在胡运钊副秘书长办公室首次研究组建湖北产权交易所事，陈浩武和我参加。胡运钊同志说，组建产权交易所要找什么样的人来领导？我们考虑，纯粹懂市场经济而不懂政府运作规律的人不行，纯粹懂政府运作规律而不懂市场经济的人更不行，必须找一个两者兼备的人。这个人，浩武和我商量好久，报李大强省长同意，就是你。陈浩武表示坚决支持我，做我的坚强后盾。

我当初写辞职申请书辞去副厅级职务放弃公务员身份、放弃“红本本”（厅级干部公费医疗证封面为红色）时，着实很纠结。一方面，林业厅厅长韩永已经向省委组织部要求我去当副厅长、党组副书记；另一方面，产权市场在国办发〔1998〕10 号文下来后各地整顿一片肃杀之气。但是，我答应过陈浩武，做人要讲诚信。加上也有点自信，认为年方五十，正值年壮，继续我在鹤峰县突破性开展的产权制度改革事业，开创一片新天地是可能的。一咬牙，就向省委递交了辞职申请书。

可是，湖北产权交易所组建之前，省国资局曾不欢迎这个所的诞生，国务院又正在清理整顿全国产权交易所；我着手组建这个所之后，1998 年李大强常务副省长被调离湖北；同年国务院机构改革国家国有资产管理局被撤销，国资监管职能并入财政部被大大削弱；1999 年 10 月初陈浩武突然之间不再担任湖北证券公司董事长，新的外来接班人竟然认为陈浩武办产权交易所是错误的，不再支持牵头组建产权交易所；2000 年湖北省政府机构改革，省国资局被撤销，国资监管包括国有产权交易工作陷入不利境况。我们就是在这样的大背景下凭着强大的意志力来开创湖北产权交易事业的。

二、理顺管理体制，整合建立全省统一大市场

产权交易所怎么建？产权交易业务怎么搞？国外没有成功的理论可学，国内没有现成的经验可鉴，业界都在摸索之中。国务院国资委到2003年初才成立，《企业国有产权转让管理暂行办法》（国务院国资委、财政部令第3号）在同年底才发布，《企业国有产权交易操作规则》（国资发产权〔2009〕120号）到2009年6月才出台，此前，1998年我们开展产权交易基本是摸着石头过河。当时，湖北省国资局局长陶德雄，副局长王文涵、张雪华，产权处处长江少伟同志给予了我们支持和指导。我和我的副总李继承、周国庆和后来加盟的胡正茂同志主要从理顺外部管理体制、整合建立全省统一产权大市场、创新内部激励约束机制、构建商业模式等方面入手，积极探索前进。

关于“内部激励约束机制”和“构建商业模式”两个方面，今天已无必要回忆，这里仅就“理顺外部管理体制”和“整合建立全省统一产权大市场”两个方面还原真实的历史。

（一）理顺外部管理体制，产权交易所由“没人管”到“挂靠省财政厅”再到确定省国资委为“主管部门”

从事国有产权交易的机构必须具有社会公信力，这种公信力除了在长期的业务规范运作中建立外，应当首先在体制上树立形象。基于这一认识，我想把“湖北产权交易所”登记为事业单位，以体现公信力。我找到省机构编制委员会办公室主任张怀平同志，他对我的要求却面有难色，他认为批准产交所设立的文件级别不够，编办只受理省政府关于设立事业单位的批文；省国资局的批文已经明确这个所是“中介服务机构”，所以根本不能作为事业单位来考虑。我没有灰心，向他汇报不下10次，他对于我想增强这个所公信力的陈述很理解，终于同意我

写申请。他说："亚斌同志你真不容易，我被你的精神打动了。"设立什么类型的事业单位才有可能性？因为湖北证券公司向省政府申请设立产交所时就表明不要编制不要经费，省国资局批准设立产交所的文件也载明"经费自己解决"，所以不能向省编办申请编制和财政经费，最多只能申请设立为"自收自支"类事业单位。经过张怀平主任全力运作、编办研究批准，1998 年 11 月 11 日我领到了事业单位法人登记证（鄂事法登字第 573 号）。拿到这个证，我长舒了一口气，因为这个证为我的产权交易所四五年后能够被省政府办公厅批准"挂靠省财政厅"、能够被省长办公会议确定"划归新组建的省国资委管理"，预先设下了伏笔，创造了前提。

产权交易所要开展经营还必须进行工商登记。政策规定，要么作事业法人登记，要么作企业法人登记，不能同时作两种身份登记，这意味着我必须放弃已经办成的事业法人登记证。我找到省工商局局长宋育英同志（后任省政协主席），向她说明国有产权交易机构的特殊性。她表示，有道理，但政策上有障碍，愿意商量。我又向党组副书记、副局长李宗柏同志（后任省政协副主席）和副局长徐新同志（后任省农村信用联社理事长）陈述情况，获得理解和支持。我提议派人到上海产权交易所考察，因为上海产权交易所是既作事业法人登记又作企业法人登记的。宋局长同意我的建议，派出登记注册分局局长马尚武、副局长马汉江和科长周学兵同我赴上海考察。上海产权交易所总裁张海龙和市工商局的同志十分热情地介绍了上海做法，考察组回来写了考察报告提交局长办公会议通过，在 1998 年 12 月 18 日，湖北产权交易所在省工商局登记注册，取得营业执照，这个日子就成为我所的"所庆日"。

当时，虽然《湖北省国有资产产权交易管理暂行办法》于 1998 年 5 月 21 日以省政府令第 143 号发布，其中第七条规定"国有资产产权交易，必须在依法设立的产权交易机构内按规定程序进行，严禁场外交易"，但由于种种原因，场外交易盛行，场内交易冷清。我想从省工商局的产权过户登记这个终端来把关。经过多次陈述，省工商局应我的要求，起草了《关于规范产权交易过程中产权变动和工商变更登记工作的意见》，从工商过户的终端防止国有产权场外交易。这个发文，我们产交所多次参与讨论，我又拿到省财政厅去向厅长汇报，要求与工商局联合发文，最后我又向胡运钊副秘书长汇报获得支持，由省政府办公厅2001 年4 月30日转发省财政厅省工商局这个《意见》（鄂政办发〔2001〕62 号）。

1998 年11 月8 日，“首届湖北产权交易大会”开幕式在洪山广场省体育展览中心开幕，省委书记贾志杰、副书记杨永良等出席开幕式，省长蒋祝平致开幕词，省委常委、常务副省长邓道坤主持开幕式和湖北产权交易所成立揭牌仪式，贾志杰、蒋祝平揭牌并授予我。各市州政府带项目组团参加交易活动，美国、英国、法国、日本和中国香港等21个国家（地区）的代表和客商参加了此次产权交易会。

1998 年 11 月 8 日，武昌洪山体育中心，省委书记贾志杰（前右一）、省长蒋祝平（左三）为湖北产权交易所成立揭牌，并向总裁何亚斌（前左四）授牌。湖北省统计局华民刚摄

省政府副秘书长兼办公厅主任胡运钊主持湖北产权交易成交项目签约仪式。出席签约仪式的有省委书记贾志杰、省长蒋祝平等。贾志杰、蒋祝平、杨永良、邓道坤等视察湖北产权交易所服务平台。会前，我向省体改委主任张道恒、胡运钊副秘书长和邓道坤常务副省长先后建议安排省委书记和省长在开幕式上为我所成立揭幕，被采纳。

湖北产权交易所这个机构归谁管？有国资局的批文指明：业务上接受省国资局“指导和监督”，机构归湖北证券公司管。

1999 年 10 月，湖北证券改名长江证券，江山易帜，新任董事长要求我只当长江证券公司常务副总裁，不兼产交所职。“产交所绝对搞不起来的，不是你没有本事，而是政策环境不行。”我明确答复不能接受，必须对产交所员工负责。而且，我来就是为了搞国有产权交易的，这个平台是我的“井冈山”，不能丢。他没想到我会做这样的回答，后来他就不支持产交所的工作了。到 2002 年初，中国证监会恰好来了一个文件，规定证券公司要集中精力做好主业，不能办其他辅业，他以此为由，想将产交所与证券公司脱钩。我和副总李继承、周国庆商量，都同意脱离。3 月 29 日长江证券公司向省政府发出脱钩申请，在分管金融证券工作的高瑞科副省长主持协调后，原则同意脱钩。胡运钊副秘书长对此表示遗憾，又尽量为我们所争取较好新环境。

湖北产权交易所与长江证券公司脱钩后，归哪个厅局管为妥？要解决这个问题，必须将区域性的机构名称“湖北”二字改为“湖北省”三字，才能有谈话商量的前提。我向省编办张怀平主任提出这一问题，他立即答应。4 月 10 日，省编委批文同意更名为“湖北省产权交易所”，产交所领导职务名称改称“主任”。6 月 6 日省政府办公厅对长江证券公司的申请作出书面批复，同意我所与长江证券公司脱钩。

脱钩后我所找谁管为好？因为事业单位必须要有个主管部门，国有产权交易业务也必须要有个监管部门，而国资监管机构已在 1998 年机构改革中被撤销，我省国资局在 2000 年机构改革中也相应被撤销。胡运钊副秘书长依据国资局职能并入财政厅这一理由，拟将省产交所划到该厅管理，嘱我主动与财政厅联系一下，他再出面做工作。我立即与厅长童道友和分管人事的副厅长刘学武同志面谈。因为我当县委书记的鹤峰县曾是省财政厅的联系点，所以对前任厅长陈水文（后任副省长）和时任厅长童道友都熟。他们都表示欢迎，认为我“归队了”。刘副厅长还说了一席关于国资监管和产权交易认识非常到位的话。但在怎么管的问题上，他们感到有政策障碍，认为我们这个事业单位没有编制，就不便进行人财物的管理，只能在业务上指导和监管。我将财政厅的态度和顾虑向胡运钊副秘书长报告后，他又出面协调。我所半年没人管，但依然规范运作，严格自律。2000 年 11 月 21 日由省政府办公厅下文（鄂政办函〔2000〕100 号），明确省产权交易所“挂靠省财政厅”。财政厅收文后，在全厅作了传达，明确由企业处具体联系我所。处长余洪初和全处同志对我们的业务给予力所能及的支持。

最终解决我们省产交所归省国资委“管理”体制的，是省政府副秘书长胡运钊、省监察厅副厅长万世荣和省体改办副主任邹贤启，三位出了大力。

大的背景，要感谢十五届中纪委书记尉健行，他提出“四项进场制度”。2002 年 1 月 25 日，中纪委第七次全体会议公报提出：“2002 年，各地区、各部门都要实行经营性土地使用权出让招标拍卖、建设工程项目公开招标投标、政府采购、产权交易进入市场等四项制度。”

湖北省纪委分工纪委常委、省监察厅副厅长万世荣同志分管本省“四项进场制度”建设。土地出让业务进场事他找到了国土资源厅，建设工程招标业务进场事他找到了建设厅，政府采购业务进场事他找到了财政厅，但产权交易进场事不知找哪个部门，几经打听，有人说“要找何亚斌”。万副厅长通过省统计局熟人找到我，谈半天，顿时引起他极大兴致并由此结下深厚友谊。可惜天不假年，他因患肺癌，只活了 62 岁，令我痛惜万分。是他请到他的上级领导省委副书记、省纪委书记黄远志同志2003年4月16日来省产权交易所视察，他和我所挂靠单位省财政厅时任厅长罗辉一起陪同。我在汇报时建议由省纪委牵头组织几个单位到外省考察，从根本上解决国有产权进场交易制度建设和执行落实问题，同时解决我所管理体制和全省产权市场建设问题，黄书记立即同意。经胡运钊副秘书长安排，2003年6月初，由万世荣副厅长带领监察厅法规处处长康明先，省体改委副主任邹贤启带领宏观改革处处长胡述斌，我带一员，往经验对我省有利的江西和福建考察。江西省产权交易所总裁任胜利、福建省产权交易中心总经理郑康营，邀集组织本省对口部门共同热情地接待了考察组，介绍了有用的经验。回鄂后，考察组委托我起草给省政府的报告，经考察组各成员反复修改，胡运钊副秘书长审定，被列入省长办公会议议程。

2003年8月11日是个有历史意义的日子。省长罗清泉同志主持召开省长办公会议，听取省体改办副主任邹贤启关于规范发展我省产权市场有关情况的汇报。本来原定万世荣副厅长汇报的，恰当天正是他在北京解放军301医院动手术的日子。当邹贤启同志介绍这一情况时，罗省长十分关切地询问了病况，列席会议的监察厅厅长翁绍许作了汇报，省长叮嘱再三，一定要全力治好。这次会议原则同意汇报材料提出的建议意见。8月19日《省长办公会议纪要》（第20号）议定四个方面的事项：一是同意成立省产权交易工作领导小组，由常务副省长周坚卫任组长；二是省体改办要立即起草《关于加快全省产权市场建设的若干意见》和实施方案，报省政府审定；三是《关于加快全省产权市场建设的若干意见》和有关配套规定出台后，以省政府名义召开省直产权交易工作会议，并在适当时候召开全省产权市场建设工作会议；四是由机构改革后设立的省国资委为湖北省产权交易所的主管部门，省国资委与作为社会中介组织的省产权交易所是业务指导关系。第四条是最重要的。这个纪要，是办公厅秘书三处处长程用文委托列席会议的我先起草初稿，经秘书三处和胡运钊同志先后审改，正式成文的。

这份纪要印出后，我拿着它立即送往省编办。编办主任张怀平同志说："亚斌同志啊，你赶得早不如赶得巧啊。"因为编办正在起草我省机构改革设立省国有资产监督管理委员会的定机构、定职能、定编制的"三定"方案。他依据这份省长办公会议纪要，在国资委"三定"方案稿的末尾，加上一句话：原挂靠省财政厅的湖北省产权交易所，划归省国资委管理。

省国资委管理我们产权交易所的由来源于此。

我们所自成立起，我和副主任李继承、周国庆和后来加盟的胡正茂3位副手，凭着顽强的意志力，坚持不懈，历经5年游说、争取，终于把一直不顺的管理体制理顺了，改由2003年底新组建的省国资委管理，我们所才迎来了发展的机遇。

在这里有必要对湖北省委组织部恢复我的公务员身份作一交代，不然对我的后面一些工作活动不好理解。

2002年7月19日，省委组织部副部长徐松南约我谈话，综合干部处处长关山在座。翻看当天日记有载：徐副部长很热情地说，他是受部长赵文源的嘱托找我谈话的。他说，鉴于湖北省产权交易所已经与长江证券公司脱钩，决定把我从长江证券公司调到省产权交易所，保留副厅级；长江证券公司是没有行政级别的，但你是有级别的，你1994年就是省统计局副局长，1998年到长江证券公司去是经过省委组织部调配的，部里是下了文的，明确保留副厅级的；"我们部里的人都认为你的精神很可嘉，产权交易很有搞头，关键看政府怎么重视，我在荆州当市长时对我们市的产权交易就很重视。"省委组织部于当天给中共长江证券公司委员会下达《关于何亚斌同志工作调动的通知》（鄂组干〔2002〕257号）："经研究，同意调你公司何亚斌同志到湖北产权交易所工作（保留副厅级）。请办理调动手续，介绍到湖北产权交易所报到。"文末注明"抄送省产权交易所、省编办"。由于文达省机构编制委员会办公室，这样我的公务员身份就得以恢复了。2003年12月1日，徐松南副部长再次约我谈话。当日笔记：经济干部处处长蔡勇因事外出，委托副处长陈邦强陪同谈话。徐副部长肯定了我在省产权交易所的工作，说："省委安排你任新组建的省国资委党委委员，参与国资委重大事务的决策，并继续探索产权交易。希望你多多探索……"

我们不能忘记省纪委省监察厅对建立国有产权进场交易制度的贡献。特别值得一提的是，副厅长万世荣和法规处处长康明先，起草了《关于违反国有、集体产权交易法律法规行为的纪律责任追究暂行规定》，于2003年11月经省纪委书记黄远志主持纪委常委会议通过。我又找到万世荣同志建议暂不要发文，待省国资委组建、有了执行主体后再发出为好。他同意我的建议，待当年底省国资委正式成立后于2004年2月16日发布（鄂纪发〔2004〕7号），这个文件对于制止领导干部干扰国有产权进场交易的行为起了很好的震慑作用。国务院国资委纪委副书记、监察局局长石巍2004年秋到湖北调研听取我的汇报时，对这个文件大加赞赏并带往北京。

为了整合全省各地市州产权交易机构作为我所分支机构的需要，2004年4月9日，经省编委批复，"湖北省产权交易所"更名为"湖北省产权交易中心"。

（二）以"五统一"整合地市州产权交易机构，建立全省（除武汉市外）统一产权大市场

以"五统一"整合建立全省区域性产权大市场，是湖北的一块招牌，被称为"湖北模式"。这一思想的形成，其实不是我一人的，而是我和副手李继承同志共同思想火花碰撞产生的。1999年我的硕士论文《论产权交易制度化——以湖北为例的实证研究》中就提出建立全省统一大市场。产交所成立后，我们经常考虑这个问题。但是，我们没有这个手段。机会终于来了：2004年7月14日，国务院国资委发出《关于做好产权交易机构选择确定工作的指导意见》（国资发产权〔2004〕

252号)，其中规定，省级国资委在国务院国资委指导下，负责选择确定本地区从事企业国有产权交易活动的产权交易机构。我们立即抓住这一尚方宝剑展开设计。2005年春节后我和李继承在办公室讨论整合地市州现有产权交易机构的思路。针对当时各地的情况，我提出，前提是必须“统一监管机构”，把各地隶属体改办、财政局、经贸委、商业局甚至政府办公室的产权交易机构统统划归当地国资委监管，作为我们省产权交易中心的分中心，否则省国资委不给予其从事企业国有产权交易的资质。在此前提下，再实行“四统一”，即统一管理规章、统一信息发布、统一交易规则、统一场内结算。李继承认为“统一场内结算”为时尚早，恐企业不愿意，不如提“统一收费标准”。3月3日，我们代省国资委拟写了报省政府的《关于全省产权交易机构整合问题的请示》(鄂产交〔2005〕05号)，将这一思路写入其中。这样，“五统一”的内容就最初形成了，后“五统一”定型为统一监管机构、统一信息发布、统一交易规则、统一审核鉴证、统一收费标准。省国资委副主任邹顺明同志大加肯定、强力推行，产权处处长梅光松，副处长易国庆、张顺来、朱丹玲和科长肖学鹏等同志狠抓贯彻执行，2005年完成了除武汉市以外各地市州产权交易机构的整合。还有一条“统一场内结算”，没有在文件中公开要求，但实际上我们产权交易中心通过合同形式对转让方和意向受让方是这样操作的。待到2008年初终于完成对武汉市产权交易机构的整合（后文详述）后，同年7月10日，国务院国资委产权局局长郭建新（现任国务院国资委副秘书长）和监管处处长黄景安同志来鄂检查时说过一句话：湖北的“五统一”，“非常符合中国产权市场的发展方向”。

郭局长的话很有预见性。5年后，2013年3月26日，国务院新任总理李克强同志在国务院第一次廉政工作会议上讲话，题目是《着力建设一个廉洁的政府》。在“管住权力”部分，谈到国有产权交易平台建设时，总理说：“要落实‘四统一’。深入推进国有产权交易市场化改革，实行统一信息披露、统一交易规则、统一交易系统、统一过程监测。”同年4月，国务院办公厅国办函〔2013〕63号《关于贯彻落实国务院第一次廉政工作会议精神任务分工的通知》要求国有产权交易平台实行“四统一”。回想8年前我们在湖北提出并实行“五统一”的艰辛历程，今读总理讲话和国办63号函，真是令人欣慰。湖北通过“五统一”整合完成区域性产权市场的另一个卓越成果是，保住了市州产权交易分支机构。2011年6月8日中共中央办公厅国务院办公厅发出《关于深化政务公开加强政务服务的意见》（中办发〔2011〕22号）整合建立统一的公共资源交易平台后，我在中国产权协会工作这几年，亲眼目睹有的省级产权交易机构被整合失去独立法人地位了，一些省的省级产权交易机构虽然保住了，但地市州产权交易机构有的被当地政府撤销，有的被当地公共资源交易中心兼并成为一个科了。而在湖北，则以省级机构为龙头，与市州机构形成了以产权参股为纽带的集团，成为强大的无法撼动的存在。以“五统一”整合全省产权市场和产权交易机构的“湖北模式”，2005年在除武汉市外的地市州能够完成，2006年初在全国会议上介绍经验，主要得益于省国资委副主任邹顺明同志的支持和推进；2007年完成省和武汉市国有产权交易市场和科技产权交易市场的整合，主要得益于在省委省政府领导下省国资委主任杨泽柱同志的支持和推进、邹顺明副主任的配合。同时，我至今仍然非常感谢各市州国资委和各分支机构对这项统一事业和我本人的支持，我与分支机构负责人结下了深厚的友谊，有些保持至今。

我们在极其困难的环境中，好比在沙漠中行走，每前进一步都可能后退半步。支撑我们团队的，除了坚定的信念外，就是一个字：熬！

我和我的副主任以及全体员工，在困难中团结奋斗，想尽千方百计，说尽千言万语，终于理顺了管理体制，开拓出一片业务天地，财务状况大大好转，在全国产权界也有较高地位。

有位哲人说过："不是因为有了希望才坚持，而是因为坚持才有了希望。"我们坚忍不拔地开创湖北产权市场的历程，印证了这一真理。

三、武汉光谷联合产权交易所的创建

湖北省产权交易中心经过8年努力生存已然不成问题，但由于外部政策环境等诸多原因，一直未能取得突破性发展，而到2006年春，时我年已五十有八，感到工作时间来日无多，必须抓紧寻求新的发展政策环境。为此，常宵衣旰食。

机遇总会眷顾有准备的人。

2006年2月7日，《国务院关于印发实施〈国家中长期科学和技术发展规划纲要（2006—2020年）〉若干配套政策的通知》（国发〔2006〕6号）出台，这个文件是为实施《国家中长期科学和技术发展规划纲要（2006—2020年）》（国发〔2005〕44号），营造激励自主创新的环境，努力建设创新型国家而制定的配套政策。这个6号文共60条，其中第十九条"建立支持自主创新的多层次资本市场"部分有这样一段话："在有条件的地区，地方政府应通过财政支持等方式，扶持发展区域性产权交易市场，拓宽创业风险投资退出渠道。"第六十条规定："各省、自治区、直辖市人民政府要结合本地实际，依照法定权限制定相应的具体政策措施。"

这不是政策红利要来了吗？湖北不是"有条件的地区"吗？国务院6号文一下子激活了我的心！

我于当年2月下旬看到并反复研究这个文件。从网上下载后，精心作了旁注，在与产权市场建设直接或间接相关处划了杠杠，很快去拜会了省科技厅党组书记李涛同志（厅长是副省长郭生练同志兼）。因为国务院6号文是科技部代起草的，省政府要制定相应的具体政策措施就当由省科技厅来代起草。李涛书记赞许我的政策敏感性，表示在起草我省贯彻6号文的具体政策措施时尽量体现我的诉求并征求我的意见。这样，我先与政策制定机关接上头，心就踏实些了。

为更准确理解6号文的出台背景和国家有关方面的意图，我必须进京。3月21日至22日，我带人赴京汇报，对象有国务院国资委产权局局长郭建新、副局长邓志雄、处长黄景安、副处长李晓梁，政策法规局局长张德霖；中国证券业协会党组书记、常务副会长黄湘平（原湖北证监局局长，后升任会长）等。邓副局长提出了较为明确的意见，要求我们在已经整合武汉市以外的市州产权交易市场的有利条件下，再攻坚克难，进一步完成省和武汉市的整合，成为区域性产权交易市场，并可考虑向国务院国资委领导建议批准将我中心升级为继沪、津、京之后第四家从事中央企业国有产权交易业务的机构。这句话，成为我们努力工作的巨大动力。

回省后，我立即向省国资委主任杨泽柱、副主任邹顺明汇报了从北京了解到的情况。杨主任说，要利用这个机遇，把省产权交易中心建设成为符合邓志雄同志设想的产权交易机构。从哪里切入？我想，必须借助第三方来发声。我邀请一批对产权交易事业理解、同情和支持的朋友，组成“区域性产权交易市场规划课题组”，请杨泽柱主任当组长、邹顺明副主任当副组长，我当执行副组长。经过多方沟通，这个课题组于3月30日成立，4月9日，杨泽柱组长主持召开了专家课题组会议，专题研究我省区域性产权交易市场建设问题。出席人员有：华中科技大学经济学院张卫东博导，湖北证监局副局长王广幼，省发改委处长王培锦，省科技厅处长王安木，省国资委副主任邹顺明、党委委员何亚斌、产权处副处长张顺来，省产权交易中心副主任李继承等。会上，专家们提出，最好从武汉城市圈建设的需要方面切题。会后，综合专家意见，拟写向省领导的上书。“五一”长假，我闭门未出，写作了《专家呼吁：尽快搭建科技交易大平台，推动武汉城市圈产权交易市场体系建设》一文。

文章内容有：（1）机遇来自国家两文件。一个是2月的国发〔2006〕6号，另一个是4月的中发〔2006〕10号《中共中央 国务院关于促进中部地区崛起的若干意见》，其中第27条要求“大力发展资本、产权、土地、技术、劳动力等要素市场”。西汉思想家董仲舒有名言：“六经注我，我注六经”。我反复研究两文件，在完全尊重原文的前提下，注入了我的解读体会。（2）建设产权市场是我省进入资本市场高层次体系的最后一次机会。这一段，抓住领导的“疼痛点”和“兴奋点”。“疼痛点”是，武汉1992年到1994年曾有过设立证券交易中心的机遇却失之交臂。“兴奋点”是，这次6号文件赋予了武汉成为区域性产权市场千载难逢的机遇。（3）武汉城市圈有条件建立科技产权流动的大平台。这一段主要是增强领导对创建区域性产权市场的信心。（4）“1+8”城市圈（指武汉市，加咸宁、鄂州、黄石、黄冈、孝感、仙桃、天门、潜江8市）科技产权交易大平台的建设措施。这一段主要是为领导当参谋，提供操作思路：整合科技产权交易业务进入国有产权交易平台，由省国资委和省科技厅共同监管；由省政府出面协调，以省产权交易中心为依托，整合武汉市和城市圈内产权市场，争取成为继京津沪之后第四家有资格从事中央企业国有产权交易活动的机构。这是全文的核心内容。这篇不足5 000字的文章，是我耗费心力最多的作品。

当年4月，恰逢省发展和改革委员会内刊《湖北经济内参》记者李植，通过省国资委党委副书记、副主任向从贵的介绍向我约稿。我与李植面谈几次后，答应五一期间定稿，托付他一定负责通过合适渠道送达中央政治局委员、湖北省委书记俞正声。文章出来后李植坚请我署实名，我坚辞不受，只以“省国资”的谐音“沈国子”署笔名。

这篇文章5月8日在《湖北经济内参》以《内参专报》形式专报俞书记，立即引起了省委省政府的高度重视。第二天，省委书记作了很长一段批示，认为此事如有突破，将对我省高科技产业的发展，对企业的重组，均有重要意义。他批示给省长罗清泉，要求明确主管此事工作的副省长认真研究。随即，罗省长批示：“请（周）坚卫、（任）世茂、（郭）生练同志阅，请坚卫同志牵头，就此事按正声同志要求，抓紧制订工作方案并组织实施。”常务副省长周坚卫，副省长任世茂、郭生练、阮成发均有批示。

2006 年 5 月 31 日在黄冈市召开的“湖北省推进武汉城市圈建设领导小组第三次（扩大）会议”上，“搭建全省科技产权交易平台”被列为当年要完成的八件重点工作之一，省长罗清泉在讲话中明确要求以省产权交易中心为基础，建设“全省科技产权交易所”。

根据常务副省长周坚卫的批示，省国资委主任杨泽柱组织国资委，省科技厅党组书记李涛组织科技厅，及时进行了认真研究。任世茂、郭生练两位副省长高度负责，为准备常务副省长听取汇报做了大量前期准备工作。

2006 年 6 月 6 日，副省长任世茂听取了我代表省国资委关于《以搭建武汉城市圈科技产权交易平台为突破口，将我省建成区域性产权交易大市场》的汇报，国资委副主任邹顺明、产权处处长梅光松和省产权交易副主任李继承参加。任副省长指出，省产权交易中心成立 8 年来，从无到有，从小到大，艰苦创业，积累了经验，为我省经济结构调整、国有资产保值增值作出了很大贡献，使我们看到了希望，增强了信心；希望国资委抓住国务院 6 号文和省领导批示的机遇，认真规划，抓紧实施；为推进此项工作，可考虑省政府成立区域性产权市场建设领导小组，由省领导任组长和副组长专门落实；对武汉地区产权市场的整合是大势，要采用市场的手段吸引其加入省区域性产权市场这个大平台。

副省长郭生练为调研科技产权交易平台建设问题，通过副秘书长王永高单独约见我，在郭副省长办公室请我谈两个小时。他最后只说了一句话：“全部照老何讲的办！”这位元朝天文学家、数学家和水利学家郭守敬的后代，武汉水利电力学院博导对我的信赖，令我难忘。随后，他于7月12日主持召开“东湖高新区技术产权交易市场建设会议”。参加会议的有：省科技厅、省知识产权局和省国资委派出的省产权交易中心；武汉市方面有市政府、东湖高新区、市科技局、市知识产权局。会议听取了东湖高新区的建设方案和省产权交易中心的建设方案的汇报。两方案比较，会议原则赞同我代表省产权交易中心提出的方案。会议决定由东湖高新区管委会根据本次会议讨论意见，形成书面报告，经武汉市政府议定后，以东湖高新区和科技厅名义报省政府王永高副秘书长送郭副省长，上省长办公会。省科技厅副厅长毛凤藻同志（后升任省统计局局长）积极支持以省产权交易中心为龙头来整合科技产权交易市场，他的发言很有高度和深度，很有指导性。与会的武汉市常务副市长袁善腊说：（1）2003年武汉市对市级产权交易机构的整合，事实证明只是个教训；（2）要以市场化的办法，由省产权交易中心、东湖高新区和科技厅来建设这个平台；（3）请省产权交易中心搬到东湖高新区去，东湖高新区要为他们提供一个办公场所，把房子租下来，给这个新平台无偿使用。郭生练副省长说，科技产权交易平台建设是个大事情，罗省长站得高，十分重视。两个方案确定下来：（1）定位是政府引导、市场化运作，投入方式按建设软件平台的方式。这个平台要放到东湖高新区去，资金是东湖区出大头，省市政府补贴；（2）成立一个机构，拿出一个综合方案。科技厅、东湖区、省产权交易中心共同组建一个工作班子。综合方案由东湖区起草。

7月27日，我正在井冈山出席“中国产权交易协会发起人会议”。会议由邓志雄副局长主持，来自全国11家发起人单位的主要负责人出席，他们是：上海蔡敏勇、北京熊焰、天津高峦、湖北何亚斌、黑龙江任玉琴、重庆刘轶茂、河北王彪、陕西王浩生、江苏陈磊、广州李正希、青岛宫立安，列席的是东道主江西任胜利。第二天傍晚突然接到省政府秘书五处处长彭章宣电话，请我第二天星期六一早8点钟到省政府向任世茂副省长汇报产权市场建设方案。我表示身在井冈山，时降暴雨，难以赶回武汉。后杨泽柱主任又来电，再请我设法赶回。邓局长为我安全计，坚决不同意我连夜出发。蔡敏勇、熊焰、高峦、任胜利等也反对我冒险赶路。但杨主任是领导加朋友，责任在身，我去意已决，任胜利同志就去给找了一辆出租车，我司机从武汉出发赶到江西樟树市高速公路收费站对接。通宵达旦，翌晨6时到武汉，在华中科技大学门口发信息给邓局长和任总经理报平安。到武昌中南大厦省产权交易中心办公室洗把脸后，8时前到达省政府会议室，副省长任世茂再次听取我的汇报。副秘书长杨朝中和省国资委主任杨泽柱、副主任邹顺明并产权处处长梅光松、副处长张顺来参加。任副省长要求，以我省已经基本成型的“五统一”（即统一监管机构、统一交易规则、统一信息发布、统一审核鉴证、统一收费标准）为原则，把武汉地区的产权交易机构整合进来。这次会议，主要是解开了任副省长的一个心里疙瘩，最后说“老何啊，你搞产权交易8年了，很艰难，不容易呀!”一语引发满座动容。

由我提供初稿，经过省国资委积极协调，大力推动，综合各方意见，形成《关于搭建全省科技产权交易平台推进华中区域产权交易市场建设的报告》，于8月16日呈报省政府。经省政府办公厅秘书五处、秘书六处认真安排和协调，此件先后得到杨朝中、王永高两位副秘书长和段轮一秘书长的同意，任世茂、郭生练、周坚卫三位副省长的先后批准，列入省长办公会议议程。

2006年8月28日，省长罗清泉主持召开省长办公会议，研究科技产权交易平台建设问题。决定实施“两个整合”，即省与武汉市的产权交易机构的整合、科技产权交易机构与国有产权交易机构的整合。会后成立了省产权交易市场建设领导小组，常务副省长周坚卫任组长，分管国资监管工作的副省长任世茂和分管科技工作的副省长郭生练任副组长。

12月5日，周坚卫组长主持召开了领导小组第一次会议。副组长任世茂、郭生练和副秘书长杨朝中出席。省国资委主任杨泽柱作了《关于湖北科技产权交易平台筹建情况的汇报》，副主任邹顺明作了《关于提请审定湖北科技产权交易平台运作方式的报告》，党委委员何亚斌出席。武汉市政府代表，省科技厅党组书记李涛和省发改委、省财政厅、省工商局、湖北证监局、东湖开发区等单位的负责人参加。关于联交所机构名称是会前各方争论的焦点之一，我们起草汇报材料时，考虑到武汉市政府要求体现“武汉”二字，东湖开发区要求打“光谷”牌①，省领导和省科技厅要求体现“科技”特色，省国资委想守住“湖北”头衔以利于全省产权交易分中心归并管理，所以杨泽柱主任的报告中初选了两个名称“湖北联合产权交易所”和“武汉光谷联合产权交易所”供选，建议使用“湖北联合产权交易所”这个名称，并加挂“武汉光谷科技产权交易所”的牌子。郭生练副省长发言，“建议用武汉光谷联合产权交易所这个名称，这个所要放到东湖高新区去，在东湖高新区注册。”任世茂副省长发言特别强调“联交所能不能搞好，关键在班子。省产权交易中心过去8年，（何）亚斌同志白手起家，带着一帮子人干，探索了路子，积累了不少经验，将来联交所的经营班子一定要懂行、精干、务实……”他没有对机构名称发表意见。周坚卫常务副省长主要强调省和武汉市要统一思想，要求目标还要大一点，关于机构名称，他赞成郭副省长的意见，叫武汉光谷联合产权交易所，对于拟设在汉口的“江城分所”，明确表态“我不赞成设为独立法人”。罗省长对高新区管委会时任主任唐良智同志（现为武汉市市长）说过，东湖区就差一个资本市场平台，这个产权交易所迁进去就有了。这次会议对落实“8·28”省长办公会议决定事项提出了严格要求，对建设好武汉光谷联合产权交易所提出了明确的指导意见，决定了许多重大事项。

① 美国加利福尼亚州北部圣塔克拉拉谷地是高科技公司云集的地方，最早是研究和生产以硅为基础的半导体芯片，因此得名“硅谷”。武汉东湖高新技术开发区产业主要特色是以光电子为基础的光通信产品，故有“光谷”这个诗意名称。

可是，执行起来仍然非常艰难。

12月22日，受省政府委托，省国资委副主任邹顺明和我，产权处处长梅光松、副处长张顺来，再次与武汉市政府市长助理孙亚（后任副市长）、市国资委负责人等进行了协调，总体来说是有进展的。

为了省政府在年底前举行揭牌仪式，在没有一分钱注册资本金的情况下，省和武汉市工商局特事特办，12月28日武汉光谷联合产权交易所在东湖高新区工商分局做了工商登记。省政府并各方均同意我担任董事长、法人代表。

第二天即12月29日，省政府举行了武汉光谷联合产权交易所成立揭牌仪式。副秘书长杨朝中主持，副省长任世茂和郭生练揭牌，郭生练副省长代表省政府讲话。省产权交易市场建设领导小组办公室主任杨泽柱、武汉市政府市长助理孙亚、东湖高新区管委会主任唐良智、武汉光谷联交所法人代表何亚斌先后讲了话，上海联合产权交易所总裁、党委书记蔡敏勇代表参会的京、津、渝和各省产权交易机构致了贺词。本来，光谷联交所的设立只待注册资本金3 000万元到位（全部最后到位是2007年7月底）即可正式办理工商登记领取营业执照了，但为了防止后患，我又向省政府副秘书长杨朝中要求出个政府文件，杨爽快答应。2007年7月10日，《省人民政府关于设立武汉光谷联合产权交易所的批复》（鄂政函〔2007〕127号）发出。这份大红印章的批准件，没有预计到的效用是，到2011年和2012年执行国务院《关于清理整顿各类交易场所防范金融风险的决定》（国发〔2011〕38号）中起了很好的保护作用，因为国务院办公厅国办发〔2012〕37号文关于执行国发〔2011〕38号文的实施意见中规定：“经省级人民政府批准设立的交易所，确有必要保留，且未违反国发38号文件和本意见规定的，经省级人民政府确认，予以保留。”

2007年2月14日，我们与武汉光谷广场业主签订购置房产协议书，由省产权交易中心代垫购房资金，通过公开招标方式，开始了

“武汉光谷联合产权交易所”新办公地的装修设计和施工。我对设计师提出的设计要求是6个字：好功能，大气象。

至7月底，省国资委、省科技厅、武汉市国资委、东湖高新区管委会的认股资金陆续到账，8月1日以光谷所的名义开始经营。8月18日，省产权交易中心原班人马从武昌区中南路中南大厦迁往珞喻路光谷广场新址。自此，武汉光谷联交所有了宽敞明亮的现代化交易和办公场所。

令人完全没有想到的是，光谷联交所正式成立后，又突生变故：第二大股东武汉市国资委在市工商局注册成立了独立法人性质的“武汉市江城产权交易所有限公司”并于11月17日开始营业。怎么办？省和武汉市产权市场整合事业面临功亏一篑的危险。为了坚决落实省委省政府决定事项，杨泽柱主任同我商量如何突破。共同的认识是，从大局出发，必须强力理顺这个“江城所”，商定由我以他个人名义代拟一份给周坚卫常务副省长的紧急报告。那时我在省委党校厅级干部班学习科学发展观，连夜赶写了《关于省科技产权交易平台建设发展中有关问题的报告》，杨主任看后完全认可。报告送出后，周副省长11月27日签批明确支持意见：“整合省市产权交易机构，设立我省科技产权交易平台，是俞书记罗省长研究交办的事。总体来说，一年运转情况不错。关于江城分所设立的问题，我意是按省政府纪要精神办，请（杨）朝中同志先协调一下。当否，呈（罗）清泉、苗圩（时任武汉市委书记、今工信部部长）、（李）宪生（时任武汉市市长、今海南省委副书记）同志阅示。”刚由省长升任省委书记的罗清泉同志第二天即批示“同意坚卫同志意见”。12月12日周坚卫在省委办公厅转来的罗书记批示后再签“请将罗书记批示转省国资委”。

2007年12月27日，受省委书记罗清泉和常务副省长周坚卫的委托，省政府副秘书长杨朝中就全省科技产权交易平台建设中的突出问题主持召开督办协调会。省国资委党委委员何亚斌汇报了武汉光谷联合产权交易所江城分所设立过程中出现的新问题，省政府办公厅秘书五处副处长金彪宣讲了省政府第240号令关于设立产权交易机构的前置审批规定（第六条，“设立产权交易机构，由设立单位提出申请，报省国有资产管理部门审批”）和省政府为搭建科技产权交易平台所发的会议纪要精神。出席会议的省国资委主任杨泽柱，武汉市国资委主任黄江，省和武汉市工商局、省政府法制办、省监察厅的代表发了言。会议坚决要求省工商局负责注销独立法人的江城产权交易所。会后，杨朝中副秘书长又请我代他以个人名义尽快拟写出当日督办会情况的报告。29日，副省长任世茂、常务副省长周坚卫、省委书记罗清泉先后对此报告作出批示，均完全同意杨朝中副秘书长的处置意见，要求坚决落实省政府决策。至此，历经一年半的省和武汉市产权市场的整合协调工作，终于尘埃落定。不久，我们将武汉市原有的产权交易机构改组为武汉光谷联合产权交易所江城分所。

12月29日，省委书记罗清泉在东湖开发区调研时特别指出：“一定要把光谷联合产权交易所建设好。”

四、几项创新业务与几位支持者

国务院国资委产权局时任局长郭建新同志2008年7月来鄂时曾评价说，湖北产权交易的创新业务在全国来说是比较多的。11年来我们在创新方面确实很用心，也取得了一定的成果。从2005年至2009年国务院国资委产权局召开的5次“全国企业国有产权管理暨产权交易机构工作会议”上，我曾4次代表我们交易所介绍经验。武汉光谷联交所成立后，开创的几项新业务包括信息化建设的相关主要支持者，我们不能忘却。

（一）开创“两非”股权交易业务，主要支持者副省长赵斌、副秘书长邹贤启和武汉大学经管学院副院长叶永刚博导

我一直认为，企业国有产权强制进场交易的业务量，随着中小国有企业改革的深化和基本完成而将逐步减少甚至枯竭。产权交易机构要想生存发展，必须向非上市、非公众股份公司的股权和有限责任公司的股权交易拓展，用市场化的办法，吸引进场规范安全交易，靠市场平台的力量，为转让方发现合格投资者和合理价值。经过近一年的充分准备，2007 年 12 月 15 日至 16 日，由中国产权市场创新联盟和《产权导刊》编辑部主办、武汉光谷联合产权交易所承办的“第二届中国产权市场创新论坛”和“《产权导刊》编委会会议”在武汉召开。中国产权市场创新联盟 29 个省（直辖市、自治区）的 48 家产权交易机构中 45 家机构的主要负责人和相关领域的专家学者共 120 余人，参加了会议。湖北省副省长任世茂致开幕词，省人大常委会副主任朱纯宣、省政协副主席胡永继，国务院国资委产权局副局长邓志雄，省产权交易市场建设领导小组全体成员出席了会议。

这次会议，原定名称是“‘两非’股权交易论坛”，经请教国务院国资委产权局后，为避免触动中国证监会现行监管政策的敏感神经，又与北京产权交易所总裁、中国产权市场创新联盟理事长熊焰同志商量，乃改用创新论坛之名。会议内容仍不变，会议就产权交易机构开展“两非”股权交易进行了创新与规范的研讨，取得了很好的成果。

开展“两非”股权交易，必须取得证券监管部门的支持，否则寸步难行。我到湖北证监局同局长黄有根交流，取得他的理解。他有一句话使我至今犹记：“听了你的深入介绍，我感到我老黄总会有一天同你老何打交道！”我趁热打铁，邀请黄局长并该局一众人员到访光谷联交所，我所业务的规范程度使他们大大放心。

但是，我必须顾忌到国资监管系统和证券监管系统由于政策原因

而致产权市场与股票市场边界不清晰的现状，但又必须为光谷联交所未来做好充分准备。我总的指导思想是，此事必须做，必须早做，及时占住类似于围棋中的“天元”星位；但又必须在这项创新业务与光谷产交所企业国有产权交易业务之间设立一道“防火墙”。我们自己不便马上做，决定寻找第三方力量来做理论准备、制度设计准备和交易网络系统设计准备。

在一次金融界座谈会上，我关于“两非”股权交易问题的发言引起了金融学家、武汉大学经济与管理学院副院长叶永刚博导的兴趣。2007 年 7 月，他到光谷联交所我办公室来交流。他担任的社会职务是省和武汉市政府咨询委员，其时正为咨询委员会要开会而没有合适题材发言而焦虑。我力主以我关切的“两非”股权交易为题材，向省政府建言，建立“两非”股权交易市场，在全国先行一步，他完全赞同。他回去即以我们的谈话为内容形成一稿，遵其所托，我认真提出了修改建议，并指名要直送分管金融工作的新任副省长赵斌。赵副省长第二天就批示支持，指定人民银行武汉分行行长张静筹办座谈会，听取意见。2008 年 8 月 7 日，省政府召开座谈会，就建立未上市中小企业股权流通市场问题听取经济专家和金融、证券监管等部门负责人的意见，此会正是起因于叶永刚教授向省政府建议试行未上市公司股权交易，我和叶永刚出席座谈会并作主题发言，副省长赵斌讲话，省政府副秘书长兼金融办主任邹贤启主持会议。

有了赵斌副省长和邹贤启副秘书长的支持，我所经过集体研究，决定拨付项目资金，委托武汉大学经济与管理学院“金融工程与风险管理中心”开展务实性研究，请叶教授领衔。当时另一个特别重大的背景是，光谷联交所正在尽全力向国务院国资委申请批准成为具有从事中央企业国有产权交易业务资质的机构，企望成为继京津沪渝之后的第五家机构，跻身“国家队”，因此，绝对不能使国务院国资委对我们的这项创新业务是否有风险持怀疑态度。

我对叶永刚教授团队提出的基本要求是，在规范的前提下创新，即在不违背中国证监会关于未上市公司股权交易的一系列现行规定、不越“红线”的前提下进行股权交易所的顶层设计。该团队不负所托，履行合同，于同年10月13日向我所提交《湖北省未上市中小企业股权交易市场项目建议书》，经过反复讨论修改，我面交省政府副秘书长邹贤启。

2009年3月3日，副省长赵斌率省和武汉市有关部门负责人到光谷联交所召开专题调研和工作会议。会议由邹副秘书长主持，我作关于我省开展未上市公司股权交易准备工作的汇报，叶永刚教授作股权交易系统设计方案的汇报。赵斌副省长很满意，作了很好的讲话，关键词是:“要实质性地推进未上市公司股权交易。”

自此，光谷联交所公开、大胆、规范地开展了这项业务，走在全国前列。

（二）开创排污权交易业务，主要支持者副省长赵斌、副秘书长邹贤启和省环境保护局局长李兵

故事要从2006年讲起。2006年国务院《关于落实科学发展观加强环境保护的决定》提出“有条件的地区和单位可实行二氧化硫等排污权交易”，湖北省政府也相应发了同样标题的文件，其中提出要“开展排污权交易试点工作”。我们立即注意到这一政策的积极效应。

2007年8月16日，长江流域共同市场理事会在贵州遵义举行。头一天，我们会议代表从贵阳乘大交通车往遵义途中，接到湖北省环境保护局局长李兵的电话：“亚斌同志你在哪里潇洒啊?”因为他曾任共青团湖北省委书记，调任我的家乡咸宁市市长，有过多次接触，故熟稔。他问我愿不愿意搞排污权交易，回鄂后聊聊。我喜不自胜。所以，湖北的排污权交易业务，其实不是我首先提出来的，而是这位局长李兵（现任鄂州市委书记）。

省环保局多次到光谷联交所调研，为省政府代起草《湖北省主要污染物排污权交易试行办法》。我们参与了讨论并在其中增写了关于交易场所选择条件的条文，规定："（排污权）交易机构应当建立电子交易系统，根据转让标的的情况，采取电子竞价等方式实施交易。"我们有电子交易系统，有能力实行电子竞价，拍卖公司没有。后来有些省的排污权交易由拍卖公司操作，我省在顶层制度设计时就做了这道"防火墙"。

2009 年 3 月 3 日，分管环保工作的副省长赵斌率省和武汉市有关部门负责人到光谷联交所召开专题调研工作会议。省环保局局长李兵作了关于排污权交易规章制度建设情况的汇报，我作了关于我省开展排污权交易的准备工作的汇报。赵副省长强调，开展排污权交易的意义十分重大，要"尽快启动排污权交易"，并对下一步工作进行了动员和部署。

半个月后，3 月 18 日，"湖北省主要污染物排污权交易启动仪式"在光谷联交所隆重举行。仪式由省政府副秘书长邹贤启主持，省环保局局长李兵和我作简短讲话，副省长赵斌为排污权交易启动鸣锣，随后进行了实质性交易。《人民日报》3 月 20 日在第二版头条位置以《湖北省启动排污权交易，价格因素将迫使企业自觉推行节能减排》为题作了报道。

我退休后，2009 年 9 月应福建省产权交易中心总经理郑康营同志之邀到福州游历，在下榻酒店房间看到一本杂志，叫做《海峡摄影时报》，是共青团福建省委办的，公开发行。翻阅一下，竟有《湖北排污权交易大幕拉启》一文，作者张艳，文章详细报道了 3 月 18 日交易实况，现场感极强，很有深度，是严肃之作，作者一定是湖北省环保局公务员。郑康营朋友见我喜爱，立即商得酒店同意，赠我留念，一直保存至今。

（三）开展金融企业国有资产转让，主要支持者省财政厅副厅长兼总经济师程用文（现任省政府副秘书长）

程用文同志原任省政府办公厅秘书三处副处长、处长，他自始至终见证了湖北产权交易所、湖北省产权交易所、湖北省产权交易中心和武汉光谷联交所的诞生和发展。在我们最艰难的时刻给予了最实在的理解、同情和道义的支持。陪我和副总李继承、周国庆喝过浇愁酒和鼓励酒，不懈地为我们的事业鼓与呼。

他升任省财政厅副厅长后，一直主动说要给产权事业一点实实在在的支持。

政策机会来了。财政部为配合企业国有资产法于2009年5月1日实施，3月17日出台了《金融企业国有资产转让管理办法》（财政部令第54号），其中规定，金融企业非上市国有产权的转让应当在依法设立的省级以上产权交易机构公开进行。我立即与程用文同志联系，他表示一定支持。4月8日，他带领金融处处长关红等到光谷联交所调研，明确表态选择我所为进场交易定点单位。4月10日我所向省财政厅报送了《关于选择武汉光谷联合产权交易所为全省金融企业国有资产转让定点机构的请示》。在财政部54号令的实施细则和金融企业国有产权交易规则尚未出台（2011年9月28日才出台，即财金〔2011〕118号）的背景下，他一定要赶在我退休之前下发财政厅定点交易所的文件，“一定要送何董事长一个礼”。6月10日省财政厅正式发文确定光谷所为定点交易机构。

（四）发展信息化网络，主要支持者省财政厅副厅长洪流

洪流同志在财政厅当处长期间曾到鹤峰县调研，我接待过。我任湖北产权交易所总经理后，她曾向该厅国资管理中心主任梅光松和企业处处长余洪初介绍过我并请他们对我支持。2006年省政府成立产权交

易建设领导小组，她作为省财政厅的单位代表而成为成员。利用这一身份，她对我们所的信息化建设给予了很大的支持。

2006 年 11 月 5 日省产权交易领导小组第一次会议上，我们请求省政府在信息化建设方面给予 1 000 万元财政资金支持。周坚卫常务副省长表态同意，会议纪要载明："（光谷）联交所网络建设所需的资金1 000万元，纳入省政府电子政务建设计划予以统一安排。"但会后我带人找省政府电子政务办公室主任，他态度诚恳，但叫苦不迭，说省政府安排的建设资金根本不敷需用，完全不可能切出上千万元来给我们。我向洪流副厅长充分表达了我要利用互联网为支撑改造交易系统和交易手段的愿望，我们提供了技术设计项目报告书，也顺便反映了电子政务办公室的困难。洪流副厅长同意我的要求，在厅内履行完必要的程序后，很快另外拨付了 1 000 万元这笔重要款项。我在任期间通过政府采购方式购置了信息化基础设备，将系统升级，接入国务院国资委企业国有产权交易监测系统，成为继京津沪渝之后最早接受国务院国资委统一过程监测的省级产权交易机构，为产权交易信息化建设打下了基础，上了一个台阶。

五、湖北产权市场创建十年大庆、上海座谈会及其他

说说我退休前后几件重要的事，很有必要。

2008 年 3 月，我因年满 60 岁，按《公务员法》规定应退休，经省委组织部副部长周崇堂谈话，我的省国资委党委委员职务不再担任，但因工作需要，我的武汉光谷联合产权交易所董事长兼党委书记还要继续当。当到什么时候，待组织部再通知。

（一）湖北产权市场创建十年大庆

说说省产权交易中心成立 10 周年庆祝活动盛事。2008 年 12 月 30

日，在省国资委统筹领导下，由我所具体承办，在东湖宾馆举办了“湖北省国有资产管理体制改革5周年暨省产权交易中心创建10周年座谈会”。分管国资工作的副省长段轮一到会讲话，武汉市委常委贾耀斌和省政府副秘书长彭勇出席会议，杨泽柱作为省国资委主任、我作为省产权交易中心主任先后作主题演讲。座谈会由省国资委党委副书记、副主任邹顺明主持，省直有关部门负责人，各市州国资委主任和省产权交易中心各市州分支机构负责人，京津沪渝四直辖市、中部六省和部分省（区）产权交易机构的负责人，共240余名代表参加了会议。北京产权交易所总裁熊焰教授代表全国产权交易界作了热情的祝贺演讲，他根据会议会标出上联征下联，上联是“一五一十，规范国资流转”。会场立即活跃，不少人纷纷寻章索句，将下联写条子送给熊总，杨泽柱主任的下联是：“何去何从，难觅平台掌柜”，他向熊总解释，“何”指何亚斌，亚斌同志因年龄原因请辞产权交易所职务，国资委难以物色到他这样的接班人。这副对联在产权业界一时传为美谈。邹顺明同志在主持词中，对我2008年12月14日荣获省委宣传部、湖北日报社和荆楚网评选出来的“改革开放30年、影响湖北30人”称号，给予了热情洋溢的鼓励。

湖北人民出版社高级编审龙敏贤同志对我省产权市场的发展一直十分关注，在省产权交易中心成立10周年之前，向我组稿出一本书。我感其诚，经办公会集体研究，同意该出版计划。经她精心编审修改，于2009年5月出版《不信东风唤不来——我与湖北产权市场十一年》一书。我定的书名，我写的自序，我主持编写了大事记，这本书为湖北产权市场留下了一部信史，我在该书后记中写了一段对她的感谢语，对她感念至今。

（二）经营班子配备

再说说我配备光谷联交所经营班子的事。根据光谷所章程的制度安排，总经理由武汉市国资委派出担任。陈明同志担任总经理后，因其在市国资委担负的企业改制工作不能分身，未能全职担任光谷所总经理工作。2009 年 1 月 13 日，我们迎来了新任总经理、党委副书记王新刚同志，武汉市国资委党委副书记、副主任殷志峰和省国资委分管党务和企业领导人工作的副主任孙振声一起送王新刚到任，我主持了隆重的欢迎会。我和王新刚同志开始了精诚的合作，至今保持着真诚的友谊。

在 2009 年 3 月 21 日董事会上，根据董事长我的提名聘任了总经理王新刚；根据总经理的提名聘任了经理层其他成员，经我商省国资委主任杨泽柱、副主任邹顺明同意，分工龚波担任常务副总经理，并在分工文件中予以明确。

班子配备后，为确定全所的薪酬制度，我向省国资委分管副主任邹顺明和业绩考核处处长郭德湘同志适时提出了要求，他们都以十分热情的态度表示支持，开展调研和制度设计工作。

（三）上海座谈会

至此，我认为我的历史使命已经基本完成了，就萌生了退意。我年龄已有 61 岁多了，连续干产权交易所一把手已有 11 年了，该歇歇了。我向省国资委杨泽柱主任表达了退休的愿望，未获准许。

关于接班人的问题，不可能不考虑，但是我很坦然，理由有二：一是制度已有安排，我自己主持起草的光谷联交所章程规定董事长由省国资委派出担任。二是自信使我放心，一方面，省国资委处以上干部同我关系都很友好，互相支持过，他们支持过我的工作，我也经常为他们排忧解难；另一方面，我所做的开创性工作是明摆着的，自己又没有愧怍之事，更没有经济问题，谁要来或派谁来，我都欢迎。

这时，老朋友毛振华同志的热情邀请使我决意尽快全退，转行跟他从事社会信用体系建设，挑战这项有价值有意义的新事业。

4 月我接到一个电话，要我到北京时顺便与他见一面，聊聊。

来电人是中国诚信信用管理集团公司董事长兼中国人民大学经济研究所所长的毛振华博导，至今 30 年没有中断友谊的老朋友。1983 年他从武汉大学经济系毕业分配来省统计局综合处，与我同在一个办公室，桌子对桌子，后各自发展。我搞产权交易所后，2000 年他来到我所（当时办公地点在湖北饭店），力主我所改制，他投资并控股，我们考虑国有产权交易机构让民营资本控股难度大，没有按他的建议做成。这次我到北京后毛董热情地说，原一直想请你当中诚信总公司的总经理，没有搞成，2001 年我收购了福建联华信托公司，请你去当总经理你又舍不得产交所员工没有去，我算算你该到退休年龄了，不要在国企再干了，你搞产权交易也功成名就了，激流勇退吧，到北京来，到中诚信来干，我们再合作一把。我说，北京我就不想干。毛董提出，那就在总公司任高级顾问再兼武汉的职，当武汉长江资信评估公司董事长、中诚信中南分公司总经理。他又请中诚信总裁关敬如博士（曾任国家体改委副主任高尚全的秘书多年）、常务副总裁于力杰博士等全体班子成员与我见面，我非常之感动。我答应认真考虑此事。他们诚邀我尽快到职。

令我没有想到，我回武汉不久，武汉长江资信评估公司负责人辜小军拿着中诚信总公司的红头文件兴冲冲来“拜见新董事长”！我电话问毛董，他笑着说，“套住。免得老何退休后跑到别的地方去了”。这种情谊，在很多地方，难得一见。

因为国有企业负责人不得兼任民营企业的职务，这样，我就加快了我辞职的步伐。4 月 18 日，我送《辞职申请书》给省国资委党委，电话找杨泽柱主任，他说出差在外，叫我别慌辞职：“经省委组织部和省纪委批准你继续干，又没哪个叫你退，你辞个么职呢。”我交给分管企业领导人管理工作的副主任孙振声，他一看，笑着说：“见过辞职报告，但没见过你这样的辞职报告，限定组织上在今年 6 月 8 日前生效。”

我笑答，这就表示我是真要辞嘛。根据我自己设计的光谷所章程规定，董事长由省国资委派出，你们确定董事长继任人选有个程序，而6月8日是我从事产权事业11周年的日子。然后，省国资委党委接受了我的辞呈。孙副主任受杨主任委托，就继任人选征求我的意见，我表示了热诚的欢迎态度。6月3日我交出党委书记职务，国资委宣布我继续担任省产权交易中心主任，根据省国资委文件的要求完成资产向唯一出资人长江证券公司移交省产权交易中心全部资产的工作，移交资产的依据是：省国资委鄂国资产权〔2008〕426号。这项工作结束并经长江证券公司发文完全认可获高度评价之后，我就到中诚信旗下在汉两公司报到去了。

我退休事，作为长江流域产权交易共同市场理事会第一副理事长，我向理事长、上海联合产权交易所总裁蔡敏勇同志通报了。蔡理事长立即说要给我开个欢送座谈会，请夫人一同去上海，邀请业界一些老朋友聚聚，争取邀请到国务院国资委产权局局长郭建新同志出席。具体负责此事联络组织工作的上海联交所党委副书记兼纪委书记王龙同志事后说，所有接到他电话邀请的产权机构负责人，无一人请假，令我永远感恩，不敢忘怀。

2009年6月15日，由上海联合产权交易所发起，在上海大厦为我退休举行座谈会。全国18家产权交易同业机构的负责人应邀参加，国务院国资委产权局局长郭建新同志（现任国务院国资委副秘书长）出席并讲话。

座谈会由上海联交所党委副书记王龙主持，党委书记、总裁蔡敏勇讲话。

郭建新局长首先对上海联交所出面组织这次活动给予称赞。他说，通过这个活动，可以看出同业机构对作出过贡献的老同志没有忘记，可以看出全国产权市场很有凝聚力。他指出，中国产权交易事业走到今天确实非常不容易，走出了一条成功的新路子，而这条路子是前人没有走过，国外也没人走过的。他说，全国产权交易机构的同志为产权市场的发展，为走出这条成功的路子作出了有益的贡献。郭局长指出，《企业国有资产法》的实施，确认了产权交易机构的法律地位，发展产权市场就更有底气。他还通过对西方金融危机教训的深刻分析，比较了中国规范的产权市场优于西方的投资银行，有探索但规范，有创新但受到有效监管。郭局长满怀信心地说："我们的产权交易事业是大有作为的，我们的前途会一片光明！"

我致了答谢词。我说，上海出面组织这次活动，非常感动，郭建新局长专程赶来出席，不仅仅是给予我个人的殊荣，更主要是体现了对全国产权交易界广大从业人员的关怀。我说，今日产权市场的繁荣，是国务院国资委正确领导的结果，是各省市国资委认真执行国务院国资委法规政策的结果，没有国资委的组建和有效工作，就不可能有产权市场的春天。

出席座谈会的有：天津产权交易中心主任高峦，重庆联交所董事长刘轶茂，江苏省产权交易所总裁陈磊，福建省产权交易中心总经理郑康营，湖南省产权交易所董事长胡小龙，浙江产权交易所董事长颜春友，山东产权交易所总经理苗伟，山西省产权交易市场总经理刘胜，新疆联合产权交易所总经理刘健，内蒙古产权交易中心马志春，吉林长春产权交易中心主任谭志刚，云南产权交易所总经理李志琤，海南产权交易所总经理姜宏涛，南方联合产权交易中心董事长高庆，安徽省产权交易中心总经理陈天阁，甘肃省产权交易所副总经理潘力平，上海联交所副总裁吴红兵、办公室主任朱建国、信息部总经理徐慧。

武汉光谷联交所副总经理兼总会计师骆蓉，受总经理王新刚的委托出席座谈会，并对蔡敏勇总裁和与会代表给予我和夫人的礼遇表示由衷感激。我所研发部柯潇博士参加了此次活动。

柯潇，这位瑞典斯德哥尔摩大学经济学博士，在归途中兴奋地向我夫妇朗诵了美国物理学家、诺贝尔奖得主奥本·海默的一段名言："一个人的净价值，等于他在同行中所获得的尊敬的总和。”她之所以记得这段话，是因为我早就把海默的名言做成文化宣传牌，一直张挂在省产权交易中心和武汉光谷联交所的办公区，激励全体员工在产权业界有所建树。

（四）一大遗憾

我为湖北产权交易市场的创建和发展“筚路蓝缕，以启山林”，有成功的喜悦，也有未竟的遗憾。最大的遗憾是关于将武汉光谷联交所争取成为“国家队”即获得央企产权交易资格的愿望没能实现。

从本文前三部分可以看出，我们为将武汉光谷联交所争取成为继京津沪之后第四家、继京津沪渝之后第五家有资格从事中央企业国有产权交易资质的机构，跻身“国家队”，付出了多少艰苦的努力，特别是整合建立区域性统一产权市场工作受到国务院国资委的充分肯定。2007 年 9 月 1 日，国务院国资委党委副书记、副主任李伟同志（今国务院发展研究中心主任）来我们所视察时曾给予高评。2008 年 3 月 11 日，省委常委、常务副省长李宪生同志带领省国资委主任杨泽柱、副主任邹顺明和我一起去争取过，李伟副主任等也积极支持。后李伟副主任派产权局局长郭建新等同志于同年 7 月 10 日专程来我们所考察，在肯定成绩的前提下提出四点完善要求。12 月 4 日邹顺明副主任和我进京向郭局长汇报了完善情况，郭局长表示满意，认为“申办央企定点机构的工作已全面达到要求”。后来，因为国务院国资委不再选择确定这样的机构而未果。不过，正如我 2009 年 2 月 18 日在光谷所 2008 年工作总结和 2009 年工作安排会上的报告《二次创业　科学发展》中所说：“争取央企产权交易定点机构的结果虽然当年没有实现，但这个争取的过程是很有意义的。”

2011 年 2 月中国企业国有产权交易机构协会成立，4 月组建秘书处，我进京到秘书处工作，当选唯一副秘书长。此事系湖北省国资委主任杨泽柱同志向国务院国资委副秘书长郭建新同志建议，产权局局长邓志雄，监管处处长李晓梁、正处级调研员谢莉等同志推荐，协会会长、上海联合产权交易所总裁蔡敏勇和副会长、北京产权交易所董事长熊焰同志介绍，协会秘书长夏忠仁同志提名，常务理事会 4 月 25 日通过。离开产权行业 21 个月之后又回到我深怀感情的产权交易事业中来，为业界同人服务，甚感荣幸，更知责任不轻。

六、结束语

我不是英国女作家蕾秋·乔伊斯小说《一个人的朝圣》的主人公哈罗德。湖北产权市场的创始人不止我一个，原省产权交易中心副主任李继承、周国庆和胡正茂同志也是。本文完稿后我发他们征求意见，有些同志提出了很好的建议。又送省国资委党委原副书记、副主任，现任湖北省长江产业投资有限公司董事长邹顺明同志审阅。2013 年 12 月 16 日邹顺明同志给我写来亲笔信，他写道："阅读了《湖北产权市场是怎么创建起来的》全文，感慨良多。创业何其艰难，成功多少辛酸！湖北产权市场发展历程再次见证了人格力量的伟大，人生理想的可贵，坚持追求的不易！湖北产权市场的成功……体现了以亚斌同志为首的班子的智慧与心血。向创业者致敬！向开拓者学习！全文文字朴实，实事求是！有些事我是亲历者，一些事情犹如昨天发生，倍感亲切。嘱我重点看的两个部分，把握得很好，完全同意。"

收到邹顺明同志的信我非常欣慰。至此，本文可提交给《产权市场中国创造》一书的责任编审、江西省产权交易所前总经理任胜利同志了。

（定稿于 2014 年 3 月）

4. 武汉光谷联交所十年科学发展路[①]

（2008 年）

今年是我国改革开放 30 周年。产权市场的诞生和发展，正如改革开放的进程一样，也是解放思想的进程。产权交易，是在社会主义市场经济理论的探索和确立过程中立论的，是伴随着国有企业改革的进程产生和发展起来的。

30 年来，国有企业改革是整个经济体制改革的中心环节。1993 年十四届三中全会将中国国企改革目标确立为建立现代企业制度，内容是：产权清晰、权责明确、政企分开、管理科学。2003 年党的十六届三中全会首次提出国企改革的方向是建立现代产权制度，内容也是十六字诀：归属清晰、权责明确、保护严格、流转顺畅。从 1993 年提出建立现代企业制度到 2003 年提出建立现代产权制度，是一个伟大的历史性进步。时代，呼唤现代产权制度！

从 1998 年省政府批准设立湖北产权交易所（武汉光谷联合产权交易所的前身）算起，至今已整整 10 个春秋。10 年的艰苦努力和辛勤开拓，为我省产权市场的发展创造了一片天地，取得了一定的成绩。回顾和总结我省探索产权交易科学发展路的 10 年不平凡历程，对于把科学发展观贯彻落实到产权市场建设和产权交易机构发展的各个方面，具有十分重要的意义。

---

① 原载于《上海国资》2008 年第 12 期，第 79—81 页。

一、探索科学发展道路的10年

科学发展观，第一要义是发展，第二要义是科学地发展。发展是人类永恒的主题之一，我省产权交易事业的发展，尽管充满曲折，道路坎坷，但奋发图强、矢志进取，从来没有停下发展的脚步。

10年前，湖北产权交易所应运而生。从建立之日起，同全国其他省市产权交易机构一样，积极探索，几经沧桑，经受了市场的严峻考验，终于顽强地生存下来，进入规范发展时期。转折点是2003年10月党的十六届三中全会通过的《中共中央关于完善社会主义市场经济体制若干问题的决定》（以下简称《决定》）和这一年新的国有资产监管机构的设立。《决定》首次提出“规范发展产权交易”“健全产权交易规则和监管制度，推动产权有序流转”。

（一）第一阶段：我省产权交易工作艰辛探索的5年（从1998年6月初创到2003年10月十六届三中全会《决定》颁布前）

1994年，国务院根据当时的情况，发出关于“暂停国有企业产权交易”“暂停产权机构的建立”的急电，一些省市的产权交易机构被撤销。1998年设立的湖北产权交易所一开始就面临着没有人管、没有投入、没有业务的“三无”处境。但是，我们科学地分析市场形势，把握正确的发展方向，顽强地渡过艰危，谋求生存，并且做了大量基础性的工作。

1. 为科学发展树立探索产权交易事业的坚定信念

通过深入市场调查，对国企改革走势有了一个较为清晰的把握。认识到国有经济布局和结构调整中产权的有序流转，整个社会资源的有效配置，将来必定需要一个信息披露充分、操作规范高效的产权交易平台为之服务。我们要矢志不渝、坚定不移地促使这种需求的早日实现。

2. 为科学发展创设法规政策环境、探索管理体制模式

把国有产权进场交易制度落到实处。一是促成省政府办公厅2001年转发了省财政厅、省工商局《关于规范产权交易过程中产权变动和工商变更登记工作的意见》，这是历史性的突破。二是建议省政府修订《湖北省国有资产产权交易管理暂行办法》，由我所代为起草了修订条文（草案）和修订说明，经省政府同意，以省政府240号令颁布，于2003年1月4日起实施。三是配合并促成省纪委、省监察厅出台了《关于违反国有、集体产权交易法律法规行为的纪律责任追究暂行规定》。四是由于我们的建议，2003年8月召开的省政府常务会议决定湖北省产权交易中心"由即将设立的省国资委管理"，终于解决了管理体制上的大问题。

3. 为科学发展探索争取领导支持的方式途径

扎实有效地开展工作，是争取领导支持的最好方式。1998年湖北产权交易所组建伊始，就积极投入省政府组织的首届全省产权交易大会，产交会成交金额比预计成交额增长了57.03%，取得了圆满成功。2000年省政府举办首届科技产权交易大会，同样由湖北产权交易所负责交易项目的组织，同样取得佳绩。这两次试水，推动了我省解放思想，对积极推进产权制度改革，培养和发展全省规范有序的产权交易市场，起到了示范和导向作用。2000年冬我所邀请省直厅局有关专家，组织课题组，完成了《关于加快湖北省产权交易市场培育和发展的建议》，2001年1月省委书记蒋祝平作了重要批示，要求有关方面据此提出实施方案。

4. 为科学发展探索内部运行机制

为充分调动广大员工的积极性，湖北产权交易所创新了内部激励机制——事业部制。在加强统一管理的前提下，赋予事业部以事权、人权、财权，核定工作任务和收入目标，激励与约束并重，责权分明，奖惩兑现，充分发挥各自的主观能动性和创造性。这个制度实行后，全体员工的工作积极性被普遍调动起来了。

（二）第二阶段：在科学发展的道路上迅跑（2003 年 10 月至今）

从 2003 年 10 月至今，以十六届三中全会《决定》为指引，在新组建的省国资委领导下，认真贯彻 3 号令和与之配套的规章制度，在科学发展的道路上迅跑。

2003 年底，国务院办公厅转发国务院国资委《关于规范国有企业改制工作的意见》（国办发〔2003〕96 号）。国务院国资委、财政部联合颁发《企业国有产权转让管理暂行办法》（3 号令），在此基础上逐步形成了一整套比较完整的企业国有产权转让规范制度，成为促进我国产权市场空前繁荣的伟大的里程碑。5 年来，湖北省产权交易中心在省国资委领导下，热情落实 96 号文和 3 号令以及与之相配套的各项规章制度，创造性地开展工作，极大地促进了我省产权市场的发展，也使湖北省产权交易中心在科学发展道路上迈出了一连串坚实的步伐。

1. 从宣传执行 96 号文和 3 号令入手，为科学发展提供舆论环境和制度条件

一是向省和市州党政领导、国企负责人寄送《湖北产权交易简报》和国资管理、产权交易期刊，从未间断。二是利用报纸，开办专版介绍产权交易的法律法规，宣讲产权交易的目的意义。三是利用召开全省性的大型招商引资会来推介交易产品。这些宣传工作，促成了产权交易工作受到很高的重视。2006 年 5 月我们提出“尽快搭建科技交易大平台”的建言，很快得到时任省委书记俞正声和省长罗清泉的批示。以省产权交易中心为基础设立武汉光谷联合产权交易所后，已任省委书记的罗清泉多次强调“一定要把武汉光谷联合产权交易所建设好”。具有重大历史意义的是，2008 年 9 月 10 日《国务院关于武汉城市圈资源节约型和环境友好型社会建设综合配套改革试验总体方案的批复》中，要求

“推动武汉光谷联合产权交易所建设成为覆盖多种经济成分、多功能、多层次的综合性产权交易机构”，这是该总体方案中唯一直接点名的单位。这段文字，是在省发改委代省政府起草总体方案上报国务院环节，由我写作的，后一直被完整保留下来。

2. 从完善内部运行机制，打造员工队伍入手，为科学发展提供规范、先进的机制和高素质的人才保障

10 年来，我们十分重视内部管理与业务制度建设，坚持规范运作。先后制定了各种制度，编印成《管理与业务制度汇编》，多次对员工进行专题培训，努力提高员工的业务水平和防范风险的意识。同时，加强了对省内各分支机构监管，跟踪指导，经常开展对他们项目操作的检查，发现问题，及时责成整改。

3. 首创“五统一”原则，从整合全省机构入手

建立统一开放规范的市场，为科学发展提供市场条件。针对我省产权市场机构多、市场散、交易乱、效率低的情况，我中心自成立之初开始，不断地、不懈地向省政府和有关部门建言，整合产权市场。省国资委成立后，真正将此事提上议事日程。从 2005 年我省国资委正式提出以“统一监管机构、统一信息发布、统一交易规则、统一审核鉴证、统一收费标准”为原则，开始对省内的各市州产权机构进行整合。2006 年底，在省政府的领导和支持下，以省产权交易中心为基础，整合省和武汉市的国有产权交易机构和科技产权交易机构，组建武汉光谷联合产权交易所，结束“诸侯纷争”的格局，成为全国各省（区）中第一个统一的区域性产权交易市场。

4. 从业务创新入手，为科学发展提供实质内涵

坚持科学发展观，其根本着眼点是要用新的发展思路实现更好更快的发展。我们开展了以下主要业务创新：（1）首创“评审加竞价”的交易方式，兼顾了招投标与拍卖交易方式的优点，兼顾了企业可持续发展与转让增值的双重目的。（2）首创股权质押融资破解中小企业融资难题，使部分企业及时获得长足发展。(3) 较早开展投资银行业务。(4) 积极探索与推动排污权交易。由我们代拟的《湖北省主要污染物排污权交易管理试行办法》已于2008年10月经省政府通过，主要污染物排放权通过我所公开交易。

5. 从信息化建设入手，为科学发展提供技术平台条件

实现了与国务院国资委信息监测系统的对接和全省各分支机构的信息化联网，目前网络运行的有信息发布系统、国有产权交易系统、科技成果交易系统、股权托管系统、竞价系统。与武汉大学合作开发了非上市公司股权交易系统。

二、有益的启示

10年探索科学发展路，为我省产权交易机构全面协调可持续发展，获得了一些有益的启示，这些启示为今后产权市场的改革和产权交易机构的发展积累了宝贵的财富。

启示一：找准定位，理顺体制。产权交易机构，作为产权的转让平台、科技成果的交易平台和资本市场的服务平台，国有产权部分是我们的根本。因此，我们必须坚持在国资委领导下，开展产权交易事业。

启示二：钻研政策，争取政府领导。产权交易原本没有“环境”，要靠我们来创造环境。有了法规和政策，要靠我们坚持贯彻落实，并且深入发掘其能量发挥其效能。

启示三：联合职能部门，齐抓共管。产权交易涉及面广，没有政府职能部门的认同和履责是不能有所作为的。一方面，必须有一种机制使职能部门的服务成为其本职职责；另一方面，产权交易机构要主动争取支持。

启示四：内部变革，创新机制。打破行政事业单位的管理模式，完全市场化运作，通过积极创新机制，起到激励和约束功效。

启示五：开辟新品种，做强业务，延伸交易链条。改制方案策划、交易方案的设计、产权经纪等业务，这些进场交易前的服务，必须做好。进场后必须尽可能广地披露信息，尽可能多地征集意向受让方，尽可能高地提升竞价率和增值率，充分体现市场效能。

启示六：政策推动，利益引导，坚持统一市场不动摇。“五统一”整合市场的经验必须长期坚持并且在实践中不断完善，对市州分支机构的统一监管和服务必须强化。

启示七：防范风险，规范自律。要密切关注产权交易业务创新产品的可能风险，监管要跟上。当前由美国而波及西方世界的金融危机，教训非常深刻。

启示八：精神统帅，建设队伍。注重用高尚的精神塑造人，靠事业留人、合适的待遇留人、感情留人。

5. 抓住进场交易制度这个关键才能规范好产权市场[①]

（2003年）

省委副书记、省纪委书记黄远志同志并各位领导：

省纪委对产权交易源头防腐工作一贯很重视，黄书记曾多次批示要加强对这项工作的调查研究，综合监察室按照省纪委、监察厅领导的安排，在2001年8月对全省产权交易市场进行过深入调研，提出了详细的调查报告。2002年8月，监察厅万世荣副厅长和综合监察室负责同志再次到我所，深入调研产权市场和源头防腐工作情况。同年11月党的十六大提出要“发展产权交易市场”。省纪委在贯彻党的十六大精神的工作中，紧紧抓住产权市场的建设，这不仅对源头防腐建设而且对全省经济发展有重大的推动作用。下面我就全省产权交易市场的现状和问题作一汇报，并提出几点工作建议。

一、所做的主要工作

我省产权交易工作在省委省政府的重视和我所挂靠单位省财政厅的直接领导下，总的来说，在全国有一定的位置。具体表现在：

① 2003年4月16日，湖北省委副书记、省纪委书记黄远志，在省财政厅厅长罗辉，省监察厅副厅长万世荣、综合监察室主任徐新生等陪同下，到省产权交易所调研。本文为湖北省产权交易所主任何亚斌的汇报材料，未发表。

第一，起步早，机构多，交易比较活跃。中国产权交易界公认，新中国成立后第一宗产权交易案例在湖北，第一家产权交易机构也在湖北。1982 年由武汉牛奶公司收购崇仁路体育馆的一家国营餐厅，属全国第一例产权交易，1988 年 5 月 11 日武汉市体改委对市财政局发出《关于同意成立武汉市企业兼并市场事务所的批复》，武汉市企业兼并市场事务所被理论界和产权交易业界公认为全国第一家产权交易机构，可惜后来几近消亡。1998 年省政府批准成立湖北产权交易所，目前已成为股权交易唯一专门挂牌场所，以股权交易为主要特色，起着区域中心作用。全省各地相继成立了产权交易机构，市级只有咸宁市和恩施州目前暂未设立，有的地方还有几家，县一级也基本都成立了产权交易机构。从交易情况来看是比较冷清的。

第二，出台了管理规章。1998 年 5 月，省政府发布了 143 号令即《湖北省国有资产产权交易管理暂行办法》。2002 年 12 月经省政府常务会议审议，对该《暂行办法》进行修改，并以省政府 240 号令发布施行。该《暂行办法》对产权交易的监督管理、交易范围和方式、程序、转让收入的管理和罚则都进行了规定，其中第七条明确规定："国有资产产权交易，必须在依法设立的产权交易机构内按规定程序进行，严禁场外交易"。我所参与了该《暂行办法》修订版的起草工作。

第三，制定了操作文件。为了规范市场，2001 年 4 月，省财政厅与省工商局联合制定并经省政府办公厅转发了《关于规范产权交易过程中产权变动和工商变更登记工作意见的通知》（鄂政办发〔2001〕62 号），规定："所有国有资产产（股）权交易如不经产权交易所审查鉴证，财政部门不过户，工商部门不予变更登记。"这个文件从程序和手续上有利于执行政府令的操作，在全省起了很好的作用。我所参与了这个文件起草和征求意见协调工作。

第四，完成了一些场内交易。据省产交所对 7 个大中城市产交所统计，2002 年总成交 2 195 宗业务，成交额（单向计算）48.50 亿元，其中企业资产 2 108 宗，34.97 亿元；股权 87 宗，13.53 亿元。省产权交易所这一块，交易量也不断扩大。2002 年共完成交易 430 宗，成交额 7.038 亿元，是上年交易量的 5 倍，而且成交了一批有影响的项目。如我所协调完成的十堰宾馆整体拍卖项目，评估价为 3 950 万元，市政府作为出资人确定保留价为 5 000 万元，我们受理后，向海内外广泛招商，最后拍出 7 250 万元的高价，是评估价的 1.84 倍，受到了十堰市委市政府的高度赞扬。

二、存在的主要问题

总的来说，一个全省统一、规范、高效运作的产权交易市场尚未形成，制约了产权交易、资产重组和国有经济结构调整的进程。一方面，相当一部分产权交易尚未纳入规范的市场范围；另一方面，大量存量资产难以获得流动重组畅通渠道，不得不在低效领域继续僵滞。主要表现在以下几个方面：

第一，市场不统一。一是产权交易机构过多过滥。造成这个问题主要原因是多头审批，无标准审批。据我们初步调查，全省现有产权交易机构的设立，审批部门有国资、财政、经贸、体改、计划以及政府办公室。二是效率低下。大多数机构尤其是县级机构都是在 1997 年前后一哄而起设立的，相当部分机构的人员素质不高，硬件条件不够，基本没有开展业务。三是市场分割。由于设立的产权交易机构各自为政，省级产权交易机构与市县产权交易机构没有隶属关系也没有工作指导关系，跨区域的业务很难协调。

第二，市场很不规范。原 143 号令、现 240 号令没有得到很好执行，党政领导和部门包揽产权交易的现象相当严重。一是资产不经评估，随意定价转让。二是场外交易十分普遍，进场交易量只占交易总量的约 10%。三是交易之后遗留问题多，职工安置不好矛盾突出，逃废金融债务比较严重，交易付款不能及时足额到位等方面的问题不同程度存在。

第三，部门配合不够。对于没有进场的交易项目，没有产权交易机构出具的《产权交易成交确认书》的交易项目，有关部门照样予以变更、过户，这反而把不合法的交易变成了合法的交易。

三、建议采取的主要措施

2002年1月25日中共十五届中纪委第七次全会公报提出："2002年，各地区、各部门都要实行经营性土地使用权出让招标拍卖、建设工程项目公开招标投标、政府采购、产权交易进入市场等四项制度。"我们认为，产权交易市场作为资本市场的重要组成部分，无论是从推进全省经济结构战略性调整的作用方面考虑，还是从反腐倡廉源头治腐的制度建设方面考虑，必须尽快规范和发展。

（一）整合各地产权交易机构，形成全省产权交易统一市场

第一，市场建设尤其是要素市场建设，必须坚持"统一"的原则。交易机构宜少不宜多，市场规模宜大不宜小，尽可能扩展市场交易的地域空间和资源整合规模。空间越大，规模越大，资源配置的效率就越高，成本也越低。市场分割、交易散乱、各行其是，乃产权交易市场发展之大忌。随着经济结构调整的深入，跨地区甚至跨国界的资产重组、产权流动将成为大势，这更需要一个能在全省范围内畅通交易并与全国联通乃至与国际接轨的统一大市场。因此，当前首要的是要抓好全省产权交易市场的整合，对现有产权交易机构的资格，一律由省财政厅按照省政府240号令的有关规定重新认定，持证执业。未经省财政厅认定的产权交易机构，一律更名为产权交易经纪公司，不具备产权交易项目成交鉴证职能，所出具的成交鉴证文书一律无效。制式鉴证书由省财政

厅统一监督制发。

第二，加强省产权交易所的建设，形成高效的全省产权交易的中心。应取消县级、合并市级、强化省级，明确省产权交易所作为全省产权交易市场的交易中心，尽快实现机制、资源、网络运作的统一联网。尽可能地运用先进的信息技术，与国内先进省市产权交易市场联网，并逐步扩大与国际间有关市场联系沟通的渠道，按国际通行规则办事，使国际性招商引资走上统一化、经常化、信息化、规范化的轨道。

（二）通过抓好四个环节，强化四个意识，以落实进场交易制度，使交易全程在阳光下运行

第一，抓好出资人环节，强化市场意识。政府作为出资人，要切实履行出资人职责到位，资产重组产权交易包括产权招商，不能由党委和政府负责人拍板，要通过产权市场这个平台在阳光下公开、公平、公正、高效交易。

第二，抓好企业环节，强化规范意识。一些企业自认它有法人财产权，不经出资人同意，不经职工代表大会同意，不经过评估，不通过产权市场而私下交易国有资产，危害很大，也有可能害了干部。因此，企业强化规范交易国有产权的意识十分必要。

第三，抓好部门环节，强化纪律意识。与产权交易相关的部门诸多，只有这些部门共同执行规章和纪律，产权交易的规范才能落到实处。

第四，抓好产权交易机构环节，强化服务意识。产权交易鉴证，工作要前移，必须改事后鉴证为事前服务，从交易方案设计、股东会和职代会决议、资产评估、挂牌交易公告、竞价程序开始，到鉴证、过户全过程服务，使交易双方切实感到进场规范交易的好处。天津市政府的做法是，凡涉及产权交易工作的国资办、财政局、建设局、土管规划局、科委、工商局等部门都派出一位懂业务的处长到市产权交易中心集中全日制办公，大大改善了服务质量，提高了产权交易效率。

（三）加强对产权交易市场的监管

第一，加强对省政府240号令和鄂政办发〔2001〕62号文的宣传贯彻力度，从查处违规交易行为入手，确保产权交易进场制度真正落到实处。

第二，强化省国资办关于“负责全省国有资产产权交易的管理和产权市场的培育、规范和监管工作”的职能，切实加强对产权交易机构的管理和市场监管的经常性工作。随着国有资产管理体制的改革，即将新设的国资委应继续履行好这一职能。

第三，落实产权交易市场监管的专职人员，明确责任。

为此，建议省纪委牵头，组织有关部门人员组成检查组，对中纪委七次全体会议公报和省政府240号令发布以来的产权交易情况进行一次检查，对违规场外交易的行为集中进行查处，特别要查处一两起有影响的案件。在检查总结的基础上，制发一个文件，从纪律方面对各级领导干部提出约束要求，从审计方面把关，从工商变更登记方面堵住场外交易过户的口子。

[附]

湖北省委副书记、省纪委书记黄远志同志在省产权交易所调研时的讲话

（2003年4月16日）

刚才听了何亚斌同志的工作汇报，财政厅厅长罗辉和监察厅副厅长万世荣同志也作了发言，我感到产权交易在我省是一项起步很早的

事业，这些年来，省委省政府很重视，全省产权交易界的同志做了大量工作，取得了较好的成绩。产权市场是资本市场的重要组成部分，也是资源优化配置的重要手段，随着市场经济的发展，国有经济布局和结构的调整，国有资产管理体制的改革，产权市场的地位将会越来越高。

产权交易要保证市场化运作。现在的情况是，进场交易量只占全省交易总量的10%，这就意味着场外运作的比例太大。场外运作就是不规范的运作，就容易滋生腐败，换句话说，场外交易是不合规的。

产权市场在国有经济结构调整方面，在利用外资改组国有企业方面，在把死资产变成活资产方面，要起到更大的、更有效的作用。

针对当前存在的问题，下一步要抓紧的工作主要有：

一、整合全省产权市场

这项工作由省政府牵头，财政、工商、审计部门具体负责，省纪委参与。要召开一个全省性的产权交易工作会，进一步学习省政府240号令即《湖北省国有资产产权交易管理暂行办法（修订）》，总结前段工作，找出存在问题，拿出有效的措施，形成统一、开放、竞争、有序的产权大市场。这个会，各市、州政府分管国有资产管理工作的副市（州）长要参加，纪检监察、国资、财政、工商、审计部门和产权交易机构的负责人要参加。

二、重点落实进场交易措施

中纪委规定，“2002年，各地区、各部门都要实行经营性土地使用权出让招标拍卖、建设工程项目公开招标投标、政府采购、产权交易进入市场等四项制度”，产权交易进场制度是其一，这是中纪委七次全体会议决议，是温家宝总理、罗清泉省长分别在全国和全省的相关会议上强调必须执行的。现在的问题是怎么抓落实，保证产权交易进入规范市场规范交易。一定要有一套程序，要有制约的措施，违规后的处罚措施。现在进场交易量只占10%，短期内实现100%也不容易，但要扩大这个比例，70%行不行？80%行不行？要努力实现100%。

三、产权交易机构要进一步做到公平高效，提高服务质量，增强生命力

省产权交易所将成交鉴证工作前移，改事后鉴证为事前服务，接受企业的委托后，从交易方案的设计、股东会和职代会决议、资产评估、挂牌公告、公开竞价，到鉴证过户全程服务，既规范了市场，又使交易双方切实感到进场交易的好处，这是保证进场交易的服务标准，这种做法是很好的。

四、要加强产权交易鉴证和市场监管工作

省政府的240号令和省政府办公厅2001年的62号文都对产权交易的鉴证和市场监管作了具体规定，这是保证进场交易的一项重要措施，要切实执行。省纪委对干部尤其是领导干部违反产权交易的行为，要搞个相应的制度规定，对违反240号令的行为，坚决查处。

（湖北省产权交易所整理）

[补　注]

2004年2月16日，中共湖北省纪委、省监察厅向各市州县党委、政府、纪委、监察局，省委各部委、省级国家机关各委厅局和人民团体党组（党委）、纪检组（纪委）、监察处（室），省直机关纪工委、省高校纪工委，大型企事业、大专院校党委、纪委、监察处（室），省纪委派驻纪检组，省监察厅派驻监察室，发出《关于印发〈关于违反国

有、集体产权交易法律法规行为的纪律责任追究暂行规定〉的通知》（鄂纪发〔2004〕7 号）。这个追责文件，在全国纪检监察系统、国资监管系统和产权交易行业，是个首创。

省产权交易所参与了该文的调研、起草、讨论、征求意见和修改工作。

（2019 年 10 月 1 日注）

6. 论我国产权进场交易制度的建立、定型、落实和延伸[①]

（2019 年）

进场交易制度，是我国国有产权转让管理的核心，也是产权转让市场化运作的关键，更是产权市场生存和发展的生命。这一制度的确立，事关全局，但迄今无人对其进行全面系统研究。本文拟对其建立的发端溯源，对其定型的内涵、被落实的过程以及被国家有关部委延伸运用于其他领域的情况，进行全面的阐述。

一、进场交易制度的建立

产权交易是市场经济的产物，是改革开放 40 年中的产物。不是也不可能是此前的事物。

（一）建立进场交易制度的必要性

这是我国现行的以公有制为主体、多种所有制经济共同发展的经济体制所决定的。为什么要建立进场交易制度？笔者认为原因如下：一是为了以行政化的手段，规范国有产权交易行为，防止国有资产流失，

① 原载于《国有资产管理》2020 年第 1 期，第 30—34 页。本文写作于 2019 年国庆假期，先后征得文中涉及的上海、福建、四川 3 省市产权交易机构主要负责人和湖北省财政厅时任副厅长兼省国资局局长陶德雄同志同意，又经国务院国资委产权局副局长李晓梁同志审订。

防止产权交易中的腐败现象发生。二是为了以市场化的方式，为资源优化配置提供平台，提高配置效率。进场交易可以最大可能地发现投资者、发现价格。资源的优化配置包括人力资源配置，产权市场可以使优质的经济资本与优秀的人力资本得到合理配置。三是为了以制度化的办法，通过阳光操作来保护涉及国企改革工作的干部。

（二）建立进场交易制度的探索过程

进场交易制度的建立，经历了漫长的过程。产权市场地位的确立，从 1987 年党的十三大到 2003 年十六届三中全会，历时 16 年。进场交易制度的确立，经过国家国有资产管理局和各省市的创造性探索，从 1989 年国家国资局 38 号文和 39 号文的思想萌芽，到 2002 年以中纪委会议公报作出规定为标志，历时 13 年。

第一，政策上鼓励产权转让最早的，是 1987 年 10 月党的十三大报告。报告提出："一些小型全民所有制企业的产权，可以有偿转让给集体或个人。" 1988 年 3 月的《政府工作报告》中要求："实行企业产权有条件的有偿转让，使闲置或利用率不高的资产得到充分利用。"在这种形势鼓舞下，我国第一家完全意义上的产权交易机构"武汉市企业兼并市场事务所"于 1988 年 5 月 11 日在武汉成立，在 5 月 27 日市人民政府举行的开业典礼上，现场发布了 30 多家要求兼并和被兼并的信息，有 3 对 6 家企业签订了兼并意向书。此后 3 个月内，有 17 家企业实现了兼并或被兼并的愿望，体现了有形市场集中撮合的优势。

第二，部门规章推进产权交易并强调"要公开竞价，禁止私下交易"的，是国家体改委、国家计委、财政部和国家国资局 1989 年下发的两个文件。这两个文件实际上可以认定为企业国有产权进场交易制度思想萌芽和制度建设的发端。

1989 年 2 月 19 日《国家体改委、国家计委、财政部、国家国有资产管理局关于企业兼并的暂行办法》（体改经〔1989〕38 号），开宗明义提出，“企业兼并是社会主义商品经济发展的客观要求，是竞争机制发挥作用的必然结果，也是深化企业改革的重要内容。”笔者30年后再读此文，自然而然联想到，它基本上可能成为2003年春成立的新的国务院国资委起草规范国有企业改制工作的意见的参照蓝本。38号文第五条规定了企业兼并的程序：（1）“通过产权交易市场或直接洽谈”——这是首次提出“产权交易市场”这个概念，具有历史性意义；（2）“对被兼并企业现有资产进行资产评估，清理债权债务，确定转让底价”——这是强调必须进行资产评估确定进场前的转让底价；（3）“以底价为基础，通过招标、投标确定成交价”——这就有了通过市场竞争定价的明确含义。

与38号文同一天出台的《国家体改委、财政部、国家国资局关于出售国有小型企业产权的暂行办法》（体改经〔1989〕39号）。该文开头指出：“有计划有步骤地出售国有小型企业产权，是调整所有制结构和深化企业改革的一项重要内容。”第3条原文是：“要搞好出售企业产权的组织、协调和指导工作。有条件的地方还可以组建企业拍卖市场或产权交易市场。”明确提出“可以”组建“产权交易市场”。第10条原文如下：“被出售企业产权价格的确定，要遵循以下原则：（1）要保证国家财产不受损失，防止贱价甩卖和泄露底价；（2）底盘价格的确定应简便易行、公平合理；（3）成交价格要在公开竞争中形成，禁止私下交易。”这就具有了进场交易、在竞争中发现投资者、发现价格制度的雏形。第（3）款就表达了进场交易的核心理念。特别是后半句“禁止私下交易”，为后来很多省市制定相应制度写入禁止性规定提供了“上位法”依据。笔者认为，这个39号文，就成为2003年国务院国资委起草《企业国有产权转让管理暂行办法》的承前性基础蓝本。

第三，1993年党的十四届三中全会《中共中央关于建立社会主义市场经济体制若干问题的决定》（以下简称《决定》）虽然没有提到发展产权市场，但提出要使市场对资源配置起基础性作用。

《决定》最突出的成就，是在第 2 条提出：“建立社会主义市场经济体制，就是要使市场在国家宏观调控下，对资源配置起基础性作用。”接着提出：“进一步转换国有企业经营机制，建立适应市场经济要求，产权清晰、权责明确、政企分开、管理科学的现代企业制度。”第 10 条提出“发挥市场机制在资源配置中的基础性作用，必须培育和发展市场体系。当前要着重发展生产要素市场，规范市场行为……形成统一、开放、竞争、有序的大市场。”第 13 条列举：“当前培育市场体系的重点是，发展金融市场、劳动力市场、房地产市场、技术市场和信息市场等。”没有提到产权市场。9 年之后，2002 年党的十六大报告才明确提出要“发展产权、土地、劳动力和技术等市场”，并且将产权市场置于首位。

第四，国务院办公厅 1994 年明传电报“暂停企业产权交易市场和交易机构的活动”使产权交易无场可进。国家国资局 1996 年的《指导意见》也没有提出进场交易。

1994 年 4 月 22 日，国务院办公厅发出明传发电〔1994〕12 号，题为《国务院办公厅关于加强国有企业产权交易管理的通知》，但其内容却不是“加强”。电报开头第一句就是：“当前，一些地方在进行国有企业产权交易过程中，出现了一些问题。”第七条规定：“建立企业产权交易市场或交易机构是新问题，现在问题不少，因此，暂停企业产权交易市场和交易机构的活动。何时恢复，由国务院有关部门抓紧组织调查研究，提出意见报国务院审定。”由此，全国产权交易活动暂停了。至于何时恢复，“国务院有关部门”即国家国资局确实开展过调查研究。这份明电第八条要求：“国务院有关部门要尽快制定国有企业产权交易的管理办法，使国有企业产权交易及收入纳入规范化、法制化管理。”

国家国资局没有来得及“尽快制定”出国有企业产权交易管理办法，1998 年在国务院机构改革中就被撤销了，职能并入财政部。但国资局从监管需要出发，1996 年 5 月 24 日制定了《关于建立企业产权市场监管体系的指导意见》（国资产发〔1996〕25 号）。23 年后读这个文件，感觉其最大特点有两个，一个是执行国务院办公厅 12 号明电的精神，“清理整顿现有产权交易所、产权交易市场、产权交易中心等一类中介机构”；另一个有意义的特点是，死死抠住国务院关于国家国资局“三定方案”中关于“主要职责”的第（二）项：“……培育和发展国有资产产权交易市场并进行监督管理”而做“履行职责”的文章。

国家国资局在印发这份《指导意见》的《通知》中，理直气壮地宣示：“我国国有资产管理要立足于经济体制和经济增长方式的转变，通过盘活存量资产，调整经济结构，从整体上搞活国有经济。因此，加快培育和发展企业产权市场，建立企业产权市场监管体系，是今后一个时期国有资产管理的一项重要基础工作。”笔者不能不佩服原国资局的远见卓识。这一主张，经过 19 年后直到 2015 年被《中共中央　国务院关于深化国有企业改革的指导意见》（中发〔2015〕22 号）采纳。

第五，明确提出“进场交易”并“严禁场外交易”的，是部分省市的创造。

部分省市出于本地国有企业改制和盘活存量资产的迫切需要，利用国办 12 号明电第八条的要求，以及该电报结尾处的警示，主动作为。国办 12 号明电最后严肃指出：“各省、自治区、直辖市人民政府和国务院有关部门，要认真执行本通知规定，切实加强对企业国有资产的监督和管理。对违反国家规定造成国有资产流失的，要严肃追究当事人及主要行政领导的责任。”湖北省人民政府不敢怠慢，根据国办发明电〔1994〕12 号精神，结合湖北实际，办公厅于 6 月 8 日发出《关于加强国有企业产权交易管理的通知》（鄂政办发〔1994〕57 号）。该文第三条明确：“省国有资产管理局应会同有关部门尽快制定国有企业产权交易管理的实施办法，使全省国有企业产权交易活动尽快纳入规范化、法制化管理。”

近期笔者到湖北省档案馆查到国务院办公厅这份明传电报在湖北省的承办和执行情况的资料，其中有时任省长贾志杰给省财政厅长童道友的签批是：“请国资局研究把我省产权交易搞活搞好的措施。”第二天童道友批转给厅党组副书记、副厅长兼省国资局局长陶德雄：“请陶（副）厅长按贾省长批示组织国资局尽快提出意见，连同国资局工作一起向省长汇报。”查到了陶德雄1998年3月23日代表省国资局向省政府提交的汇报材料《关于〈湖北省国有资产产权交易管理暂行办法（草案）〉的起草说明》，非常宝贵。

这个说明有3部分：制定《办法》的必要性；制定《办法》的依据及《办法》形成过程；提请研究的事项。为了尊重原作者的知识产权，保持汇报材料的历史原貌，兹录第一部分“制定《办法》的必要性”，原文如下：

随着社会主义市场经济体制的建立和现代企业制度的推行，国有资产产权交易已成为国有资产重组与结构调整、实现资源优化配置的一种重要方式，也是搞活国有企业、盘活国有资产存量、深化产权制度改革、保证国有资产保值增值的有效途径。据有关资料披露，目前，全国共有省级企业国有产权转让中介机构15家，地市级机构150余家。就我省而言，产权交易机构从无到有，继1988年武汉率先建立产权交易市场之后，黄石、随州、十堰、孝感、黄冈等市相继成立产权交易机构，到1996年底，实现资产成交额达9.4亿元，其中，调剂闲置资产约1亿元，为盘活我省国有资产存量，调整资产结构，促进资本的规模效益，探索资本经营新路，发挥了积极作用。

但是，由于目前对产权交易行为和产权交易市场缺乏统一的、明确的法律规定，致使产权交易不规范的问题相当严重：有的企业产权交易不进入市场，擅自进行私下交易，造成国有资产流失；有的企业未经出资人允许，擅自决定出售整体产权，侵犯资产所有者权益；有的企业在资产出售前，不进行评估或有意低估，造成国有资产贬值和低价甩卖；

有的将企业国有资产无偿量化给企业职工或把国有资产无偿转给其他非国有经济成分；有的对国有资产产权转让收益没有及时足额收取和严格管理，造成产权转让收益流失；有些产权交易机构的设立和运作不规范，损害交易双方的利益；等等。这些问题亟待清理整顿，更需要依法进行监管。

由于我省产权交易市场不够发育，不够健全，从而造成存量资产流不动、盘不活、长期闲置的现象不同程度地存在。据有关方面1996年统计数字表明，我省企业闲置资产达30亿余元。由此可见，培育和发展我省产权交易市场，依法规范产权交易行为，是非常必要的。

到目前，国家尚无国有产权交易管理的法律和行政法规，但在兄弟省市，如河南、海南、广州、江苏、山东、四川、上海、福建、河北等20多个省市，近年先后正式出台了产权交易的地方性法规，使国有资产产权交易有法可依，有章可循，为活跃产权交易市场，推动国有资产的合理流动和优化配置，起到了积极作用。因此，结合我省实际情况，尽快出台《湖北省国有资产产权交易管理暂行办法》，使我省的产权交易逐步走向法制化、规范化、市场化轨道，是十分必要的，也是非常紧迫的。

1998年5月19日，湖北省人民政府常务会议审议通过《湖北省国有资产产权交易管理暂行办法》（以下简称《暂行办法》），同月21日，新任省长蒋祝平签署，以省政府令第143号发布施行。该《暂行办法》第七条规定："国有资产产权交易，必须在依法设立的产权交易机构内按规定程序进行，严禁场外交易。"2002年，该《暂行办法》经笔者主持的省产权交易所推动，省财政厅支持，争取到省政府修订，继承了关于严禁场外交易的条文，代省长罗清泉以省政府令第240号于当年12月3日发布。

从上面摘录的陶德雄1998年5月19日向省政府常务会议汇报的暂行办法《起草说明》可以看出三点：其一，国家层面此前还没有制定出有关国有产权交易的全国性的管理法律法规，也没有提出过“进场交易”这四个字；其二，全国已有20多个省市先后正式出台了产权交易的地方性法规；其三，湖北的产权交易管理暂行办法，吸收了各地的先进做法，关于进场交易条文特别是禁止性的表述，可能是最完整准确的。

由此上溯，笔者从湖北省档案馆查到1998年5月19日前，有下列省市出台过产权交易地方性规章，都提出过“集中交易”“应通过产权交易机构交易”“禁止私下交易”和“严禁场外交易”的表述。

以时为序，笔者列出上海、四川、湖北黄石、福建和河北省产权交易法规中关于进场交易的探索性表述，从中可以看出他们的勇气、智慧和对我国产权市场规范化建设的贡献。

上海。1994年5月25日，市农委、体改委、工商局、土地局、郊县工业管理局等5委局联合印发了《上海城乡集体企业产权交易暂行办法》（沪农委〔1994〕第70号），其中含有进场交易意思的是第三条：产权交易实行“集中统一、公开公正、规范有序的原则，产权交易必须到上海城乡产权交易所集中进行，实行公开竞价，统一结算，规范交割。”后出台的《上海市产权交易管理暂行办法》，第七条明确规定：“涉及本市企业国有产权、集体产权的交易，应通过上海城乡产权交易所进行。”

四川，特点是规定应“进场交易”。时任省长肖秧于1995年7月13日主持省政府常务会议通过《四川省企业国有资产有偿转让管理暂行办法》，以政府令第42号发布。其第十二条明确规定：“国有资产产权交易，应进入产权交易市场，进行规范化运作。”“产权交易市场进行国有资产产权交易的资格，须经省国有资产行政主管部门按照有关规定审核认可后，依法办理工商登记。”

湖北黄石，特点是规定“必须”进场交易。1996年1月25日，《市人民政府关于印发黄石市国有资产产权交易管理试行办法的通知》

（黄政发〔1996〕7号），第十条原文是："国有资产产权整体或部分转让，关键设备、成套设备及重要建筑物转让，必须通过具有国有资产产权交易资格的交易机构进行。"

福建，特点是"严禁私下交易"。1996年4月1日，《福建省人民政府关于印发福建省国有资产产权交易管理暂行规定的通知》（闽政〔1996〕16号）出台，其中第五条规定："国有资产产权交易应通过产权转让中介机构依法进行，严禁非法私下交易。"

河北，特点是管理条例规格最高。1996年11月3日，河北省人大常委会通过《河北省企业国有资产产权转让管理暂行条例》，以地方立法形式颁布。第十五条规定："大、中型国有企业的产权转让，应当通过依法设立的产权转让中介机构进行。"

第六，党中央明确提出发展产权市场，是2002年11月党的十六大报告。报告明确提出，要"改革国有资产管理体制"，要"发展产权、土地、劳动力和技术等市场"，将发展产权市场置于首位。

至此，产权市场的历史地位，在执政党的历史文献中，才第一次被确立。

真正提出健全产权交易规则的，是2003年10月十六届三中全会。全会通过的《关于完善社会主义市场经济体制若干问题的决定》提出，"产权是所有制的核心和主要内容，包括物权、债权、股权和知识产权等各类财产权。建立归属清晰、权责明确、保护严格、流转顺畅的现代产权制度"。要"健全产权交易规则和监管制度，推动产权有序流转"，这就为国有产权进场制度的确立和定型提供了政策依据。

二、进场交易制度的定型

我国国有产权进场交易制度的定型，体现在"两规一法"中。

首先是国务院办公厅的法规。2003年11月30日《国务院办公厅转发国务院国有资产监督管理委员会关于规范国有企业改制工作意见的通知》（国办发〔2003〕96 号）。该文“交易管理”部分规定：“非上市企业国有产权转让，要进入产权交易市场，不受地区、行业、出资和隶属关系的限制，并按照《企业国有产权转让管理暂行办法》的规定，公开信息，竞价转让。”这个国务院办公厅的法规高于部门规章，强调了“要进场交易”，并且提早推出了即将出台的《企业国有产权转让管理暂行办法》，功莫大焉。

其次是国务院国资委和财政部的部门规章。2003 年 12 月 31 日两部委主要负责人签署联合发布“令”第 3 号，公布《企业国有产权转让管理暂行办法》。这是国家国资局 1998 年被撤销前尚未完成的工作，是国务院国资委当年组建后其产权管理局所做的第一件最有意义的工作。从此，国家层面第一次有了企业国有产权转让管理办法。该令第四条对进场交易的要求比国办发 96 号文更强硬，将“要”改为了“应当”：“企业国有产权转让，应当在依法设立的产权交易机构中公开进行，不受地区、行业、出资或者隶属关系的限制。”

最后是《中华人民共和国企业国有资产法》，规定“应当”进场交易。2009 年 5 月 1 日起施行的该法第五十四条明确：“国有资产转让应当遵循等价有偿和公开、公平、公正的原则。除按照国家规定可以直接协议转让的以外，国有资产转让应当在依法设立的产权交易场所公开进行。”这就明确了“依法设立的产权交易场所”的法律地位，规定了国有资产转让应当在这样的场所公开进行。我国产权人从 1988 年起经过 21 年奋斗，终于取得法定地位，实属不易。

国务院国资委对我国国有产权进场交易制度的定型表述是：“应进必进，能进皆进，进则规范，操作透明。”

除了企业国有产股权进场交易外，实物资产也被要求进场交易。2013 年 12 月 18 日，国务院国资委办公厅出台《关于中央企业资产转让进场交易有关事项的通知》（国资厅发产权〔2013〕78 号）。各省区市国资委在此前后也作出了相应的规定。

不仅产股权和实物资产进场交易，到2016年6月24日，国务院国资委和财政部对2003年的3号令进行修订以32号令发布《企业国有资产交易监督管理办法》，第三十九条规定："企业增资通过产权交易机构网站对外披露信息，公开征集投资方。"这就将企业增资扩股也规定进场。

三、进场交易制度的落实和延伸

进场交易制度的核心在于利用市场规范国有产权转让行为，杜绝暗箱操作。

笔者在主持湖北省产权交易中心工作期间，就想从工商变更登记这个终端堵住场外交易的口子。2001年初，我向湖北省工商局时任局长宋育英提出这一思路，在她和副局长李宗柏的支持下，我陪同其登记分局局长马尚武等到上海产权交易所考察，回来协助该局起草了《关于规范产权交易过程中产权变动和工商变更登记工作的意见》，核心内容是，所有国有资产的产（股）权变动，如果事先不经过产权交易所的交易并出具成交鉴证书，财政（国资管理）部门不得过户，工商部门不得变更产权登记。经过4个多月的周旋协调，取得省财政厅同意，省政府副秘书长胡运钊支持，同年4月30日以鄂政办发〔2001〕62号转发省财政厅和省工商局这个《意见》，执行后取得了较好的效果。这当时在全国基本上是率先创造的经验。

进场交易制度从20世纪90年代前期被提出，到真正得到落实，首先得益于中纪委从2002年下决心抓起，其次得益于以国务院国资委为首的六部委下大力检查督办。

中纪委是我国产权交易进场制度最有力的推手。2000年4月22日时任中央政治局常委、十五届中纪委书记尉健行听取了广州产权交易市场情况的汇报，他肯定了通过建立有形市场促进国企改革和加强反腐倡廉的做法，指出，“当前深化改革中，要研究解决预防腐败的机制和体制问题，消除政府部门在行政审批过程中的种种弊端，凡能以市场机制解决有限资源分配的，要尽量通过市场解决。”2002 年 1 月 25 日，十五届中纪委第七次全会公报要求：“2002 年，各地区、各部门都要实行经营性土地使用权出让招标拍卖、建设工程项目公开招标投标、政府采购、产权交易进入市场等四项制度。”这次会议之后，各省级纪委都成立了“四项（进场）制度办公室”，有专班专人抓这项工作。

国务院国资委为落实 3 号令的要求，抓住检查评审这个手段，联合多部委联合检查。3 号令于 2004 年 2 月 1 日起实施，同年 8 月 13 日，国资委、财政部、监察部、国家工商总局等四部委发出《关于开展企业国有产权转让管理检查工作的通知》（国资发产权〔2004〕261 号），检查内容的第一项就是进场交易情况。过了一年，参与检查的部委增加了国家发改委和中国证监会。2005 年 11 月 17 日，以国资委为首的六部委发出《关于做好企业国有产权转让监督检查工作的通知》（国资发产权〔2005〕294 号），检查内容第二项为进场交易情况。各省区市对口委厅局同样进行了监督检查，大大促进了进场交易制度的落实。

2005 年 9 月 9 日，厦门国际会议中心，国务院国资委主任李荣融在国资委、商务部共同举办的规范国有企业改制与产权交易高峰论坛上发表重要讲话。他强调，要坚持“主体要到位、交易要进场、信息要公开、操作要规范、监督要有力”国企业改制与产权交易五项原则，建立健全国有产权有序流转机制，促进国有企业规范改制，实现国有经济布局和结构战略性调整。笔者认为，国务院国资委自 2003 年春成立至今，一直是这样贯彻执行到位的，得到全国人大常委会和各方面的好评。

企业国有产权进场交易制度的实施，展现了强大的市场威力。不仅在反腐倡廉、防止国有资产流失方面取得了显著成效，增值率全国平均在 20% 以上，而且以市场化的方式，最大限度地发现投资者、发现价值，为资源优化配置提供平台，越来越体现出资本市场的功能，受到党中央、国务院和部分国际组织的高度评价。

正是产权市场的功能发挥很好，公信力获得普遍认可，所以很多地方政府和国家部委主动利用这个平台，复制进场交易制度。代表性的有：

一是排污权交易进入产权市场。2008 年 10 月 6 日《湖北省主要污染物排污权交易试行办法》（鄂政发〔2008〕62 号）规定，排污权应进入武汉光谷联合产权交易所交易。

二是金融企业国有资产转让进入产权市场。2009 年 3 月 17 日财政部《金融企业国有资产转让管理办法》（财政部令第 54 号）规定：“非上市企业国有产权的转让，应当在依据设立的省级以上（含省级）产权交易机构公开进行。”

三是行政事业单位国有资产处置进入产权市场。2009 年 7 月 21 日国务院机关事务管理局《关于中央行政事业单位国有资产处置有关问题的通知》（国管资〔2009〕246 号）规定：“国有资产处置交易由北京产权交易所承担。”

四是文化企业国有产权转让进入产权市场。2011 年 12 月 30 日中宣部、商务部、国家广电总局、新闻出版总署《关于贯彻落实国务院决定加强文化产权交易和艺术品交易管理的意见》规定：“中央文化企业国有产权转让须在上海和深圳两个文化产权交易所挂牌交易；鼓励各地文化企业国有产权进入上海和深圳两个文化产权交易所交易。”

五是历史上出问题最多最严重的司法拍卖，也找到了防止腐败的最佳场所。2012 年 2 月 6 日，《最高人民法院关于实施〈最高人民法院关于人民法院委托评估、拍卖工作的若干规定〉有关问题的通知》（法〔2012〕30 号）规定：“司法委托拍卖标的为国有及国有控股企业的资产及其权益……通过省级以上国有产权交易机构的国有产权交易平台依照相关法律法规和司法解释进行拍卖。”

到今天，其他国有产权包括非国有产权进入产权市场的越来越多了。知识产权、农村产权、林权、水权、探矿权和采矿权、二氧化碳排放权、未上市公司股权等等各类产权和权益，都自觉地利用产权市场这个交易平台和融资平台，发挥出了最佳效益。

30 年来，我国产权进场交易制度的发展，取得了五方面大的进步。从场外交易到场内交易；进场后，从存量产权资本到增量产权资本的交易；从有形产权资本到无形产权资本的交易；从境内产权资本到境外产权资本的交易；从产权的一般配置到融资工具的运用。可以说，进场交易制度是使产权市场成为资本市场的基石。

参考文献

［1］何亚斌．中国产权市场发源地考［J］．产权导刊，2018（5）：27 –34.

［2］何亚斌．中国产权交易历程评述：政策沿革视角［M］//曹和平．中国产权市场发展报告（2008—2009）．北京：社会科学文献出版社，2009：312 –320.

［3］何亚斌，申晓光，伍小保．强化评审监管机制，促进行业健康发展［M］//中国产权市场发展报告（2012—2013）．北京：社会科学文献出版社，2013：76 –84.

［4］龚介民．上海城乡产权交易所纪实［M］//本书编委会．产权市场　中国创造．上海：同济大学出版社，2014：6 –14.

［5］许学武．上海产权交易所是上海产权市场一个重要的推进阶段［M］//本书编委会．产权市场　中国创造．上海：同济大学出版社，2014：15 –28.

［6］卢栎仁．规范国有企业改制与产权交易的五项原则——主体要到位、交易要进场、信息要公开、操作要规范、监督要有力：李荣融

在规范国有企业改制与产权交易高峰论坛上发表重要讲话［J］．产权导刊，2005（10）：14－15.

［7］武汉光谷联合产权交易所．国有产权交易实用法律法规制度汇编：内部资料［M］．武汉：编者，2007.

［8］中国产权协会．政策法规汇编：内部资料［M］．北京：编者，2014.

［9］李利君．中国产权交易市场30年大事记（一）［J］．产权导刊，2019（6）：42－48.

［10］李利君．中国产权交易市场30年大事记（二）［J］．产权导刊，2019（7）：50－53.

7. 湖北在全国最成功的创新：以“五统一”整合区域产权市场①

（2018 年）

从 1988 年 5 月的武汉市企业兼并市场事务所起步，湖北产权市场已走过整整 30 年的发展历程。在深深植根于全省经济社会发展、服务于国资国企改革的过程中，我们走出了一条独具特色的产权市场发展之路，形成了一个特点鲜明、具有多种功能的要素市场集团，其中，尤以建立起全省“五统一”的市州产权交易机构体系最具特色，是全国唯一一个以法人型分支机构覆盖所有市州的省份。值此湖北当然也是我国产权市场诞生 30 周年之际，全面回顾“五统一”整合历程及其战略意义，不仅有助于展示湖北产权市场发展的特色，也给相关省市兄弟机构以镜鉴，更有利于总结产权交易机构整合的规律和经验，为真正落实李克强总理 2013 年 3 月讲到推进国有产权交易市场化改革时提出的“要落实‘四统一’”，实现全国产权市场的深度融合，提供“湖北方案”。

一、“五统一”整合历程

湖北产权市场的“五统一”整合历程，根据不同时期的发展特点

① 2007 年 4 月 18－20 日，国务院国资委在厦门召开全国第二次“企业国有产权管理暨产权交易机构工作会议”，作者在会上介绍了整合湖北省和武汉市各类产权交易机构、建立全省“五统一”产权大市场的经验。此文系武汉光谷联合产权交易所董事长、党委书记陈志祥同志提议与他合写。原载于《产权导刊》2018 年第 9 期，第 34—38 页，标题为《湖北产权市场“五统一”整合那些事》。

可大致划分为以下四个阶段：

（一）分散发展阶段（1988年5月—2005年4月）

20世纪80年代中期，武汉的国资改革一时领全国改革风气之先。1988年5月11日，武汉市体改委对市财政局《关于成立武汉市企业兼并市场事务所的报告》作出批复："同意成立武汉市企业兼并市场事务所。企业兼并市场事务所是以服务为主的非盈利性社会法人……"这个日子就成为我国第一家产权交易机构成立的时间，而载入史册。

武汉给各市州做出了好的示范，黄石（1994）、十堰（1994）、孝感（1995）、宜昌（1996）、荆州（1996）、鄂州（1997）等地产权交易机构相继成立。1997年11月，"湖北产权交易所"经湖北省国资局批复同意成立，到1998年底，全省经省国资局正式批准成立的产权交易机构已多达16家。但在当时，湖北各地产权交易业务量很小，绝大多数机构经营惨淡，生存艰难，有些被迫倒闭。

2002年11月中共十六大报告提出建立现代市场体系，要改革和建立国有资产监督管理新体制。2003年5月，《企业国有资产监督管理条例》（国务院令第378号）出台，同年10月十六届三中全会提出建立现代产权制度，12月，湖北省国资委成立。令人欣喜的是，此前《湖北省国有资产产权交易管理暂行办法》（省政府令第240号）第四条载明："省国有资产管理部门负责全省产权交易市场培育和监督管理工作"，这就为此后设立的省国资委整合全省产权市场提供了职能法规依据。

（二）契约型整合阶段（2005年4月—2008年1月）

湖北省国资委成立后，面对的全省产权市场现状是，一方面，少数机构基础比较好，形成了一些很好的法规和规章，湖北省产权交易中心已成为全国有重要影响力的机构；另一方面，机构众多，市场分割，效率低下，多头监管。省国资委党委认识到，抓好产权市场建设，是推进国有企业改革、履行好国资监管职责的重要措施，是国资委的一项重要任务。从产权交易市场自身来看，不整合不能生存，不统一不能规范，不做强不能发展。在充分征求意见的基础上，提出了解决思路：以省产权交易中心为龙头，以“五统一”即统一监管机构、统一信息发布、统一交易规则、统一审核鉴证、统一收费标准为原则，整合全省产权机构。主要做法如下：

一是坚决统一，让渡收益，政策推动与市场运作相结合，稳妥推进市场整合。2004 年 7 月国务院国资委出台《关于做好产权交易机构选择确定工作的指导意见》（国资发产权〔2004〕252 号），规定省级国资委“在国务院国资委的指导下，负责从事本地区企业国有产权交易活动的产权交易机构的选择工作”。据此，湖北省国资委于 2005 年 4 月出台了《关于选择确定全省企业国有产权交易定点机构有关问题的通知》（鄂国资产权〔2005〕76 号），其中特别规定：“凡没有经省国资委选择确定的产权交易机构，一律不得再从事国有产权交易活动。”

二是突出“五统一”，强化规范建设。第一，统一监管机构，落实监管责任；第二，统一信息发布，全省国有产权转让信息统一由省产权交易中心通过《湖北日报》《中国证券报》和该中心的信息系统对外发布；第三，统一交易规则，即统一执行省国资委公布的《湖北省国有产权交易规则》；第四，统一审核鉴证，全省《国有产权交易成交鉴证书》由省国资委监制，统一由省产权交易中心审核签发；第五，统一收费标准，即全省产权交易收费统一执行省物价局为省产权交易中心批复的标准。

三是循序渐进，规范操作。在整合过程中，坚持市场取向，充分尊重各方意见和利益，讲究灵活性。在组织结构上，以省产权交易中心为龙头，其他产权交易机构改建成分中心，并保留原机构独立法人资格，实行人财物自我投资、自我管理、自负盈亏、自担责任。在整合步骤上，先选择省产权交易中心为全省唯一国有产权定点交易机构，其他产权交易机构在“五统一”原则下自愿加盟省产权交易中心。在工作方法上，坚持平等协商，充分尊重交易机构的自主意愿。这种“五统一”的原则性和分中心机构设置的灵活性相结合的市场整合模式，既保持了各地机构的相对稳定，又形成了全省大市场的格局；既照顾了各地的特殊性，又体现了全省的统一性。

四是合理分利，实现双赢。在整合中，坚持资源共享、利益分享的原则，注重维护各地的既得利益。一方面，省中心负责对分中心进行业务指导和人员培训，无偿提供信息平台供各分中心使用；另一方面，在业务收入上大幅度让渡给分中心，增加了各地机构整合的主动性。

（三）产权型整合阶段（2008 年 1 月—2014 年 8 月）

在时任中央政治局委员兼湖北省委书记俞正声、省长罗清泉的领导和省国资委的主持下，2006 年 5 月由省国资委倡导，以省产权交易中心为基础，由省国资委、省科技厅、武汉市国资委和东湖高新区管委会四股东共同发起设立武汉光谷联合产权交易所（以下简称光谷联交所），是年 12 月 28 日办理工商登记，并于 2008 年 1 月最终实现了对武汉市产权交易所的整合。

产权型的江城分所 2018 年 1 月 18 日设立后，省国资委和光谷联交所对全省分支机构开始实行从契约型向产权型的改造，以求进一步巩固“五统一”产权市场。在省国资委的大力推动下，2008—2011 年，光谷联交所以全资、控股、设办事处等多种方式，将原省产权交易中心市州分中心改造为光谷联交所投资的产权型分支机构，进一步巩固“五统一”市场整合成果，健全市场体系。

2011 年 11 月，国务院对全国各类交易场所开展清理整顿，行业监管进一步强化。光谷联交所以产权交易机构清理整顿和法院涉讼业务进场交易为契机，高效推进分支机构的产权型改造和规范化建设。2012

年11月，光谷联交所及各市州子公司均第一批通过了国务院部际联席会议清理整顿检查验收，省政府统一对17个市州分支机构重新批准准入，省工商局对全省分支机构名称进行了统一核准。

以2014年8月“黄石公司”成立为标志，光谷联交所先后在全省17个市州独资或控股设立了16家产权型子公司，共投入资金约3 500万元，对市州机构的产权型整合基本完成。

（四）集团化整合阶段（2014年8月至今）

在近年来国务院对交易场所监管日趋严格的大背景下，光谷联交所与各市州合作设立、以股权为纽带的法人型分支机构的存在，无论交易所的牌照价值还是全省统一的机构体系，都具有十分重要的意义。

产权型是历史的进步，但在国资出资人分级代表体制下，全省市州机构的产权型整合虽然是以股权为纽带达成的，但国有产权交易等业务资源主要来自地方，光谷联交所提供业务资质、业务规则和业务系统等支持，更多的还是业务层面的整合，而不是管理层面的整合，市州机构的实际控制权都在当地政府或国资部门，光谷联交所只是在名义上和形式上控股，股权与治权相分离，管理风险和体制矛盾也随之积累，市州机构的管理风险日益显现，其核心问题就在于治理权和控制权不相匹配。为此，光谷联交所采取以集团化管控和实质性管理为目标，再次启动了对市州机构的管理体制整合，在内部被称为“市州机构整合的2.0版”。

2017年4月26日，省国资委主持召开全省产权市场建设工作推进会，光谷联交所正式提出按照“股权结构与治理结构相匹配、实际控制与责任承担相匹配”的整合原则，来推进市州机构管理体制理顺工作。会后，在省国资委的大力支持下，光谷联交所开始对市州机构的股权结构和治理结构进行深度调整和化学整合，“全口径”上收市州机构党的建设、纪检监察、干部管理、财务管理、业务管理等所有管理关系，确保各市州机构在光谷联交所集团体系内规范运作。截至2017年底，光谷联交所通过与全省市州机构当地主管部门及股东单位签订新的投资合作协议书，按照“两个匹配”的整合原则，调整了部分市州公司的股权结构，明确了机构管理权属，全省市州机构统一纳入集团化管理的体制理顺工作基本完成。

二、“五统一”战略意义

在近年国资国企改革的新要求和大背景下，产权市场的创新转型发展已成为行业共识。但产权市场如何转型发展却是见仁见智，如果说在各自摸着石头过河的探索中还有一点共通之处的话，那一定是依托省情实际和资源禀赋走特色发展之路。产权市场本来就是省域国资国企改革的产物，各家交易机构所面临的发展条件千差万别，比如主管部门的支持力度、省市整合的历史渊源、员工队伍的专业结构、域内业务的进场情况等，所以各家机构基于自身的比较资源优势，各自选择符合自身发展特点的方向和道路，没有对与错、优与劣之分，即使没有可比性也无可厚非。但是，如果要立足省情实际、深耕资源禀赋、发挥比较优势，那么，省域产权交易机构整合统一的重要性就是不言而喻的，因为统一机构体系具有更强的支撑能力、动员能力，特别是资源配置能力。

（一）为国有资产最大限度地进场提供了可能

从国务院国资委和财政部2003年颁发的《企业国有产权转让管理暂行办法》（即3号令）到2016年再颁发的《企业国有资产交易监督管理办法》（即32号令）可见，产权市场服务于国有资产交易是首要职责和使命。根据产权市场“应进必进、能进则进、进则规范、操作透明”的十六字方针，国有资产交易业务最大限度地进场是产权市场的初衷和本源。但国资交易业务在省域内分布在省市州县等各个层次上，业务数量和规模依次递减，从经营上来说，省本级以下的国资业务也许无足轻重，但从规范上来说，省本级以下的国资业务同样需要产权市场的规范进场服务。与各市州合作建设产权型市州机构，可以调动地方积极性，整合当地交易资源，支持更多国有资产进场规范交易。同时，也有利于国资部门有效实施对全省产权市场的统一管理，使国资委的监管有了工作平台的支撑。所以说，全覆盖的市州机构体系是确保省域内国资交易“应进必进”和“能进则进”的基础前提和必要条件。

全省统一的集团化机构体系，不仅可以执行“五统一”，还可以优化完善市州机构法人治理结构，建立现代企业制度，完善各市州机构内部管理制度，提高市州机构的规范运作和风险防控水平，确保在规章制度和公司章程的约束下规范运作，实现科学决策、规范运营和可持续发展。

（二）为产权市场的创新转型发展提供了支撑

产权市场的确是中国国资国企改革过程中独一无二的重要制度创新，但受制于国有资产出资人分级代表的体制约束，普遍存在着相互割裂、“分而治之”的产权机构发展格局。不仅在全国没有形成统一的产权市场，而且在绝大多数省份都存在着多家产权交易机构并存的“割据”现象，这就使产权市场的改革发展存在“先天不足”的缺陷，对创新转型形成了很大的制约。

概而言之，产权市场的创新转型发展有“向内”和“向外”两个发展方向。所谓向内，即以国有资产业务为基础，通过组织机构体系的集团化拓展，深度挖掘多层次国资管理体系中的公有资源交易业务，在传统业务模式发现并拓展“蓝海”；所谓向外，即以交易所模式经营为核心竞争力，通过交易标的的不断扩展和延伸，凭借多年来对交易所业态经营管理所积累的能力和经验，不断建设和完善资本要素市场体系。

而市州机构体系兼具对内和对外两个方向的承载能力，一方面，可以最大限度调动地方积极性，支持更多国有资产进场规范交易；另一方面，可以在市州层面上全面承接产权市场拓展的各类要素市场业务，将集团体系内的创新业务“全口径”延伸到市州以下，通过“扎堆效应”来搭建市域内统一的要素市场综合平台。

（三）为产权市场机构整合提供了“湖北模式”

全国产权市场发展30年来，目前仅有湖北是国内唯一一个以法人型控股子公司覆盖所有市州、以“五统一”标准整合全省产权市场的省份，具有典型的湖北特色。在此基础上，近年来光谷联交所全面打造市州机构的2.0升级版，一方面对市州机构进行集团化管理，全面上收各市州机构“全口径”的管理关系；另一方面推动市州机构跳出只服务于国资国企的业务局限，将集团旗下各类创新业务类型全面向市州延伸，升级打造各市域范围内多标的、全口径的统一综合交易平台。这既是湖北产权市场的典型特点，也是湖北产权市场以其独特的发展道路和工作成果为全国产权行业贡献的“湖北经验”和“湖北智慧”。5年后我们重新学习李克强总理2013年3月26日在国务院新一届政府第一次廉政工作会议上的讲话《着力建设一个廉洁的政府》，仍然具有十分重要的意义，他说：“要落实‘四统一’。深入推进国有产权交易市场化改革，实行统一信息披露、统一交易规则、统一交易系统、统一过程监测。”

新一轮国企改革大潮序幕已经拉开，两轮国企改革的转换期就是产权市场转型的窗口期，光谷联交所将以习近平新时代中国特色社会主义思想为指引，把握时代脉搏，立足省情实际，发挥自身所长，依托“五统一”机构体系的独特优势，深入推进投行化、平台化、市场化和金融化能力建设，力争打造更具竞争力和影响力的湖北产权市场品牌，持续开创区域性资本要素市场集群化建设和金融化发展的新局面。

第二编

产权市场理论研究

1. 论产权交易制度化[①]

（1999 年）

我国的产权交易活动，是伴随着经济体制改革的不断深化而逐渐发展起来的。早在 20 世纪 80 年代中期，随着经济体制改革逐渐以市场为取向，我国便开始思考利用市场机制改善资源配置的效率问题。特别是在政府提出推进工业企业的改组、联合任务之后，以企业的产权转让为主要内容的产权交易便应运而生。1988 年，全国最早的产权交易机构——武汉市企业兼并市场事务所成立。进入 90 年代以后，我国明确选择了社会主义市场经济体制，这一选择，给已经缓慢开展起来的产权交易活动注入了新的活力和生机。1991 年以后，各地正式挂牌的产权交易机构如雨后春笋般迅速组建起来。

不可否认，这些相继出现的产权交易机构，不仅推动了我国产权交易活动的开展，而且对如何规范我国的产权交易市场，进行了积极有效的探索，提供了十分有益的经验。但是，由于我国社会主义市场经济体制尚处在建立和完善过程之中，一系列有关市场经济运行的理论和实践问题尚未完全解决，因而，产权交易无论是在规模上还是在规范和效果上，仍远远不能适应社会主义市场经济发展的要求。

基于以上认识，本文选择产权交易的制度化问题进行研究，并试图

① 本文是作者硕士学位论文，作于 1999 年 4 月，也是作者对过去（1989—1994 年）主持一个县产权制度改革实践的理论总结，更是开始从事产权交易实际工作的理论准备。本文受到华中科技大学经济学院院长徐长生博导和导师张卫东博导、武汉大学经济学院江春博导的指导和好评。部分内容载于《湖北日报》1999 年 7 月 8 日，《国有资产研究》1999 年第 4 期，后收入《何亚斌产权经济文选》，经济科学出版社，2008 年 4 月，第 21—53 页。

以湖北省为例，就如何促进产权交易的制度化问题进行探索和分析，这里提出的制度化命题，主要是从建立和完善社会主义市场经济体制的角度思考的。社会主义市场经济的主要特征，是坚持以市场为基础手段进行资源配置，而产权交易，本质上是一种资源配置活动，因而，如果没有产权交易的制度化，便不可能有社会主义市场经济体制的建立；只有实现产权交易的制度化，才有可能实现产权交易的规范化和经常化，规范化和经常化是产权交易制度化的题中应有之义。

一、产权交易的相关理论分析

（一）现代西方产权理论

产权交易是一种市场行为，作为市场行为，必须以市场经济理论为指导。由于我国长期实行的是计划经济，对产权和产权理论问题缺乏研究，因而，探讨产权交易的理论问题，还得从西方产权理论入手。

现代西方产权理论，来源于西方新制度经济学，这一学派是以罗纳德·科斯（Ronald H. Coase）（1991 年诺贝尔经济学奖得主）和道格拉斯·诺斯（Douglass C. North）（1993 年诺贝尔经济学奖得主）等为代表的。

产权经济学真正的奠基者阿尔钦（Armen Alchian）在《新帕尔格雷夫经济学大辞典》中，给产权下过一个定义："产权是一种通过社会强制而实现的、对某种经济物品的多种用途进行选择的权利。"（经济科学出版社，1992 年版，第 1101 页）阿尔钦提出的论点是，当一个社会存在两个或更多的人，每一个人都想得到同一种经济物品的更多数量时，这就意味着竞争，竞争的矛盾必须用某种方式解决，阿尔钦的观点是，"限制竞争的规则被称为产权"（张五常：《论新制度经济学》），他认为限制竞争就是占有或享有；产权是一种选择的权利，而且是一种排他性的权利。

科斯的主要贡献在于交易费用理论。1937 年，科斯在英国《经济》杂志上发表了他的经典之作《企业的性质》，提出了“交易费用”这一产权经济学的基础性概念。1960 年科斯又在美国《法律与经济学》杂志上发表了《社会成本问题》，正式把“产权”纳入经济学的体系。1966 年，乔治·斯蒂格勒（George Joseph stigler）将科斯在《社会成本问题》一文中提出的论点概括为科斯定理。

科斯定理是关于交易费用、产权界定和资源配置效率三者之间内在联系的定理，通常又分为两个定理。科斯第一定理是指：如果交易费用为零，那么产权无论怎样界定，市场机制都会自动使资源配置达到最优；科斯第二定理是指：如果交易费用大于零，不同的产权界定将会导致不同的资源配置效率。

1991 年，科斯因此而获诺贝尔经济学奖。

1. 现代西方产权理论的三个内容

现代产权经济学理论，已经形成了以奥利弗·威廉姆森（Oliver Williamson）、哈罗德·德姆塞茨（Harold Demsetz）和张五常为代表的三个分支学派。威廉姆森特别强调交易费用，可称为交易费用学派；德姆塞茨特别强调产权，可称为产权学派；香港大学教授张五常则认为产权与交易费用二者密不可分，可称为综合学派。张五常特别指明了产权与所有权的关系，他认为产权是一组权利的总和，产权包括所有权和以所有权为基础的经营权、收益权、处置权和让渡权。

尽管西方学者在产权理论问题上的观点和解释各不相同，但关于产权理论及本质内容的认识却是一致的，这些内容主要包括：

（1）交易费用理论

交易费用理论是现代西方产权理论的基础，这一理论直接来源于科斯的经典论文——《企业的性质》。科斯认为，企业和市场是两种不同而又可以相互取代的交易体制，市场交易是由价格机制实现的，而企业则是对市场机制的替代，在企业内部，资源的配置是用管理协调机制甚至是用行政命令实现的。按照科斯的观点，企业之所以存在，企业与市场之间的分界，都是由交易费用这一变数来决定的。1983 年，张五常进一步改进和发展了科斯的交易费用理论。张五常认为，企业并非为取代市场而设立，而仅仅是用要素市场代替商品市场，可以说是一种合约取代另外一种合约，只有在商品的交易费用高于用来生产此种商品的要素的交易费用时，企业才会出现。

（2）产权理论

产权理论认为，经济学的核心问题不是商品的买卖，而是权利的买卖。人们购买商品是要享有对该种商品的支配、享受权；资源配置的外部效应问题，是由于人们议定契约的权利无法严格界定，市场运行失效或失败是产权定义不明确的结果。因而，产权制度是经济运行的基础，有什么样的产权制度，就会有什么样的组织、技术和效率。同时，严格定义的私有产权不排斥合作生产，通过权利交易，在私有产权制度基础上可以产生出复杂的、合作效率极高的组织。因而，自由的产权交易对寻求高效率的组织体制是必不可少的。

（3）委托—代理理论

委托—代理理论是一种产权应用理论。这一理论认为，委托—代理关系产生的原因是资本所有权与控制权的分离。委托—代理关系是一种契约关系，当委托人和代理人的效用函数不一致时，就会出现代理问题及道德风险。委托人作为资本的所有者，所追求的是资本增值和资本收益最大化，而作为代理人的公司经营管理者，则追求个人价值的最大化，即表现为追求更多的货币和非货币收入。由于委托人和代理人效用函数的不一致，因而，委托—代理关系中的道德风险很难避免。为减少道德风险，降低代理成本，委托人就必须建立一套行之有效的、对代理人有影响的激励约束机制。而最为有效的激励约束机制，莫过于通过市场来实现。产权交易就是一种有效的市场激励约束机制。

2. 现代西方产权理论对我国的借鉴意义

现代西方产权理论对我国产权制度的改革及理论研究，具有极为重要的借鉴意义，主要表现在：

第一，我们必须接受并应用下面这一观点："产权明晰是市场交易的前提，而市场交易又是资源达到合理配置的前提"。根据"科斯定理"，在交易费用大于零时，只有权利界定清晰，市场机制才有可能使资源配置达到最优。由于产权的可分性，产权交易可以打破整体要素在空间上的局限，实现产权的转移，产权如果不能流动和交易，资源就无法配置更谈不上合理配置。产权交易是最高层次的资源配置方式，我们要实行社会主义市场经济体制，主要通过市场的手段来实现资源的合理配置，首先必须明晰产权，鼓励产权交易。

第二，我们既然选择市场经济，就必须重视与市场经济有关的产权制度的安排问题。西方的产权制度并未否定私有制，却通过产权制度的合理安排，适应了社会化大生产的客观要求，促进了社会生产力的发展。这种在不损害私有制的前提下实现资源有效配置的理论体系和制度安排，对我国在坚持以公有制为主体、多种所有制经济共同发展的前提下，如何通过合理的制度安排以达到有效配置资源的目的，是具有借鉴意义的。

第三，我们既然选择了市场经济，就必须重视交易费用的节约。西方产权理论阐明的交易费用的节约对经济制度和经济组织的变迁具有决定性意义的论断，对如何实现企业规模的扩张，如何根据交易费用的节约选择不同的资源配置机制，在什么情况下选择市场机制，在什么情况下选择管理协调机制，不仅具有借鉴意义，而且具有很强的直接应用性。

第四，委托—代理理论对我国正在进行的以建立现代企业制度为目标的企业改革具有重要的应用价值。委托—代理理论的核心是在两权分离的前提下，建立健全对代理人的激励约束机制。我国正在进行以建立现代企业制度为目标的企业改革，企业改革的一个重要内容就是建立企业法人产权制度，承认企业享有法人财产权。那么，在确定企业享有法人财产权的前提下，如何保证财产的终极所有者的利益不受侵犯和伤害，委托—代理理论无疑也是具有重要的应用价值的。

第五，借鉴西方产权交易的规范和做法，允许企业产权自由交易和转让，实现社会资产的结构优化和重组。西方产权理论的前提是产权的自由交易或转让，产权理论强调产权制度的设计和结构安排，但无论什么样的产权制度和结构安排，都要通过产权的自由交易或转让来实现。我国大多数企业资源的利用效率不高，但只要允许产权自由交易或转让，最终是会实现资源配置的优化的。

（二）我国产权理论的发展

我国对产权理论的研究，是从改革开放以后开始的。而在此之前，人们关心更多的是所有权问题。

众所周知，所有权是指财产的所有权，这是一个古老的民法学概念，它所要解决的，只是财产最终归谁所有的问题。财产的所有权，是通过它的四项权能，即占有、使用、收益和处分来具体体现和反映的。在简单商品生产阶段，财产的所有者和经营者往往是合一的，因而，所有权的各项权能往往全部集合于所有者手中。由于财产关系比较简单，故只要解决了所有权问题，其他问题也就随之解决了。我国以公有制为基础的计划经济，就是遵循上述思路进行制度安排的。财产归国家所有，也由国家直接经营，而国家直接经营，又主要是通过指令性计划来实现的。

实行企业改革和选择市场经济以后，产权问题被提上议事日程，人们开始认识产权问题的复杂性及其对建立现代企业制度的重要性。在改革实践的推动下，通过学习、借鉴西方现代产权理论，开始了我国的产权理论研究，并取得了一系列重大突破。

1. 我国产权理论研究的重大突破

主要表现在以下几个方面：

第一，明确了产权即财产权利。财产权利是一组权利的集合，它不仅表现为所有权，而且还表现为实际占有权、使用权、收益权和处分权。现代社会的产权关系是复杂的，财产不仅分属于不同的所有者，而且属于同一所有者的财产因实际占有、使用、支配的主体不同，使得不同主体也具有相应的财产权利。

第二，财产权利是可以分解和组合的。这种分解和组合往往是随机的，是由财产的占有、使用和经营方式决定的。不同的占有、使用、经营方式，具有不同的权利分解和组合方式，并根据所有者与经营者既可以结合也可以分离的客观现实，提出了实行两权分离的理论。特别是1997年党的十五大提出的要探索公有制的实现形式，而公有制的实现形式就是指企业的组织形式和经营方式的命题，这就丰富并发展了现代产权理论的内容。

第三，提出了建立社会主义产权制度的首要任务，是保护所有者和占有使用者的基本权益，规定了这一制度的基本要求。所有者的基本权益是实现资本的保值增值和必要的控制权，实际占有、使用者的基本权益是合法经营的自主权。这一制度须具有产权约束功能，便于所有者对企业法人财产经营者的不合理经济行为进行有效控制和监督。为了提高资产使用效率，允许企业通过产权交易促进资产的流动和重组，实现资源的优化配置。

第四，提出了建立现代企业制度的目标，并将“产权清晰、权责明确、政企分开、管理科学”作为现代企业制度的基本要求，明确了推行公司制并制定颁布了《公司法》，将产权理论研究的成果实际应用于企业改革的实践。

以上，对社会主义产权理论的积极探索和重大突破，不仅奠定了社会主义市场经济运行的理论基础，而且促进了我国市场经济的发展。

2. 重要意义和应用效果

第一，解决了公有制能否与市场经济兼容的重大理论问题。传统观念认为，市场经济是以私有制为基础的经济运行模式，它与公有制是不能兼容的。而社会主义产权理论研究的突破表明，只要能够建立有效的社会主义产权制度，解决公有制的实现形式问题，市场经济与公有制是可以兼容的，这就为建立社会主义市场经济新体制提供了重要的理论基础。

第二，促进了国有资产的战略性结构调整。由于允许资产的流动和重组，国有企业可以通过产权交易改变经营方式，甚至改变所有制性质，这就为盘活国有资产，提高资产使用效率，创造了条件。不仅如此，它还有利于改善整个国民经济的所有制结构，大大加速建立以公有制为主体、多种所有制经济共同发展的所有制格局的进程。

第三，促进了资源的优化配置。产权交易是利用市场机制进行资源配置的有效形式，产权交易活动的发展，不仅使大量闲置和低效资产得到充分利用，而且使优势企业的资本规模和结构得到了扩张和改善，这对于优化资源配置、提高资源的使用效率，显然具有重要意义。

（三）需要进一步探讨的几个理论问题

随着我国社会主义产权制度改革的不断深入，特别是产权交易过程中一系列新的矛盾和问题的逐渐暴露，我国产权理论的研究还需要进一步深化。对于一些制约产权交易活动正常发展的现实问题，迫切需要从理论上作出解释和回答。

产权交易，是指交易双方当事人，依照法律规定和合同约定，通过兼并、招投标、拍卖或网络竞争等方式，将一方当事人所享有的企业产权，转让给另一方当事人，而使被交易企业丧失法人资格或改变法人实体的法律行为，主要发生于产权所有者之间的产权的让渡与转移。

1. 产权交易的目的问题

关于产权交易的目的，目前比较统一的认识是，它是为了盘活资产存量，优化资源配置，提高资源使用效率。毫无疑问，这些认识都是不错的，但问题在于，如何理解资源的优化配置，怎样提高资源的使用效率，现有的产权理论并未作出明确的回答。本文认为，从决定现代市场经济运行效率的因素分析来看，知识资本特别是企业家经营管理能力这种属于知识资本范畴的人力资本的状况，往往是影响资源配置和使用效率的核心因素，因而可以认为，产权交易的根本目的，并不仅仅在于资本规模的扩大和结构的改善，而是要实现经济资本与优质人力资本的最佳结合。也就是说，在产权交易活动中，只有当产权通过市场交易最终流向具有经营管理能力的企业家，顺利实现经济资本与企业家人力资本有机结合时，资源配置的优化才有可能最终实现。由此可见，产权交易的成功与否，应该以经济资本是否流向优秀企业家人力资本、实现二者的有机结合来判断。

2. 产权交易的主体问题

产权交易的主体到底是所有者还是经营者？这个问题现有产权理论也未作出明确回答，或者说理论规范并不明确，特别是在产权交易的实际运作过程中，到底应该由谁来决定是否交易、如何交易？当前无论是在认识上还是做法上都很不一致，有的地方是所有者说了算，有的地方是经营者说了算，还有的是企业职工说了算。笔者认为，产权交易的主体，应该是所有者而不是经营者，产权交易活动，应该是所有者主体之间的市场交易行为，这是因为，从理论上分析，所有者和经营者的效用函数是不一致的。如果在交易过程中撇开所有者，不给所有者以决策权，所有者的权益则很难保证，并有可能最终导致被剥夺。如果将产权交易的决策权界定给所有者，不仅使所有者的权益得以保证，而且因为所有者为了追求资本增值和资本收益最大化，必然选择合适的经营者并确保经营者的应有权利，因而两者的合法权益都可以得到保障。据此，产权交易的主体应该是所有者而不是经营者，交易的运作可以是经营者，但交易的决策权一定要回归给所有者。

3. 产权交易的价格生成问题

关于经营权的价格问题，应以收益率为主要指标。关于资产的价格及生成的程序和方式，现行的资产评估制度和方法均有明确规定。问题在于，产权交易是一种市场行为，而作为一种市场行为，其交易价格往往与评估价格不尽一致。价格和价值背离的现象经常发生，如何解释这种现象，急需从理论上给出回答。笔者认为，产权交易过程中的资产作价，应该是市场现价。某种资产的市场现价，从理论上分析，往往取决于两个因素：其一是卖者期望的出售价，其二是买者希望达成的成交价。产权交易的成交价一般都是在买卖双方的讨价还价过程中生成的，成交价生成的主要根据，应该是这种资产对投资者即买方可能带来的收益。在收益率一定的情况下，理论上的成交价应该是在确保投资者资本收益率前提下的出资额。因此，资产评估价只能作为交易价格的基础，最终成交价只能通过市场竞争来生成。当成交价低于评估价时，不能视作卖方资产的流失。资产成交价格的高低，还会受市场供求关系变动和投资偏好的影响。在资产市场出现供大于求时，资产的成交价往往还会下降，这种因供求关系变化而造成的资产价格的降低，也不能认为是资产流失。

二、湖北产权交易市场的建立和发展

（一）对湖北产权制度改革的回顾

同全国一样，湖北产权制度的改革，是伴随着改革开放逐渐开展起来的。它首先发端于农村，我国率先在农村实行的家庭联产承包责任制，实际上是从产权制度的变革开始的。家庭联产承包责任制，实际上是一种按照两权分离的思路，在不改变农村土地集体所有制性质的前提下，将土地的实际占有权和种植权交给农民的一种制度安排。

后来，农村产权制度改革扩大到城市。城市产权制度的改革是从对企业实行放权让利开始的，放权，实际上是企业经营管理者对下放经营管理权，国有企业经营管理权的下放，必然导致承包制在城市企业的普遍推广。为此，城市产权制度的改革，或者说国有企业产权制度的改革，便正式揭开了序幕。

随着承包制的推行，产权转让活动便应运而生。最初的产权转让，是在承包经营者之间进行的，一轮承包者承包到期后，将企业经营权转让给另一承包者，这实际上也是一种产权转让形式。后来，这种产权转让发展到企业的联合和改组，在联合改组过程中，企业之间的产权转让开始出现。只是在当时的条件下，转让者都是通过政府行政安排实现的，市场机制尚未发挥应有的作用。

随着经济体制改革的不断深化，特别是社会主义市场经济体制目标的确立，作为市场经济活动重要内容的产权交易，便逐渐开展并活跃起来，产权交易市场也进入了呼之欲出的阶段。

（二）湖北产权交易市场的建立和发展

湖北产权交易市场的建立，首先是从作为中心城市的武汉开始的。1988 年 5 月，武汉成立了第一家产权交易机构——武汉市企业兼并市场事务所。随后，各地、市产权交易机构相继成立，截至 1998 年底，全省经省国资局正式批准成立的产权交易机构已达 16 家，其中地市级 9 家，县（市）级 7 家。

这些产权交易机构的成立，有效地推动了湖北省产权交易活动的发展。据初步统计，自 1995 年以来，全省累计资产交易总额 67.11 亿元，为湖北国有企业的战略性结构调整和重组，企业的兼并、改组和联合发挥了积极的作用，作出了重要贡献。

为了完善湖北产权交易市场体系、规范市场交易行为、促进产权交易活动的健康发展，省政府根据1994年4月22日《国务院办公厅关于加强国有企业产权交易管理的通知》（国办明传发电〔1994〕12号）精神，陆续制定并颁发了《省人民政府办公厅关于国有企业产权交易管理的通知》（鄂政办发〔1994〕57号）、《湖北省国有资产产权交易管理暂行办法》（省政府令第143号）以及《〈湖北省国有资产产权交易管理暂行办法〉实施细则》等政策、法规性文件，就国有资产产权交易的范围、方式、交易规则、审批程序、产权转让收益的管理、产权交易机构的性质和职能等，作了明确规定。

1997年11月省国资局正式批准同意设立省级第一家产权交易机构——湖北产权交易所。

至此，湖北产权交易发展基本思路已经明确，这就是：以省级产权交易机构为轴心，在国家和省政府产业政策指导下，通过建立信息网络、发展会员制等方式，坚持公开、公平、公正，鼓励市场竞争，实行集中交易等原则，逐步建立立足湖北，面向全国，多层次、跨地区、跨行业、城乡兼容、规范有序的产权交易市场，为进一步推动资本运营、提高资本使用效率、调整经济结构、优化资源配置提供必要的市场环境和条件。

笔者认为，湖北建立和发展产权交易市场的思路是可行的，进展也是比较快的。特别是在建立产权交易机构过程中，充分考虑证券交易机构与产权交易机构关系的协调，试行以湖北证券公司为主发起成立湖北产权交易所的运作方式，颇具战略眼光。从理论上讲，证券交易也是一种产权交易，只是交易的产权对象有所不同。就产权交易未来发展的趋势而言，产权的证券化是一种必然趋势。将产权交易机构和证券交易机构结合起来考虑，对于推进产权的证券化，进一步规范和完善产权交易市场体系是必需的，是符合产权交易市场发展内在要求的。

（三）湖北产权交易市场存在的主要问题及其成因

1. 抽样调查发现的主要问题

产权交易制度化是一项复杂的系统工程。尽管湖北在建立产权交易机构、规范市场交易行为、谋划市场发展思路等方面做了大量工作并取得了一定的成绩和经验，但从市场发展的水平和制度化要求看，仍然存在一系列亟待解决的问题。据笔者随湖北省城市社会经济调查队对湖北部分城市和企业产权交易现状调查发现，目前的产权交易，存在“六多六少”现象，即卖的多，买的少；场外交易多，场内交易少；签订意向协议多，真正执行成交合同少；非国有企业多，国有企业少；行政划拨多，规范的市场交易少；政府行政干预多，自愿公开交易少。

为了了解全省企业产权交易意向，湖北产权交易所出资委托湖北省城市社会经济调查队，于1998年5月至8月对省内企业进行了抽样调查。此次调查抽取478家企业（原定500家，实际完成478家）作为样本，覆盖了全省所有市（地）及直管市和不同所有制性质的企业（详见表1、表2、表3）。分析结果显示，478家企业中，想出售产权的462家（其中有58家既卖又买），占全部样本总数的98%以上，如果将58家既卖又买的企业计算在购买方之内，有购买意向的也仅74家，只占样本总数的15.4%。从出让产权的原因看，因“负担过重”的278家，占样本总数的60.17%；想“通过出售产权另图发展”的129家，仅占27.9%；因“债务负担过重”、想通过出售产权以清偿债务的97家，占21%。在产权出让方式的选择上，选择“双方自行协议谈判”的最多，有342家，占74%以上，而选择“通过产权交易市场”的很少。在产权交易过程中出让方最优先考虑的因素问题上，首先“确保离退休职工工资及养老保险”的最多，占54.5%以上，其次是“确保在职职工工资”的，占35.71%，再次是“对下岗职工进行妥善安置”的，占22.72%，最后是“偿还企业债务”的，占12.77%，而考虑“资源优化配置和企业发展”的基本没有。在关于职工如何安置问题上，出让方选择“同等条件下优先安置企业职工”的213家，占46.1%；选择“全部安置”的居第二位，占42.86%。由此可见，企业产权交易的动机和目的，与现代市场经济发展的客观要求并不同向，与政府推进产权交易的初衷也存在较大差距，确保现有职工的“饭碗”或妥善安置好分离职工成了交易的主要附加条件。这是值得国家和产权交易决策层清醒对待和高度重视的，马虎不得。

表1　按地区分组　　单位：家

地区	调查企业数	愿卖	愿买	既卖又买
1. 武汉市	84	73	2	9
2. 黄石市	38	35	0	3
3. 十堰市	12	8	2	2
4. 荆州市	67	47	5	15
5. 宜昌市	39	35	0	4
6. 襄樊市	74	71	2	1
7. 鄂州市	24	16	1	7
8. 荆门市	45	38	1	6
9. 孝感市	18	16	0	2
10. 黄冈市	20	16	1	3
11. 咸宁市	21	15	1	5
12. 直管市小计	36	34	1	1

表2　按企业产权性质分组　　单位：家

产权性质	调查企业数	愿卖	愿买	既卖又买
1. 国有	271	229	8	34
2. 城乡集体	157	140	1	16
3. 私营	4	4	0	0
4. 中外合资	10	8	2	0
5. 外商独资	0	0	0	0
6. 混合经济	29	18	4	7
7. 其他	7	5	1	1

表3　按行业分组　　单位：家

行业	调查企业数	愿卖	愿买	既卖又买
1. 机械	131	116	5	10
2. 化工	61	48	4	9
3. 服装	41	37	2	2
4. 医药	18	12	0	6
5. 建材	49	42	1	6
6. 食品	49	43	0	6
7. 电子	20	16	1	3
8. 服务	37	25	1	11
9. 其他	72	65	2	5

2. 问题产生的原因

上述现象的发生，有其深刻的体制根源和社会思想认识滞后等多方面的原因，如果不针对这些问题从体制、制度和思想认识等方面解决问题，产权交易的制度化将很难得到保证。笔者认为综合起来看，原因有：

第一，企业产权主体缺位，产权交易动力不足。由于国有资产管理体制改革不到位，国有资本出资人主体虚置，名为国有资本，实际上无人代表国家实际占有，因而企业国有资产无人负责的现象十分严重。受经济利益决定的产权交易动力严重不足，如果政府不出面鼓励，就很少有人从资产使用效率和企业长远发展要求出发来思考产权的交易与重组问题。

第二，社会保障制度尚未建立起来，产权交易与职工安置很难分开处理。产权交易过程中，由于产权主体将发生变化，必然会造成卖方企业职工的下岗、分流和失业问题。职工的下岗、失业本来是一个社会问题，其交易过程中发生的成本属于社会成本，应由社会承担并解决，但由于社会保障制度尚未真正建立起来，企业责任边界无法确定，因而产权交易与重组过程中的人员冗余问题必然会成为沉重负担。现实是，不解决企业冗余人员的社会保障问题，产权交易活动很难迅速发展。

第三，企业债务包袱沉重，银行债权问题很难处理。由于国家在实行改革开放后，基本上停止了对国有企业的资本注入，国有企业经营过程中的资本扩充主要通过向银行贷款来解决。因而，目前的国有企业，一般都背负着比较沉重的债务负担，不少企业甚至出现了资不抵债的困境。如果产权交易忽视对银行债权利益的保护，不积极探索处理银行债权的有效途径和方式，作为企业债权人的银行或金融机构，很难对企业的产权交易持积极态度。

第四，产权交易机构自身素质不高，分散重复现象严重，缺乏支撑正常交易的信息、技术和手段。我国的大多数产权交易机构，都是在20世纪90年代以后逐步建立起来的，由于缺乏从事产权交易活动的人才和经验，不了解市场供求的动态和信息，缺少从事交易中介活动的方法和手段，因而目前很难充分发挥引导交易、促成交易的市场功能和作用。如果不尽快解决交易机构的整合和素质提升问题，不仅场外交易很难避免，这些产权交易机构自身的生存和发展也会成为问题。

第五，市场交易规则不健全，特别是有关产权交易的政策法规不健全，交易活动实际上处于无法可依的状态。由于无法可依，人们很难判断交易行为的合法性、公正性和公平性，致使任何人都可以对交易活动做出缺乏根据的评论，到处一片“违规”的指责声，既打击了交易主体的积极性，同时也打击了交易机构的积极性，使刚刚建立和发展起来的产权交易机构处于无所适从的状态。

第六，现代市场经济知识严重不足，思想观念陈旧落后，不少人对产权交易持抵触情绪和态度。由于现有职工和企业经营管理者长期处于计划经济的束缚之中，习惯于按计划经济和“一大二公”（出自1958年9月3日《人民日报》社论《高举人民公社的红旗前进》，指人民公社特点，第一规模大，第二公有化程度高）的思维定式思考和处理问题，因而一提到产权交易，就自然而然地想到国有资产流失、一卖了之、败家子、损害职工利益、剥夺职工权利、私有化等一系列既时髦又不确定的概念，加之受既得利益、既得权力的影响，无论是干部还是职工，对产权交易都产生疑虑的心理，甚至抵制情绪和态度。如果不采取得力措施解决这些思想上的认识误区问题，要想走向产权交易的制度化也是困难的。

总之，湖北的产权交易尽管取得了一定的成绩，但由于产权交易活动开展的时间不长，经验不足，加之宏观经济体制改革不到位，也还存在一些必须高度重视和认真解决的重大问题。为了促进湖北产权交易活动的发展，无论是政府、企业还是职工，都要进一步解放思想，大胆探索，为实现我国产权交易的制度化作出自己应有的贡献。

三、湖北产权交易制度化的对策

（一）产权交易制度化的内涵

产权交易制度，是现代市场经济制度的基础，产权交易制度的完善与否，是现代市场经济成熟程度高低的主要标志之一，建立社会主义市场经济新体制，必须解决产权交易的制度化问题。

所谓产权交易的制度化，系指产权交易市场体系建立、完善和发展演进的历史过程，它应该包括产权交易主体的界定、市场交易组织的建立、市场交易机制的选择以及市场交易行为的法制化、规范化和经常化的实现。制度化的核心和本质，是产权交易行为的法制化、规范化和经常化。只有实现规范化，产权交易制度才能最终建立起来；只有实现经常化，产权交易这一最高层次的交易活动才能纳入整个市场体系的范畴，利用市场机制进行资源优化配置的最终目标才有可能实现。

产权交易制度化的外延涉及市场经济体制全部制度的规范，其中最为重要的是投融资体制、金融体制、税收体制和社会保障制度。一个完善的、符合现代市场经济发展要求的产权交易制度，必须有与之相适应的投融资、金融、税收、社会保障等制度的支撑和保证，因此，推进产权交易的制度化，必须加速以上相关制度的建设，加速改革的步伐。由于投融资、金融、税收、社会保障不是本文研究的重点，这里不作详细分析，只是从如何实现产权交易制度化的角度，提出对策性建议。

（二）产权交易制度化的主要对策

根据产权交易制度化的基本内容，针对湖北当前产权交易市场存在的主要问题和弊端，笔者建议：加速产权交易制度化的进程，扩大产权交易的规模，改善产权交易的方式，解决产权交易过程中的各种阻力和障碍，活跃产权交易市场，以充分利用市场机制，尽快实现湖北产权结构和产业结构调整、优化的目的，促进湖北经济以更高的质量发展。

1. 进一步深化国有资产管理体制的改革

按照现代市场经济运行的客观要求，尽快规范国有资产管理的制度模式，合理划分国有资产管理权限，推进国有资产的分级分层代表。

毋庸置疑，国有资产的终极所有权归国家所有。属于国家所有的国有资产，在管理权限上，是可以按照中央政府、省级政府和市县政府分级划分的。在现行资产管理模式中，湖北基本上是按照这种思路划分管理权限的。问题在于，随着理论研究和管理实践的发展，原有分级分层管理的国有资产，在具体对象上并无明确规定，因而在产权交易的实际运作中，哪些交易项目本级政府可以批准，哪些要报上一级政府批准并不十分清楚，因而“越权批准产权交易”的议论时有发生。

为了改变这种状况，建议省政府根据投资来源和资产的产业属性，重新界定各级政府的资产管理权限，制定权限划分的资产目录。该集中由省政府管理的，由省政府集中管理；该下放地方政府管理的，下放地方政府管理。具体管理机构可以是资产管理委员会，也可以是财政部门的国资管理机构。可以通过机构改革，重新规范管理机构的设置和管理权限的划分。

2. 重塑国有资产出资人主体

明确出资人责任，将国有资产的管理职能与经营职能分开，尽快改变出资人主体虚置、国有资产实际上无人具体负责的现状。

国有资产的管理职能和经营职能是可以分开的。只有将两种职能分开处理，才有可能解决国有资产实际上无人具体负责的弊端，进而解决产权交易的决定和运作效率问题。关于国有资产出资人主体设立问题，可以将资产存量和资产增量分别考虑。国有资产存量出资人的设立，可以采取国有资产租赁公司、托管公司的方式，基本原则是根据资产的性质、质量和可流动性合理选择具体的公司模式。国有资产增量出资人的设立，则可以采取国有资产投资公司的方式，投资公司可以是综合性的，也可以分产业或行业设立，主要根据是资本规模的大小和产业、行业的覆盖面。

湖北某些重点城市的国有资产出资人主体，就是按上述思路设立的。目前的主要问题是，要在认真总结经验的基础上，明确制定国有资产出资人设立形式和规范，建立健全对出资人主体考核、激励、约束的有效机制，重点是要解决国有资产投资的领域、方式、资本收益的分配、处埋以及公司经营者的收益如何与经营业绩挂钩等问题。如果国有资产经营、投资主体得到明确，国有产权交易就有可能大范围有序进行。重塑国有资产出资人主体，是促进国有产权交易的关键，国有产权交易的问题解决了，非国有产权交易的问题也就迎刃而解了。

3. 加速产权交易相关法规的建设

重点是要加快规范产权交易市场交易行为和交易秩序的法规建设，强化法规约束机制，解决无法可依和有法不依的问题。

产权交易的制度化，必须通过建立健全相关政策、法律、法规来实现。从产权交易实践发展和理论研究不断深化的要求看，目前着手进行法律、法规建设的重点，是要尽快出台国有资产法和产权交易法等基本法规。宪法的修订已经为建立以上法规奠定了基础。在国家层面法规近期难以出台的情况下，湖北省政府可以制定并执行地方性临时法规，以指导产权交易活动的开展，并为制定国家层面相关法规积累经验。

湖北是一个国有资产存量较大、比重较高的省份，自改革开放以来，一直比较注重产权交易政策、法规的建设。省政府在总结各地经验的基础上出台了《湖北省国有资产产权交易管理暂行办法》，并于1998年以省政府第143号令颁布全省贯彻执行。

为了加速制定湖北地方性产权交易法规，必须克服消极等待思想。国家任何法规建设都是实践发展的产物，为了适应实践发展的要求，有必要及时出台规范、引导实践的相应法规。一个成熟的法律规范，总是要经过多次修订才可以相对稳定的，因而，不能因为顾虑法律规范的不成熟而延误制定法律规范的进程，影响甚至阻滞产权交易发展。

4. 加速社会保障制度建设

建立完善、可行的社会保障制度，是促进并确保产权交易顺利进行的重要条件。企业的产权交易，主要是财产权利的交易，如果不实现财产权利与企业职工的分离，不仅职工会反对交易，企业的经营管理者也会因为害怕丢掉自己的“位子”而反对交易。而要将财产权利与职工安置和生活保障问题分开处理，就必须建立必要的社会保障制度，将交易过程中应该由社会负担的成本交由社会承担，如果应该由社会负担的成本仍由企业负担，则产权交易很难发生。

关于社会保障制度的建立，从目前我国的实际出发，不能要求过高。考虑到我国的文化传统和政府、企业的财力，笔者认为，以建立以家庭为单位自保为主，全社会宽覆盖、低水平的保障体系为宜。应充分发挥家庭自保的作用，以减轻政府、企业和社会的压力。随着经济的发展，再及时提高保障水平。为了提高家庭自保能力，有必要给原在国有和集体企业就业的职工以必要的经济补偿。安置职工补偿的资金来源，可考虑从国有、集体产权交易收入中划出一块来解决。补偿的方式可以通过支付现金来实现，也可以通过职工持有企业股权来实现，要尽可能采用持股方式解决问题。

从国有、集体产权交易收入中切出一块用于职工补偿是必要的，也是合理的。对此，有必要从理论上廓清认识。我国对原国有、集体企业职工实行的是低工资制度，现有国有和集体资产中，有相当一部分是由职工应得劳动收入积累起来的。因而，实行市场经济以后职工下岗、失业的生活保障，应该从国有、集体资产的积累中拿出一部分来解决。根据马克思关于 W = C + V + M 的价值计算公式，由于人为压低工资 V 使 M 增加而导致的职工生活保障问题，只能通过 M 的分割来解决，这样做，既不是国有资产的流失，更不是公有资产的私分。

5. 加快金融体制改革步伐

加快金融体制改革步伐，积极探索企业债务处理新途径和新办法，在不损害银行债权利益的前提下，为企业产权交易创造必要的金融环境和条件。

企业的产权交易必须有银行等金融机构的参与，特别是在企业大量对银行负债的情况下。关于银行等金融机构对产权交易的参与和支持，首先涉及银行等金融机构金融体制的设计问题，而金融体制的设计，在很大程度上是由不同国家的公司体制决定的。根据西方学者对公司体制的分类，大体上可以归纳为两种类型：一种是市场导向型体制，其主要特征是非常发达的金融市场，股份所有、广泛分散的开放型公司大量存在，有活跃的公司控制权市场，这类体制主要存在于盎格鲁—撒克逊国家（注：盎格鲁—撒克逊人，指古代日耳曼人中的盎格鲁、撒克逊、朱特等部落集团，分布在北欧诸岛、德国西北沿海一带。公元5—6 世纪，各有相当多的人口渡过北海移居大不列颠岛。公元 7—10 世纪，盎格鲁和撒克逊两部结合成一个民族。“盎格鲁—撒克逊人”一词，近来常被用来泛指英格兰人、苏格兰人以及他们在北美、澳大利亚、南非等地的移民）。另一种是网络导向型体制，主要特征是公司资本在很大程度上是通过银行、保险公司、家族和国家筹集的，这种体制主要存在于欧洲大陆国家和日本。不同的公司体制，有不同的金融体制，银行对企业产权组织和交易的介入程度和方式也不同。因而，根据不同的公司体制模式，选择不同的金融体制改革模式是必要的。

根据我国公司体制模式的特征，选择网络导向型体制，加强银行等金融机构介入国有资产经营管理的功能是适宜的。因此，在大量企业实际上已经丧失偿债能力的情况下，允许银行等金融机构对企业参股，将部分债权转化为股权是可行的。为了促进产权交易的活跃和发展，进一步深化金融体制改革，积极探索银行等金融机构参与产权交易的有效形式，是一项十分紧迫的任务。

6. 加快税收体制改革

税种税率的设计和征管，不仅对社会收入分配的均衡具有调节作用，而且在很大程度上决定着资本的投入规模和流向。我国现行的税收制度，虽经多次改革，目前仍不十分完善，对收入分配调节和对投资的引导作用仍然有限，与市场经济的发展很不适应，其主要问题是重流转过程的课税而轻所得及财产税的课征。

为了促进产权交易和合理调节社会收入分配，有必要在开征所得税的基础上，进一步开征财产税、遗产税等新的税种，并加强对所得税等税项的征管力度，适当减轻企业流转税的负担，以刺激投资的增长。笔者认为，市场经济条件下的效率和公平是分层次实现的。在企业经营的微观层面，分配的主要依据是效率，只能实行多资多得、多劳多得，否则，便不可能有效率。在整个社会的宏观层面，则必须兼顾公平，要实现公平，最有效的手段就是通过税收来调节，即所得多便多交税，所得少便少交税甚至不交税。产权交易过程中，必然发生财产、财富相对集中的现象，为避免财产、财富相对集中而造成社会收入分配过度悬殊，必须进一步改革和完善税收体制，特别是要尽快出台财产税、遗产税等税种并进一步完善所得税的征管，以充分发挥税收制度对产权交易的激励与约束功能。

7. 加快产权市场信息网络建设

产权交易的有场无市和有市无场（即场外交易）现象，在很大程度上是由产权交易信息不充分和交易内容狭窄、交易方式简单造成的。目前正在运作的产权交易机构，大多是在改革过程中按行政区划分由各级政府分层次批准设立的，对全国市场产权交易的供求信息了解很不充分，加上信息技术手段落后，因而，很难实现交易双方的有效对接。同时，也是由于信息不充分、不对称，进场交易的规范不甚了了。为了简单方便，不少交易行为在场外发生。要改变这种现状，必须加快产权交易市场信息网络建设，积极拓展产权交易的范围和内容。

信息网络建设，原则上应以中心城市为核心，逐步建立区域信息系统，然后实现全国网络的连接。就湖北省而言，必须以武汉为中心，尽快建成湖北产权交易信息网络。

关于产权交易范围的拓展，一是要尽快实现空间范围的扩张，突破行政区域界限，推进产权的跨地区交易和流动；二是要逐渐扩充产权交易的品种，特别是要积极探索无形资产产权交易的范围、方式和方法，以不断扩大产权交易的规模，提高产权交易的效率和效果。

8. 对现有产权交易机构进行必要的整合和改组，不断提高服务质量

产权交易机构自身的素质和服务质量，是影响产权交易活动发展的重要内在因素。从目前湖北产权交易机构设立的现状看，重复、分散现象十分严重，不少交易机构从业人员素质不高，不能适应产权交易发展的客观要求，因而严重影响交易活动的开展和自身经济效益的提高。特别是县一级产权交易机构由于交易业务量十分有限，多年来几乎一直处于亏损状态。为了改变这种现状，有必要对现有产权交易机构进行整合和改组。

关于现有产权交易机构的整合和改组，简单撤并不一定是最好的办法。一条可能有效的途径，是改变产权交易机构的组织制度，即在依托中心城市、采用会员制或股份制方式组建省级产权交易所的制度模式下，广泛吸收全省市、县一级交易机构入会或参股，以达到整合和改组现有产权交易机构、提高整体素质的目的。建议省政府有关部门，尽快确定交易机构改组、改革方案并组织实施。

为了提高产权交易机构自身素质，还必须逐步解决从业人员的选择、聘用和业务培训问题。从业人员的选择、聘用和培训工作，建议交由湖北产权交易所执行。省级产权交易所可设立相应职能机构，根据业务发展要求，确定人力资源拓展计划及培训方案。具体业务培训工作，可由省产交所自行组织，也可委托有关院校承担。

面对21世纪，湖北经济正处在一个发展的关键时期，这是一个在社会主义市场经济体制下必须尽快实现所有制结构战略调整和产业结构转换升级的关键时期。为了实现上述目标，振兴湖北经济，产权交易必将成为一把能够同时拨动所有制结构调整和产业结构转换升级的双能钥匙而得到广泛利用。一个产权重组的高潮即将到来，为了迎接这一高潮的到来，我们必须解放思想，转变观念，大胆突破传统思维定式和旧体制的束缚，在创新社会主义市场经济产权理论的同时，制定切实可行的产权交易制度化对策并加以实施，促进产权市场的活跃。

（三）关于湖北产权交易所组织机构制度变革的设想

根据上述对策思路，湖北产权交易所尽管刚刚批准成立不久，也必须及时进行制度变革和创新，以适应产权交易制度化要求。笔者的基本设想是：

1. 在政府指导下创立湖北产权投资股份有限公司

公司由湖北证券公司发起并控股，吸收部分有实力的大型企业参加，按现代公司制度规范运作，专门从事产权交易及相关企业的投资和经营。

2. 由产权投资股份有限公司出资组建产权交易所等相关机构

由产权投资股份有限公司出资组建产权交易所、投资顾问公司、资产评估公司、产权经纪公司、资产租赁公司、资产和股权托管公司、拍卖公司和由银行控股的财务公司等相关企业和机构，专门负责产权交易相关业务的系列经营和服务。以上公司和机构，可重新发起成立，也可通过整合或收购现有同类企业、机构的方式设立。

3. 以湖北产权交易所为主体，整合省内产权交易机构

取消县级产权交易机构。先以会员制方式吸纳市地级产权交易机构为会员，实现省内产权交易机构的整合。待条件成熟后，对湖北产权交易所进行股份制改造，由各会员单位入股重组产权交易所，成为以股权为纽带的经济实体，实行企业化经营，并根据业务发展的实际需要重新调整地市分支机构的区域布点，成为营业部，以逐步形成相对集中、能覆盖全省的市场服务体系。

4. 逐步建立产权交易与证券交易协调统一的开放型资本市场网络

制度变革创新的基本目标是，通过制度变革和创新，逐步建立产权交易与证券交易相互渗透、各有侧重、规范有序、协调统一的开放型资本市场网络。

全省产权交易机构框架图如下：

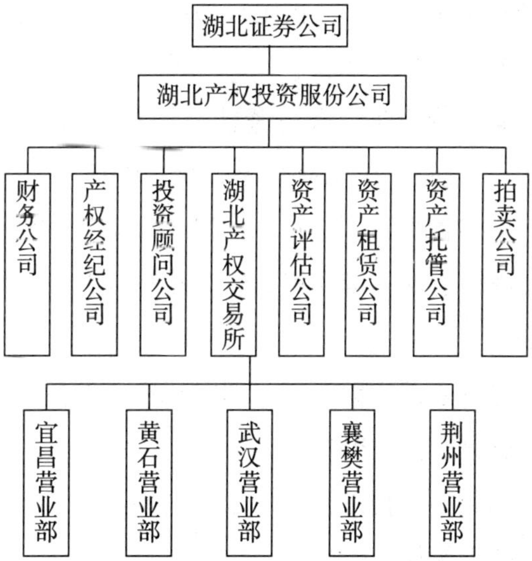

图 1　全省产权交易机构框架

参考文献

一、书籍类

1. 常修泽．产权交易——理论与运作［M］．北京：经济日报出版社，1995.

2. 宋承先．现代西方经济学［M］．上海：复旦大学出版社，1994.

3. 高鸿业．西方经济学［M］．海口：南方出版社，1996.

4. 胡寄窗．西方经济学说史［M］．上海：立信会计出版社，1991.

5. ［美］约瑟夫·斯蒂格里兹．政府经济学［M］．北京：春秋出版社，1988.

6. ［美］罗纳德·科斯．论生产的制度结构［M］．上海：上海三联书店，1994.

7. ［英］马克·布劳格．20世纪百名经济学巨匠［M］．北京：中国经济出版社，1992.

8. ［美］欧文·费希尔．经济魔杖：50位经济学家如何影响和改变世界历史［M］．北京：中国社会出版社，1997.

9. 谢识予．经济博弈论［M］．上海：复旦大学出版社，1997.

10. MBA必修核心课程编译组．经营战略［M］．北京：中国国际广播出版社，1997.

11. MBA必修核心课程编译组．理财：资金筹措与使用［M］．北京：中国国际广播出版社，1997.

12. MBA必修核心课程编译组．人力资源：组织和人事［M］．北京：中国国际广播出版社，1997.

13. 陈浩武．人与资本［M］．武汉：湖北人民出版社，1997.

14. 赵炳贤．资本运营论［M］．北京：企业管理出版社，1997.

15. 陈维政．资本经营［M］．成都：西南财经大学出版社，1997.

16. 陈维政．资产重组［M］．成都：西南财经大学出版社，1997.

17. 陆百甫．大重组［M］．北京：中国发展出版社，1998.

18. 张代重．企业资本营运［M］．北京：中国财政经济出版社，1996.

19. 国务院农村研究中心．产权·流转·规模［M］．北京：编者，1989.

20. 伍中信．产权与会计［M］．上海：立信会计出版社，1998.

21. 江春．经济增长中的产权问题［M］．武汉：武汉大学出版社，1996.

22. 梁慧星等．中国财产法［M］．北京：法律出版社，1998.

23. ［日］青木昌彦等．转轨经济中的公司治理结构［M］．北京：中国经济出版社，1995.

24. 沈波．企业跨国经营［M］．北京：经济科学出版社，1997.

25. 秦言．中国小企业［M］．北京：中国计划出版社，1998.

26. 项润，高媛．中小企业竞争与发展［M］．北京：企业管理出版社，1999.

二、期刊文章

27. 张五常．邓小平的伟大改革：在加州大学的演讲，1997－11－07.

28. 李保民．产权交易是实现两个转变的基本条件［J］．经济学动态，1996（4）：13－16.

29. 卢东斌．对我国产权交易若干问题的探讨［J］．中国工业经济，1995（7）：25－29.

30. 丁宁宁．国企产权交易的难点与对策［J］．改革月报，1996（3）：4－6.

31. 国家体改委经济体制与管理研究所调查组．关于企业产权交易情况的调查报告［J］．管理世界，1994（4）：152－156.

32. 程红．我国企业产权交易市场发展的现实障碍及对策研究［J］．中国工业经济，1996（9）：37－41.

33. 陆道生．当前企业产权交易存在的主要问题及对策［J］．财经研究，1996（11）：14－17.

34. 李仕明，李向东，安义中．现代企业的政企间产权结构分析［J］．经济体制改革，1998（1）37－42.

35. 赵征宏，路平．浅谈规范与完善产权市场［J］．宏观经济管理，1997（9）：24－25.

36. 何亚斌，张玉亭．对鄂州产权交易市场的观察与思考．内部资料，1998－04－19.

37. 何亚斌．开拓创新共同推进产权交易大市场建设．内部资料，1999－03－09.

2. 产权市场是资本市场的一部分[①]

（2000 年）

关于财源建设渠道，笔者认为，产权交易是一条非常重要的、非常现实的来源，而且，产权交易收入这一块完全是地方可用财力。产权交易，一是可以产生资本回收的即期效益，即通过合法产权交易机构这条正常渠道，使国有资本从效益低下的竞争性领域大规模退出、变现，从而转化为大量的财政收入。产权交易的一个重要职能是价格发现职能，可以充分体现国有资产的价值，保障国有资产不会流失。二是可以产生结构优化的远期效益，即通过产权的并购重组，使资源得到优化配置，形成结构性效益，从而产生远期经济效益。湖北省工业总资产中，传统产业比重过大，国有资产比重过高，这是工业经济效益长期低于全国平均水平的根本原因。搞活国有经济的一般办法可以说已经用够，也产生过一定作用，但并未从根本上解决效益低下的问题。实践证明，只有通过产权制度改革，明晰产权，交易产权，实现国民经济结构战略性调整，才能从根本上解决效益低下的问题。三是可以产生长期市场效益。因为一旦建立起一个统一的、规范的、大规模的产权交易市场，就能产生大量税收，产权交易市场就成为一个重要的纳税大户。

---

① 本文是作者写给湖北省财政厅厅长童道友的一份材料。2000 年 12 月 21 日下午作者在全省财政工作会议上聆听了厅长的财政工作报告，认为作为全省国有资产监督管理部门的财政厅，工作报告中没有讲到产权交易是一个不小的遗憾，乃连夜写成此文，建议将产权交易列入财源建设的重要增长点之一，并提出“资本市场有两块，一块是证券交易市场，另一块是产权交易市场”的观点。原载于《何亚斌产权经济文选》，经济科学出版社，2008 年 4 月，第 59—64 页。题目为编者所加，原题为《产权市场是财源建设的重要渠道》。

省政府早有规定，产权交易中的国有资产转让收入必须进财政的笼子。省政府1998年5月21日颁布的第143号令《湖北省国有资产产权交易管理暂行办法》第五章“产权转让收入管理”第22条载明：“按照本办法规定有偿转让企业全部或部分产权，其产权转让收入上缴同级财政，纳入本级政府国有资产经营预算，专项用于支持产业结构调整、技术改造或者补充国有企业资本金”。由于种种原因，143号令没有得到很好执行，致使场外交易泛滥，财政收入白白流失。完全可以说，143号令执行得好，将成为财政收入的“聚宝盆”。童道友厅长的讲话中特别讲到要建立国有资产收益管理新体系，加强对企业国有资产股权收益的征管，这就更加说明必须重视产权转让收入的管理。

根据蒋祝平省长关于“产权交易要经常化”的明确指示，结合蒋省长今天上午在经济工作会议上的报告中关于“大力推进群体财源建设，培植更多更新的财源增长点”的思路，按照童道友厅长的报告精神，我建议将产权交易列入财源建设的重要增长点之一，可以暂命为“资本收益财源”。为此提出如下几点建议：

第一，领导干部要高度重视资本市场特别是产权交易市场的作用。各级政府和财政部门应清醒认识到，产权交易才是地方融资可以大有作为的重要渠道。

地方建设资金从何而来？无非是一靠货币市场，但货币市场是中央控制的，地方政府并无自主空间。二靠资本市场，而资本市场有两块，一块是证券交易市场，这同样是归中央监管，且地方能上市的企业面毕竟很小。湖北已改制企业有838家，其中上市公司50家，只占6%，所以从这个渠道融资也极有限。资本市场的另一块是产权交易市场，这才是地方真正可控制、可作为、能自主发展的广阔空间。上海市是全国两家证券主板市场之一，得天独厚，但他们还是特别注重培育和发展产权交易市场，其规模之大、发展之快、成效之显著，全国首屈一指，仅2000年1～11月，该市产权交易总额高达432亿元之多，超过此前5年交易额总和（420 亿元）。产权交易市场已成为上海市企业并购与资产重组的主渠道，地方多层次融资的资本市场主渠道。上海的成功，首先得益于领导重视，市委书记黄菊逢会就讲，“上海产权交易所是与上海经济地位相适应的、与其他要素市场相匹配的市一级的要素市场”，市政府规定，上海产交所是全市资产重组的枢纽。上海市不到一年就能达到产权交易额 432 亿元，而湖北省一年只有几亿元，发展空间很大。只要真正把产权交易市场发展规范起来，那么，在国民经济“十五”计划期间，全省产权交易规模实现 1 000 亿 ~ 2 000 亿元是完全可以做到的，以其中国有资产占一半计，这对湖北的财政增收来讲，是相当可观的。

第二，政府要大力培育和规范产权交易市场。省政府举办了两次大型产权交易会，效果很好。湖北产权交易所两次参与承办产交会，深切感受到贾志杰书记、蒋祝平省长、邓道坤副省长和高瑞科副省长都非常重视产权交易这项新兴事业。但我们也感到，湖北产权交易市场培育不够，特别是规范不够。有用于规范的尚方宝剑是 143 号令，该令第七条规定：“国有资产产权交易，必须在依法设立的产权交易机构内按规定程序进行，严禁场外交易”，但没有保障这一条得以执行的配套措施。上海、福建有高招：产权交易机构对交易的鉴证不是在交易结束后可有可无的事后鉴证，而是从交易流程的源头就开始的鉴证。具体操作办法是：企业进行国有资产交易，必须先向财政部门申请评估立项；财政部门在立项批准书上明文规定必须进场交易，产权交易机构必须随交易过程进行全程鉴证；国有资产管理部门和工商行政管理局联合发文，明确规定非经产权交易机构审核、鉴证，国资管理部门不予认定，工商管理部门不得办理转让变更登记。这就从两道环节严格把住了关口。要规范湖北产权交易市场，突破口就在执行 143 号令，财政要通过产权交易增收，首先要监督执行 143 号令。由于情况变化，143 号令需要修改，目前省厅领导童道友厅长、刘学武副厅长高度重视，作出批示，同意湖北产交所和企业处的建议，对之进行修改准备。企业处迅速行动，扎实工作，正和湖北产交所一起积极撰写修改草案。

第三，要加快培养和发展产权市场经纪公司。产权交易所是公正、公平、公开的“裁判”，是平台，本身不以盈利为目的，活跃在产权交易市场的应是“运动员”，即各类产权经纪公司，他们通过为企业重组并购作策划，从中盈利。盘活国有资产的重任是政府的，也是全社会的，光压到财政部门一家是不合理也是不现实的。上海市政府规定，各行业主管部门或集团（控股）公司、各区县，都必须设立产权交易经纪公司，负责盘活本系统本地区的国有资产，政府每年给部门和区县下达盘活国有资产的任务计划。这些经纪公司都必须到上海产权交易所当会员，设立席位进场交易。湖北省目前尚无一家此类性质的经纪公司（湖北产权交易所正在支持设立登记一家）。产权交易靠政府组团去招商，成本很高，效果较差，特别是难以实现经常化，必须与工商行政管理部门配合，大力培养经纪人。

第四，要整合产权交易机构。产交机构，上海规定全市只准设 1 家，区县一概不准设立。广东省委书记李长春专程到上海产交所考察后，回广东立即整合产交机构，规定全省只留广州和深圳各 1 家。目前湖北产权交易机构共有 17 家，有国资局批的，有体改委批的，有经贸委批的，存在分散、重复、低效的突出弊端，这也是当前阻碍产权市场发展的一个重要问题。因此，亟须在省政府统筹引导下，作出强有力规定，重新整合全省产权交易机构，以尽快形成全省统一、规范管理的产权交易大市场，高效运作。

第五，要开辟产权交易新品种，放开非上市公司的国有股和法人股交易，抓住国有资产中质量较好的部分变现。存量国有资产中需要出让盘活的有很多，但质量总体较差，很难变现，而已改制企业的国有股一般质量较优，易于变现。要抓住国有股减持的政策机遇，通过产交所这个渠道放开国有股交易，将国有股迅速变现。中国证监会首席顾问、香港联交所首席执行官梁定邦 2000 年 9 月指出，国有股、法人股要在市场流通。深圳市已经将非上市公司国有股、法人股纳入产权交易所公开挂牌上市，从 1998 年开展股权交易以来，累计完成股权交易 1 800 多宗，交易额高达 100 多亿元。上海今年交易额 432 亿元中，国有股和企业法人股交易额占 85%，大大增加了财政收入。有鉴于此，只有放开国有股和法人股交易，产交市场才能活跃，财政的大幅增收才更现实。

3. 论产权市场功能及其实现条件[①]

（2003 年）

一、关于产权市场及其功能

（一）关于产权市场

广义的产权市场是指交换产权的场所、领域和交换关系的总和。狭义的产权市场是指在市场经济条件下，各类企业作为独立的产权主体，从事以产权买卖或有偿让渡为交易内容的交易场所。本文所讨论的产权市场指的是狭义的产权市场。

产权市场分为无形产权市场和有形产权市场。

无形产权市场，在理论上是指网上产权市场，这一市场目前因条件不具备，特别是作为交易对象的各类资产尚未证券化，无法进行交易而尚处酝酿之中。

有形产权市场是指其有场地和设施，能提供交易配套服务的产权市场。

有形的产权市场与无形产权市场相比有明显的优势。（1）规范，能维护交易双方的合法权益。（2）交易信息发布范围广，传递快，有

① 本文系作者 2003 年 8 月在深圳“中国中小企业融资高峰论坛”上的演讲稿。原载于《何亚斌产权经济文选》，经济科学出版社，2008 年 4 月，第 102—108 页。

利于尽快达成交易。（3）能征集到较多意向投资人特别是战略投资者，通过面谈和尽职调查，可从中发现最适合本企业长期发展战略、能提高本企业核心竞争力的投资者，防范炒家。（4）竞买者较多，便于集中竞价，从而发现价格，生成合理的市场成交价格。（5）有利于降低交易成本。（6）有利于集中为交易双方提供各种服务，尽快鉴证过户。（7）交易公开，不易发生腐败行为。

有形的产权市场与证券市场相比有明显的优势。（1）从涵盖的面来看，比证券市场广。证券市场交易的只能是上市公司的股权，其作用十分有限。到2002年底，湖北股份公司932家，其中上市公司59家，仅占6.3%，并且上市公司中占2/3的国有股、法人股尚未流通。（2）从适合交易主体的需求来看，比证券市场灵活。证券市场只适合上市公司股东的交易需求，而产权市场不仅适合上市股份公司股东而且适合非上市股份公司特别适合有限责任公司交易主体的需求。（3）从交易品种来看，比证券市场多。证券市场交易的，只是上市公司股权中的流通股，而有形产权市场虽然不能交易此类股权，但可交易上市公司的国有股和法人股、非上市公司的各种股权、非公司制企业的经营性资产和非经营性资产、国家机关和自然人的各类实物资产。

（二）关于产权市场的功能

产权市场最根本的功能是通过并购重组，能够实现资源的最优配置，结构的合理调整，从而提高经济绩效。从宏观角度看，产权市场对于调整存量资产、优化经济结构具有重要意义；从微观角度看，产权市场对于改善企业经营管理，提高经济效率具有促进作用；从产权制度安排的角度讲，产权市场的发展有利于加速传统产权关系的解体和新型产权关系的建立；从改革所有制结构的角度看，产权市场是公有制经济从竞争性领域退出、提高非公有制经济比重的重要途径；从对外开放的角度看，产权招商已成为吸引外资的重要方式。正是从这种角度出发，党的十六大报告把产权市场列为四大要素市场之首，提出要“发展产权、土地、劳动力和技术等市场”，这是党的文献第一次把发展产权市场提高到如此重要的位置上，将其作为党和国家的大政方针。2003 年 7 月，国务院国资委主任李荣融在福建调研时指出，产权交易市场在国有资产管理体制改革和国有企业改革中具有十分重要的作用。产权交易发展了，公有制经济与非公有制经济才能更好结合，实施国有经济的战略性调整，进行国有企业存量资产的整合（据《福建省产权交易中心信息》）。

从当前现实意义上讲，产权市场的功能突出体现在以下三个方面：

第一，产权市场是国有经济“有进有退”战略性调整和地方经济民营化的主渠道。推进经济结构战略性调整，归根结底必须依靠市场配置资源的机制，而这一机制最重要的市场基础，就是资本市场。一个完整的资本市场主要由证券市场和产权市场组成。近十年来湖北省上市企业的流通股不过 200 多亿元，而 2001 年底全省国有单位净资产 1 823.18亿元，其中国有资产净值达 1 679.67 亿元，至少可以拿出 1 000亿元通过产权市场来实现退出，这显然主要通过证券市场之外的产权交易来进行。因此，地方性的产权市场，理所当然地应当成为地方资产流动重组的主渠道。湖北省土地使用权出让、建设工程招投标和政府采购都有了统一规范的有形市场，但产权市场缺乏一个统一、规范、高效的产权交易的中心。

第二，产权市场是发展新型工业化的资金源。新型工业化的重要内容是以信息化带动工业化，但信息化的钱从何而来？改造传统产业实现产业结构升级的钱从何而来？公共财政资金不能投入竞争性领域；银行贷款很难取得；证券市场融资十分有限且募集资金被限定投资项目。要使国民经济真正走上自主性持续快速发展的轨道，一个十分重要的问题，就是大力发展产权市场，盘活国有资产存量，激活社会投资增量。有计划、有组织地在有形的产权市场内安排国有净资产的退出，其收益完全可以成为“第二财政”，用于信息化建设，就能有效地带动工业化的实现。如果说能否为中小企业创造一个有效的融资环境，已成为能否尽快启动社会投资的大事，那么，大力发展地方产权市场，就已成为事关地方经济全局的一个紧迫任务。

第三，产权市场是源头治腐的重要平台。场外交易是近年来发生腐败行为的新的温床。健全产权市场，能有效防止国有资产流失，从源头上防止和治理腐败。2002 年初，中纪委七次全体会议公报规定，“2002年，各地区、各部门要实行经营性土地使用权出让招标拍卖、建设工程项目公开招标投标、政府采购、产权交易进入市场四项制度”。上海、福建、天津、北京、河北、河南、深圳等地纪检监察部门已制定当地相应的制度，从进场交易这一源头有效防止和减少了发生腐败的可能性。

二、关于产权市场功能的实现条件

要充分实现产权市场的功能，必须做好多方面的工作，最主要的是做好政府重视和市场开拓的工作。

（一）政府重视

政府重视是产权市场功能能够得以发挥的充分必要条件。

政府应当将产权市场作为调整结构、发展经济的一个重要平台，将发展产权市场作为政府的一项职责，而不能把作为要素市场的产权市场与作为商品市场的牛马交易市场等量齐观，应当认识到产权交易机构是为政府和社会服务的不可缺少的组织，不可视为可有可无的企业。

第一，政府有利用产权市场调整所有制结构之责。应当制定培育和发展统一、开放、高效、有序的产权市场的规划，将其列入当地经济与社会发展规划中，一并提请当地人民代表大会审议批准，成为社会公众的意志。

第二，政府有规范产权市场之责。应当制定权威的国有和集体资产产权交易管理规章，并责成职能部门将其落实到位。重中之重是运用行政手段，确保公有资产产权进场交易。没有真正的全面的进场交易，发挥产权市场功能是一句空话。

第三，各级政府都有贯彻落实党中央政治决议之责。党的十六大明确提出要“发展产权市场”，因此，各级政府执行这一方针，发展当地产权市场，是一种政治责任。

第四，下级政府有执行上级政府决定之责。2003 年 3 月国务院召开廉政工作电视电话会，强调要建立产权交易进场制度等四项制度，下级政府有责任将其迅速落到实处。

第五，中央、省、设区市三级政府分别代表国家履行国有资产出资人职责，负有对国有资产保值增值之责。因此，很有必要发挥产权市场的作用，通过产权市场积极盘活国有资产存量，提高资产经营效益，提高资产保值增值率。

综上，政府重视产权市场，发挥产权市场功能，是有远见、有作为的体现。

（二）市场开拓

要实现产权市场的功能，最终靠产权交易机构自己。产权交易机构自身的开拓和努力显得至关重要，具体要从以下几方面着力：

第一，搞好服务。改交易事后鉴证为交易事前服务，从交易方案的设计、挂牌公告、尽职调查、广泛招商、公开竞价到鉴证过户，实行全程服务。

第二，品种创新。当前各地以国有资产产权交易为主，交易的品种比较单一。要向股权交易、经营权交易、期权交易、融资、风险投资引入、资产证券化业务方面发展，要像货币市场和保险市场那样不断有新的交易品种推出。

第三，扩大交易。要成就一批有实效有影响的交易案例，以市场示范效应吸引交易主体进场，扩大交易量，彰显市场功能，并以此反促政府和产权主体进一步认识产权市场的功效。

第四，提高素质。产权交易业界人员需要进一步提高综合能力，尤其是对交易标的的整合能力。今后要重点加强投资银行业务的培训，训练出一支像摩根斯坦利、高盛、普华永道所拥有的那样的精英队伍。

第五，成立协会。及早成立行业自律组织全国产权交易业协会，制定协会章程，组织全国性和区域性产权交易活动，开展学术研究，培训业界人员，推动产权市场功能的再发现和再实现。

4. 产权市场：企业破产制度的“补天石”[①]

（2006年）

成语有云“无法无天”者，说明“法”可与“天”等量齐观。《企业破产法》有漏洞，犹天之有漏洞也。不等女娲来补，匹夫皆有“补天”之责。

一、“天”的漏洞——从少数法官腐败案说起

1986年我国第一部《企业破产法》出台，其作用是明显的，但其漏洞也是明显的。根据该部法律，在企业宣告破产之日起15天内必须成立清算组接管破产企业，负责破产财产的保管、清理、估价、处理和分配。清算组由法院从企业主管部门、政府部门以及专业人员中指定，而清算组可以聘任必要的人员。清算组成员当然听命于法院。法院拥有对破产企业财产的处置权、监督权，甚至对拍卖价款的支付和佣金比例都能起到重要作用，所以法官的作用非同一般。

近年来，随着企业破产案件的增多，由于清算费用庞大激发的寻租冲动和破产审理的暗箱操作，使得在处理破产案上倒台的资深法官和法院腐败案也随之增多，这其中既有法官个人信念与素质的原因，也有

---

① 原载于司法部《中国司法》2007年第1期第98—99页。

司法外部环境的原因，更有企业破产制度本身设计缺陷的原因，清算组制度就是祸首。

有鉴于此，全国人大常委会对老《企业破产法》历经10年修改，于2006年8月27日通过新《企业破产法》，2007年6月1日起施行。新破产法最大的改进是，改破产清算组制度为破产管理人制度，将负责破产财产的保管、清理、估价、处理和分配的责任赋予律师事务所、会计师事务所等社会中介机构，并由它们承担相应的法律责任，包括依法赔偿责任和刑事责任。这一制度能否完全实现立法者的初衷，完全堵住破产漏洞呢？答案是不确定的。因为，再好的法律制度还必须有严格的可操作的监督机制与之配套。新破产法依然没有在破产案操作上解决“光照不足”和“成本高昂”的问题。

二、“天”的修补——运用产权市场堵住破产漏洞

（一）破产法施行中运用产权市场的理由

产权市场恰好可以弥补新破产法存在的缺陷，解除“光照不足”与“成本高昂”这两大隐忧。

国有产权交易活动必须遵守四项原则：一是守法原则，将交易活动的所有环节都纳入法律法规的框架；二是有利原则，即有利于资源优化配置；三是“三公”原则，坚持公开、公平、公正；四是进场原则，国有产权交易必须进入依法设立的产权交易机构内公开进行。产权交易市场主要特征有：（1）覆盖面广，交易内容丰富；（2）专业性强；（3）制度性强。

产权交易机构不是政府部门，而是交易活动的综合性服务机构。进入产权交易机构交易与场外交易相比有明显的好处：第一，它运作规范，能维护交易双方的合法权益；第二，信息发布广，能征集到足够多的竞

买者，便于集中竞价，从而发现最高价格；第三，有利于降低交易成本，其鉴证服务费由省级物价部门制定，取费标准相当低；第四，行为公开，不易发生腐败行为，为保护国家工作人员和当事人提供了制度条件。

（二）运用产权市场的操作机制

1. 案件衔接机制

法院受理破产案件，在宣告破产清算组（或破产管理人）的组成以后3个工作日内，以书面格式化形式告知产权交易所；产权交易所立即与清算组（管理人）建立联系，拟订服务方案，为破产资产进场交易做好服务准备。

2. 服务对接机制

产权交易所为破产案件服务，在破产工作的财产保管、清理、估价、处理和分配等5个环节中，一般只在估价和处理这两个环节（重点在资产处理环节）上与清算组（管理人）对接，提供服务。

3. 服务实施机制

产权交易所的服务内容，就是按照现行国有资产管理相关制度，利用产权交易平台，为资产的估价和处理提供规范化和程序化的服务。主要包括以下几个方面：

（1）估价环节。根据《企业国有资产评估管理暂行办法》（国务院国资委令第12号），资产涉讼应当进行评估，并规定了资产评估机构应当具备的条件和评估的具体要求，建立了一整套完善的评估管理体系，能最大限度地保证国有资产评估的客观公正性。而通过产权市场提供估价服务有着天然的优势：首先是资源优势，产权交易所建有专业的中介机构库，其中选定了一批符合《企业国有资产评估管理暂行办法》制度要求的评估中介机构；其次是低成本优势，因为产权市场的估价业务不仅仅是涉讼资产的评估业务，同时还有其他大量的国有资产评估业务，能够实现评估机构收益的综合平衡，为获取长期业务来源，评估机构不会在单项涉讼资产的评估业务上高额收费，从而可以降低清算成本。

（2）资产处理环节。利用产权市场渠道进行资产处置，具有其他渠道无可比拟的优势。

第一是招商。利用产权市场的平台功能和先进的信息手段，在全国联通的产权交易网络和省级以上综合类和经济类报纸发布破产资产处置信息公告，大大扩展了信息披露的范围。产权交易所规定的信息公告期不少于20个工作日也长于拍卖公告期7个日历日的披露期限。更重要的是，产权市场的经纪人制度培养了一个强大的招商群体，招商功能在这里可以得到充分发挥，这种招商能力无论是广度还是深度都是任何一家独立的拍卖机构不可能达到的，而招商功能的强弱直接关系到招来的竞买方数量的多少。只有最广泛地征集到相当多数量的竞买方，才能保证充分竞价，从而使债权人和职工的权益最大化。

第二是选择交易方式。根据征集竞买人的数量可以选择确定不同的交易方式，而交易方式的不同直接影响交易成本。在有众多竞买方的情况下，利用产权交易所的网络竞价体系，不仅可以解决传统的竞价方式（如拍卖）所存在的固有弊端，充分地挑起有效竞争，而且整个交易过程所涉及的多个环节，都是用制度规范的，是用计算机实现的，是可实时监测的，排除了人为操纵运作的因素，从而可以很好地解决资产处理“光照不足”和“费用高昂”的弊端。

（三）湖北省产权交易中心的实践

2006年，在湖北省国资委和武汉市中级人民法院的大力支持下，省产权交易中心介入武汉市中级法院审理的破产案，在3510工厂破产资产处置环节发挥产权市场的功能，进行了有益的尝试，取得了很好的效果。

3510工厂是国务院批准的政策性破产企业。该项目进入破产程序后，资产进入产权市场处置。《国务院办公厅转发全国企业兼并破产和职工再就业工作领导小组关于进一步做好国有企业政策性关闭破产工作意见的通知》（国办发〔2006〕3 号）文件要求，把破产企业的稳定工作放在突出地位，切实维护职工的合法权益，清算组据此提出将落实破产下岗部分职工再就业作为重要的受让条件。湖北省产权交易中心为了实现这一意图并最大限度地提高资产处置价格，保障债权人和职工的合法权益，根据 3510 工厂资产状况将标的进行分拆，共分为 3 个标的同时挂牌。通过产权市场广泛招商，最后，3 个标的都成功实现了转让。最大标的被武汉依翎针织服饰有限公司竞得，依翎公司竞得后，不仅迅速恢复了生产，还安置了原破产企业职工 800 多人，为维护社会的稳定与和谐作出了贡献。

该案例最大的意义在于，国务院国资委和财政部的《企业国有产权转让管理暂行办法》（3 号令）得到了地方法院的承认，湖北省产权交易中心的成交鉴证书得到了武汉市中院的确认。不妨将该院 2006 年 11 月 6 日的《民事裁定书》摘录如下：

本院认为：3510 工厂破产清算小组经湖北省产权交易中心鉴证转让的土地使用权及地上建筑物，系 3510 工厂合法拥有的资产。根据国务院国有资产监督管理委员会、财政部《企业国有产权转让管理暂行办法》“企业国有产权转让应当在依法设立的产权交易机构中公开进行”的规定，上述资产进场交易后，湖北省产权交易中心严格依照法定程序，向社会发布了产权转让信息公告，其交易程序遵循了公正、公平、公开的原则，故上述转让应当依法予以确认。

武汉市中院依照最高法院《关于审理企业破产案件若干问题的规定》第 85 条第三款之规定作出了裁定。

这一破产资产进场处置案例，因其光照充足、破产费用低廉而受到破产企业 3510 工厂职工的欢迎，受到武汉市中院的肯定，受到湖北省国资委的赞赏。在该案例中，产权市场真正成为企业破产制度的“补天石”。

5. 要重视产权市场整体外部环境的生态系统建设[①]

（2007 年）

产权市场生态系统问题是关系产权市场持续健康发展的基本问题。对产权市场生态系统的研究主要包括三个方面：一是产权市场的整体外部环境问题，二是产权交易机构的内适应与外协调问题，三是区域性产权市场之间的动态关系问题。

一、关于整体外部环境问题

生态系统有别于一般系统的特点是，它具有生命物质作用和生物子系统，这种活力的存在主要表现于生态系统的能量和物质循环。一切生态系统都是生物群落与无机环境之间所构成的相互影响、相互制约的能量转化和物质循环系统。产权市场这个生态系统与外界能量的转化也是这样。

（一）产权市场需要政策和法律

产权市场的能量始则来源于中国实行社会主义市场经济体制，继则来源于党的十六届三中全会首次提出现代产权制度，该制度表述为

① 原载于《国有资产管理》2007 年第 5 期第 63—64 页，被《新华文摘》2007 年第 15 期《论点摘编》转载。

“归属清晰、权责明确、保护严格、流转顺畅”，首次提出“规范发展产权交易”，由此才有了促进和规范产权交易活动的《企业国有产权转让管理暂行办法》（即国务院国资委、财政部3号令），这一规章的出台给产权市场的发展注入了巨大的能量。现在需要的是，以3号令为基础，以立法的形式给产权市场这个生态系统注入新的更大的能量。《知识产权法》已经有了，《物权法》作为平等保护国家、集体和私人物权的基本法律，已于2007年3月经全国人代会审议通过，这是中国立法史上的殊勋。如果全国人大能接着制定出《国有资产管理法》《债权法》《股权法》，则产权交易的法律环境会愈加完备。

（二）产权市场需要执行政策法律的地方各级政府和国家部门来负责抓落实

地方政府是落实中央政策的责任层次，是执行国家法律的直接责任人，是国家行政的依托，它负有培植产权市场生态外部环境的主要责任。国资管理体制改革后各级国资监管机构的设立，对产权市场的发展起到了极其重要的作用。但政策和法律的执行要有多个部门共同履行职责，齐抓共管。

（三）需要财政的支持

支持包括两个方面：一是交易资源的支持，将财政部门管理的行政事业性国有资产的处置，交由产权市场公开交易；二是资金的支持，作为政府的当家理财机构，财政部门要主动执行中央政府2006年6号文件即《国务院关于印发实施〈国家中长期科学和技术发展规划纲要（2006—2020年）〉若干配套政策的通知》，该文件指出：“在有条件的地区，地方政府应通过财政支持等方式，扶持发展区域性产权交易市场”，财政资金主要用于支持产权交易场所、交易网络系统的建设和监管机构对产权交易机构交易活动进行监测的费用。

二、关于产权交易机构的内适应与外协调问题

系统学理论指明，耗散结构理论与协同学意义下的自组织是指系统在涨落作用下自行改变内部结构的过程。作为数学家和物理学家的哈肯，是协同学的创始人，他曾指出，如果系统在获得空间结构、时间结构或功能结构的过程中，没有外界的特定干预，该系统就是自组织的，否则就是他组织的。自组织系统的特征是该组织能够内适应、外协调。产权交易机构如果不能把好的外部环境利用好，自我生存和发展能力如果不强，区域性产权市场自组织系统如果不完备，就会演替甚至加速演替。

使产权市场自组织系统充满活力的核心要素有三个：第一，要有良好的内部管理机制和开放状态。从某种意义上说，机制是重要的生产力。上海联合产权交易所的激励约束机制，湖北省产权交易中心的事业部制，都取得了比较好的效果。各地在这方面都作了许多探索，但大多数机构对此讳莫如深，开放不足，很少交流，阻碍了共同提高。某些地方机构注重政策资金等外部条件的争取，在一定程度上忽视自身的建设，也是值得注意的倾向。笔者认为，国务院国资委可以考虑担负起总结推广各地内部管理经验的职责，促进产权交易机构管理水平的提高，从而促进产权市场整体素质的提升。第二，要有良好的业务创新方略。特色业务方面，不能什么都做而什么都做不精；规模效益方面，要扩展交易品种，不能单靠企业国有产权的交易；市场营销方面，不能单纯依赖国资委批项目进场；展览经济方面，产权交易场所、网络设施的建设和对外宣传等方面都显得更加重要；品牌建设方面，产权交易机构要以名项目大项目为荣。例如，福建省产权交易中心操作的雪津啤酒国资交易项目，引进全球最大啤酒酿造商英博集团，并且创造出净资产 5 亿多元卖出 58.8 亿元的“神话”；上海联合产权交易所操作的上海置信电

气项目，通过产权融资做强而成功上市；湖北省产权交易中心操作的白云边酒业公司股权转让项目，一年后该公司得以做优做强，等等，都是著名品牌项目。这些成功项目在当地甚至在全国宣传展示后，极大地转变了人们的观念，启发了领导的思维，影响了高层对产权交易事业的决策。第三，要有良好的外协调能力。产权交易机构与外界是否协调，决定了本组织能否发展甚至能否生存，外协调水平的高低在一定程度上反映出该机构发展的顺逆。

产权机构的外协调要做好如下三点：一是与政策法律相协调。当前要抓住《物权法》颁布这一机遇，将其法律功能特别是对国有集体财产保护条文的法律功能发挥出来。二是与各类产权主体之间相协调，强化为客户寻求最大的可持续的利益这一宗旨。三是与其他平台和中介机构如资产管理平台、工程咨询平台、风险投资公司等相协调。四是与监管机构相协调。要主动接受并争取国资监管机构、未上市公司股权托管与转让监管机构的监督管理和指导。

三、关于区域性产权市场之间的动态关系问题

生态系统理论包括生物种群动态关系理论。在自然界中，在一定的环境条件下，生物种群之间存在相生、相克关系。产权市场的人工生态系统应如何设计是一个宏大课题。笔者初步考虑有三个层面：第一层面是国务院抓“混交林”建设。建设多层次资本市场是国务院 2007 年的重要工作之一，产权市场在多层次资本市场中处于哪个层次？它与证券市场是个什么关系？某林业局长曾告诉笔者，造林决不能营造单一乔木树种的“纯林”，必须营造由两个或两个以上乔木树种配置科学的“混交林”。混交林有两大特点：一是基本不长虫，二是互相促进，生长快，混交林比纯林生长速度要快 20% ~45%。笔者认为，同属于资本市场组成部分的产权市场，与证券市场长期共存，恰如“混交林”。第

二层面是国务院国资委抓“种群”布局并进行系统管理。作为全国产权市场的监管单位，应协调国家发改委和财政部，引入生物种群动态关系理论，对全国区域性产权市场进行统一筹划，既要避免低效益重复建设和资源的浪费，又要避免在布局上重此轻彼。对种群（即区域性产权市场）布局后还要进行系统管理。美国系统工程权威辛诺斯说，“对系统工程的构成实行有效的管理是正确执行计划的基本保证。只有在组织得很好的管理体系的保障下，系统才能有效地运行”。他指出：“系统工程管理所涉及的是如何对系统的设计、生产和试验等各项活动进行有效的监督和控制，以求系统达到预期要求的问题。”他强调，“系统管理过程必须贯穿于系统存在的各个阶段”。第三层面是省级国资委抓“种群”优生。生物种群相生相克的规律要在人工生态系统设计中充分应用。在一个省的范围内，对于“抗生”的种群，该“捕食”的要捕食之；对于有害高效市场建设的竞争，要遏制之。要着重抓优质“种群”做强，以该种群为基础，建成统一高效开放有序的区域性市场。

6. 中国国有产权转让的市场化经验及其国际意义[①]

（2018 年）

一、中国产权市场发展的最大特色：进场交易

1988 年 5 月 11 日，中国第一个产权交易机构——武汉市企业兼并市场事务所诞生，曲折发展至今将近 30 周年了。30 年来，国有产权转让，除特殊情况下按规定未进入产权市场的无偿划拨外，主要特色是进入产权市场，阳光下交易。原则是：应进必进，能进皆进，规范进入，操作透明。为此形成了事前、事中、事后和行业自律的一整套严密科学的制度设计规范。

2015 年 8 月 24 日，中共中央、国务院印发了《关于深化国有企业改革的指导意见》（中发〔2015〕22 号），提出了国企改革的总体目标、重大举措和相关要求。该文对于产权市场、产权行业最激动人心的伟大创举，是首次确认产权交易市场与证券交易市场同属于资本市场。至此，产权市场才真正迎来了春天（见何亚斌：《新的使命与当前任务——学习中发〔2015〕22 号及其配套文件的体会和思考》，《产权导刊》2016 年第 2 期）。

---

① 我国近年对发展中国家实行“智力援外”。本文为作者给外国研修班讲课课件，先后经国务院国资委产权局副局长李晓梁、原局长邓志雄同志审改，又经国家发改委、商务部、外交部审查通过。原载于《产权导刊》2018 年第 3 期第 23 - 30 页。同年 5 月应国家发改委邀请为外国研修班授课情况又进行了更新。

2017 年 9 月 26 日，作者在北京为“古巴经济模型研修班”官员和专家讲授中国产权市场制度设计与市场化运作成功经验。左为北京外国语大学西班牙语翻译。

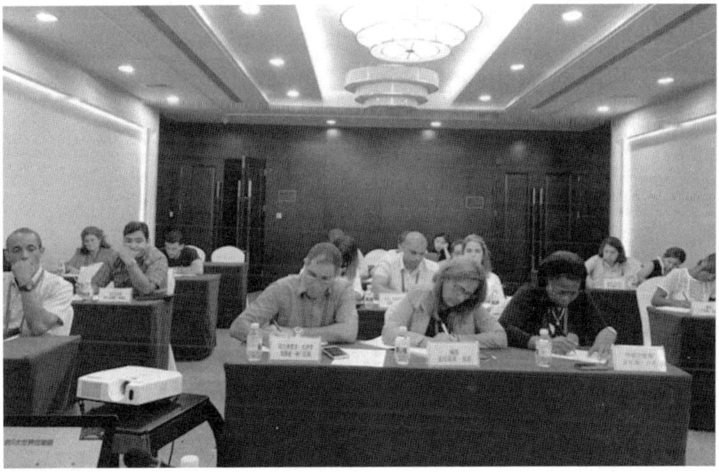

图为研修班班长、古巴财政与价格部副部长梅斯·波拉诺斯·维斯（女，中列前排居中）认真听课。

（一）进场交易前的制度设计

主要环节：

确认产权并登记→决定转让产权→评估该产权的价值→或者经批准无偿划转，或者进入产权市场公开等价有偿出让。

1. 加强产权登记管理

中国企业国有产权登记制度有一个逐步完善的过程：

1993年，国家国有资产管理局出台《国有资产产权界定和产权纠纷处理暂行办法》（国资法规发〔1993〕68号）。

到2012年4月20日，为了加强国家出资企业产权登记管理，及时、真实、动态、全面反映企业产权状况，中国国务院国资委根据《企业国有资产法》等法律法规，制定了《国家出资企业产权登记管理暂行办法》（国资委令第29号）。该令共有26条，对占有产权登记、变动产权登记和注销产权登记，分别作了规定，对登记的程序、登记的管理作了明确规定。

2. 决定产权是否转让

2003年11月30日，《国务院办公厅转发国务院国资委〈关于规范国有企业改制工作的意见〉的通知》（国办发〔2003〕96号）规定，国企改制，必须规范。

规范的措施是：建立改制批准制度→清产核资→财务审计→资产评估→交易管理（非上市企业国有产权转让要进入产权交易市场公开信息，竞价转让）→定价管理→转让价款管理（转让价款优先用于支付解除劳动合同职工的经济补偿金和社会保险费）→依法保护债权人利益→维护职工合法权益。

国办发〔2003〕96号文规定："国有企业改制，包括转让国有控股、参股企业国有股权或者通过增资扩股来提高非国有股的比例，必须制订改制方案。"

国有企业改制方案需按照有关规定，履行决定或批准程序。未经决定或批准，不得实施。涉及公共管理事项的，要报政府有关部门审批。国资委出资企业，改制为国有股不控股或不参股企业，改制方案要报同级人民政府批准。

3. 评估被转让产权的价值

2005 年 8 月 25 日，国务院国资委发布《企业国有资产评估管理暂行办法》（国资委令第 12 号）。目的是规范企业国有资产评估行为，维护国有资产出资人合法权益，促进企业国有产权有序流转，防止国有资产流失。该办法规定，“企业国有资产评估项目实行核准制和备案制”。经各级人民政府批准经济行为的事项涉及的资产评估项目，分别由其国资委负责核准（见第四条）。

2016 年 7 月 2 日发布《中华人民共和国资产评估法》（习近平主席令第 46 号）12 月 1 日起施行。特别说明：《资产评估法》施行后，国资委 12 号令不过时，继续有效。

4. 场外无偿划拨

2005 年 8 月 29 日，国务院国资委出台《关于印发〈企业国有产权无偿划转管理暂行办法〉的通知》（国资发产权〔2005〕239 号）。企业国有产权无偿划转，是指企业国有产权在政府机构、事业单位、国有独资企业、国有独资公司之间的无偿转移。无偿划转应遵循以下原则：符合国家法律法规和产业政策；符合国有经济布局和结构调整的需要；有利于优化产业结构和提高企业核心竞争力；划转双方协商一致。

（二）进场交易中的制度设计与实务操作

先要有场→规定国有资产交易必须进场→有条件地选择规范合格的场→事前：进则规范→事中：监管部门对产权交易全过程实时监测→事后：监管部门定期现场检查评审责令整改→行业协会自律。

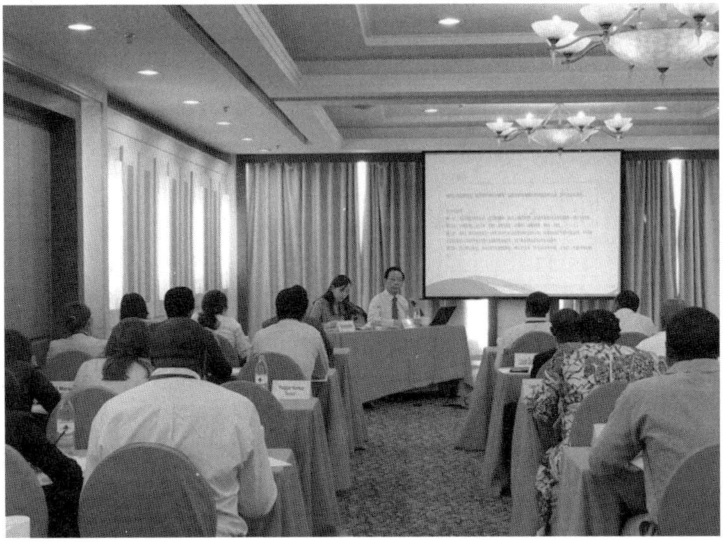

2017 年 9 月 25 日，作者为非洲英语国家（13 国）国企改革与治理研修班官员讲课。左为国家发改委国际合作司英语翻译。

1. 先要有场——产权交易机构

设立产权交易机构必须符合一定的条件：有财产和经费，有场所和设施，有专业技术人员和管理人员，有较为完善的内部管理制度。

设立的程序："设立产权交易机构，由设立单位提出申请，报省国有资产管理部门审批。经批准设立的产权交易机构，必须向所在地工商行政管理部门申请工商注册登记后方可开业。"国有产权交易规则必须经政府监管部门制定或批准。

规定进场交易："国有资产产权交易，必须在依法设立的产权交易机构内按规定程序进行，严禁场外交易"（资料来源：2003 年 1 月 3 日《湖北省国有资产产权交易管理暂行办法（修订）》，省政府令第240 号）。

2. 规定交易必须进场

（1）为什么要进场交易

——以行政化的手段，为规范国有产权交易行为，防止国有资产流失，防止产权交易中的腐败现象发生。中纪委规定："2002 年，各地区、各部门都要实行经营性土地使用权出让招标拍卖、建设工程项目公开招标投标、政府采购、产权交易进入市场等四项制度"（见 2002 年 1 月第十五届中纪委第七次全体会议公报）。

——以市场化的方式，为资源优化配置提供平台。进场交易可以通过产权交易机构的现代化信息披露网络广泛征集到更多的受让方，因而可以更充分竞价，通过市场检验校正资产评估价，从而生成合理的成交价格；可以寻求到战略投资者。这就是产权市场的两大主要功能——发现投资者，发现价格。而资源的优化配置包括人力资源配置，产权交易市场可以使优质的经济资本与优秀的人力资本得到合理配置（见何亚斌《产权交易新工具》，华中科技大学出版社，2004 年）。

——以制度化的办法，通过阳光操作保护干部（见何亚斌《如何有效防止发生国有资产流失腐败问题之我见》，湖北省纪委《反腐倡廉研究》1999 年第 11 期）。

（2）进场交易法规有哪些

2003 年 11 月 30 日，《国务院办公厅转发国务院国资委〈关于规范国有企业改制工作意见〉的通知》（国办发〔2003〕96 号），规范国企改制行为，规定国有产权要进场交易。

2003 年 12 月 31 日出台《企业国有产权转让管理暂行办法》（国资委、财政部令第 3 号）规定："企业国有产权转让应当依法设立的产权交易机构中公开进行。" 3 号令的使命是重点解决企业国有产（股）权进场交易问题。

2009 年 5 月 1 日起施行的《中华人民共和国企业国有资产法》第五十四条规定："国有资产权转让应当遵循等价有偿和公开、公平、公正的原则。除按国家规定可以直接协议转让的以外，国有资产转让应当在依法设立的产权交易场所公开进行。转让应当如实披露有关信息，征集受让方；征集产生的受让方为两个以上的，转让应当采用公开竞价的交易方式。”

2013 年 12 月 18 日，国务院国资委办公厅出台《关于中央企业资产转让进场交易有关事项的通知》（国资厅发产权〔2013〕78 号），重点解决实物资产进场交易问题。

需要特别指出，实物资产进场交易的规定，湖北省从 2003 年 1 月起施行的《湖北省国有资产产权交易管理暂行办法（修订）》（省政府令第240 号）已经明确了，该令第十条对交易对象的表述就包括了有形的实物资产：“国有资产产权交易，可以是整体产权，部分产权，也可以是有形资产或无形资产。”

2016 年，国务院国资委、财政部 32 号令第三章第三十九条规定：“企业增资通过产权交易机构网站对外披露信息，公开征集投资方。”

同样需要特别指出的是，湖北省国资委在规定国有企业增资扩股必须进入产权交易机构办理这一政策上，比国务院国资委、财政部 32 号令早 9 年：2007 年，湖北省国资委印发《湖北省国资委出资企业规范改制暂行办法》（鄂国资改革〔2007〕422 号）第二十一条明确：“拟通过增资扩股实施改制的企业，应当通过产权交易市场公开企业改制有关情况、投资者条件等信息，择优选择投资者。”（何亚斌、龚波、何昌福、柯潇《市场起步、会员代理、委托分支机构与区域市场成长》，见曹和平主编《中国产权市场发展报告（2008—2009）》，社会科学文献出版社）

2016 年6 月24 日，国务院国资委、财政部令第32 号发布《企业国有资产交易监督管理办法》，对 2003 年的 3 号令进行补充完善和发展，注明此令“已经国资委主任办公室会议审议通过，并报国务院同意”。该令第二条规定：“企业国有资产交易应当……在依法设立的产权交易机构中公开进行。”第三章规定企业增资进场。第四章规定企业资产转让进场。32 号令重点解决国有企业增资扩股进场操作问题（见何亚斌《明确国有交易监管职责，是 32 号令皇冠上的明珠》，《产权导刊》

2016 年第 8 期）。

【小结】

三个代表性阶段：

2003 年国资委、财政部 3 号令，首提企业国有产（股）权进场交易问题；

2013 年国资委办公厅 78 号文，进一步解决实物资产进场交易问题；

2016 年国资委、财政部 32 号令，更进一步解决国企增资扩股进场办理问题。

3. 有条件地选择规范合格的场

2004 年 7 月 14 日，国务院国资委发出《关于做好产权交易机构选择确定工作的指导意见》（国资发产权〔2004〕252 号）。

职权：由省级以上国资委负责选择，组织公开评审。

条件：重点审核是否有健全的内部管理制度和操作规范；是否诚信守法，能够提供综合服务；信息系统是否完善，有信息发布网络化优势。

4. 进则规范

制定统一的交易规则。2009 年 6 月 15 日，国务院国资委为统一规范企业国有产权交易行为，制定了《企业国有产权交易操作规则》（国资发产权〔2009〕120 号）。省级以上国资委选择确定的产权交易机构进行的企业国有产权交易，适用本规则。这是以制度和工作水平来保证"两个发现"：发现最合适的投资者，发现最高价格。该规则对产权交易的流程作了规范：

第一步，受理转让申请。32 号令第十四条规定，产权转让，原则上不得针对受让方设置资格条件；确需设置的，不得有指向性；所设资格条件，应当在信息披露前报同级国资委备案并获同意。

第二步，发布转让信息。

第三步，登记受让意向。

第四步，组织交易并签约。

第五步，结算交易资金。

最后办理产权过户。

5. 全过程实时监测

国务院国资委对产权交易机构的交易活动日常监测，是依托监测系统。每一个交易项目从挂牌到完成，全部靠信息系统实时反应。如有非正常情况，系统就会自动报警。

省级国资委有这个监测系统的接口，可以同步实时监测。

（三）事后：定期现场检查、评审、整改、验收

2005 年建立国家六部委联合监督检查评审制度（国资发产权〔2005〕294 号）。检查范围是企业国有产权转让所涉及的相关部门、企业、中介机构、产权交易机构规范操作情况。重点检查国有产权交易进场情况、职工合法权益的保护情况。各省区市是每年检查一次，国务院国资委等六部委对其定点机构京津沪渝产权交易机构是每年春秋两季各一次。

（四）行业协会：自律

行业协会加强行业自律，推进行业诚信建设（何亚斌：《论产权市场信用风险防范》（2010 年），见《中国产权市场发展报告（2009—2010）》，主编曹和平，副主编何亚斌，社会科学文献出版社）。

二、中国产权市场发展的实际效果

国务院国资委产权管理局局长邓志雄同志指出：“企业国有产权进场交易制度破解了企业国有产权该不该卖、该由谁卖、该卖给谁、该以

何种方式卖和该卖个什么价等一系列难题，解除了长期以来国有企业改革和国资体制改革中极易引发争议和混乱的产权困扰，使企业国有产权得以顺利流转，国企改革得以在产权层面上规范有序地展开和深化，由市场配置国有产权资源的目标基本实现”（见邓志雄《中国产权市场的回顾与思考》，2007 年）。

中国产权市场 30 年成效（1988—2017 年）主要有 5 个方面：

成效一：建立了全流程的产权交易法律制度体系，服务国有企业改制重组需求。

关于产权市场的效力：第一，建立公开公平、规范统一的企业产权交易平台。第二，防止市场经济体制改革进程中的国有资产流失。第三，源头防治国企改革中的寻租腐败，保护国企干部。第四，维护国企职工权益，保障改革进程中的社会稳定。

关于交易机构的发展：第一，产权交易机构成为依法设立依法保护产权的交易场所。第二，产权交易机构成为公开透明且集中交易的有形交易场所。第三，产权交易机构受到政府的严格监管和社会的有效监督。

成效二：确保了产权交易源头治腐的成功，防止了国有资产流失，实现了保值增值。

2004 年 9 月 9 日，透明国际组织腐败指数总负责人约翰·兰斯多夫先生一行在中国国家监察部、深圳市监察局负责人的陪同下，到深圳市产权交易中心参观访问，听取了深圳市产权交易中心所作的专题汇报。参观完毕后，他们在留言中写道：

“我们深刻地感受到你们在所献身的反腐败斗争中所取得的成绩。政府采购和国有资产转让，在全世界都是滋生腐败的土壤。但在这里，你们用复杂而成熟的技术、透明的程序和明确的指导把这项工作组织得很好。我们钦佩你们如此迅速地在反腐败斗争中进行了最好的实践。相信其他国家可以从你们的经验中学到很多。”

成效三：提高了资源优化配置的效率，促进国有经济健康快速发展。

关于市场主要功能：第一，减少政府对企业的行政干预，激发“市场之手”发现价格。第二，成功复制公有产权模式，推广应用至各类要素市场。第三，探索“非标准化”主体产权交易机制，服务于各类企业发展需求。第四，提高国有企业市场竞争水平，“共和国长子”实力不断增强。

关于市场主要表现：第一，交易规模不断提升。据中国企业国有产权交易协会统计，2016 年，全国产权交易机构共成交各类产权（资产）合计金额达 7.92 万亿元，而 2015 年和 2014 年的数据分别是 3.76 万亿元和 1.55 万亿元（资料来源：中国产权协会《产权交易市场咨询》，2017 年第 5 期）。

第二，交易品种不断增加。包括产股权、实物资产、诉讼资产、金融资产、环境权益、公共资源、技术产权、企业融资服务、文化产权、林权、矿业权和农村产权交易在内的 12 类公有、非公有业务交易和国企增资扩股业务。

第三，业务范围不断扩大。产权交易市场几乎进入涉及资本市场和资源要素的各个领域，并不断延伸细化交易品种；产权交易不断拓展以互联网为依托的交易方式，实现电子竞价和远程交易，不断提高成交效率。

第四，市场价格发现功能不断提高。据不完全统计，2007 年以来各地产权交易机构公开挂牌转让企业国有产权 9 590 亿元，比评估结果增值 1 626 亿元，平均增值率 20%。

成效四：提供了国有企业实现混合所有制改革的平台。

第一，帮助企业盘活存量资产，去产能、去库存，实现国有资本形态转换。

第二，通过国有股权的有序流转和吸收增量资本入股，加快国有资本与非公资本的融合，规范发展混合所有制经济。

第三，帮助企业以更低的成本、更高的效率进行直接融资，充实企业资本金，降低企业负债水平，壮大企业实力。

第四，推进企业结构调整、优势互补、产业转型升级和创新发展。

成效五：促进了现代产权制度的形成。

2016 年 11 月 27 日，中共中央、国务院出台《关于完善产权保护制度　依法保护产权的意见》，这是我国首次以中央名义出台的产权保护顶层设计。《意见》明确了产权保护的十大任务：加强各种所有制经济产权保护；完善平等保护产权的法律制度；妥善处理形成的产权案件；严格规范涉案财产处置的法律程序；审慎把握处理产权和经济纠纷的司法政策；完善政府守信践诺机制；完善财产征收征用制度；加大知识产权保护力度；健全增加城乡居民财产性收入的各项制度；营造全社会重视和支持产权保护的良好环境（参考资料：武汉光谷联合产权交易所魏洁《中国产权市场三十年实际成效》，2017 年 9 月）。

三、中国产权市场发展的国际意义

笔者认为，作为国有产权处置平台的中国产权交易市场经验，对于世界上国有资本在所有制结构中所占比重较高的国家，有借鉴意义；作为资源配置平台的中国产权交易资本市场经验，对于世界上证券交易资本市场发育不充分的发展中国家，都有借鉴意义。

第一，中国产权市场建设方案，是对苏联东欧原社会主义国家国有产权处置做法的批判和扬弃，对发展中国家更实用。与苏联东欧绝大多数原社会主义国家激进私有化对国有企业“一卖了之”的做法截然不同的是，中国对国有产权转让的指导意见，一开始就是通过市场化的方式，实现国有经济结构的调整和国有产权的优化配置，做优做强国有经济，在坚持以公有制为基础的社会主义制度不动摇的条件下，充分利用市场化手段促进社会经济发展。所有社会主义国家在实行计划经济时期，都积累了大量国有资产，这些存量资产在经济体制改革中，亟待进行结构调整和流转盘活来提高经济运行质量和社会效益。中国政府在顶层制度设计和有形要素市场建设等方面，通过构建产权市场进行了积极的探索与实践，实现了企业国有产权通过产权交易市场进行规范有序的流转，既盘活了存量资产又促进了社会发展，既发展了经济又改善了民生，既坚持了社会主义制度又利用了市场手段发展生产促进了就业，有力地改善了人民的物质文化生活，同时为消除和缩小国际贸易失衡提供了有益的借鉴。

第二，中国产权市场建设方案，对发展中国家有效预防国有资产转让腐败行为的发生，具有极好的程序和制度借鉴作用。中国从事前预防上立意，同时对事中监控、事后监督进行了完整设计。在国有企业改制前，设定了改制方案要经过审批的程序，改制方案要经过职工大会或职工代表大会审议、职工安置方案要经过职工大会或职工代表大会通过的程序，这就保证了改制工作必须取得职工的理解和支持这个重要前提。国有产权转让的行为，设定了必须经过批准的程序。经过批准转让的行为，设定了除战略需要等特殊情况经过批准可以直接划转外，其他所有的交易行为都必须在产权监管机构选定的交易机构内，按市场化的制度阳光操作的程序。对产权交易的规范和效率，设定了事后多个监管部门定期联合检查的制度，等等。

第三，中国产权市场建设方案，对发展中国家使市场在国有资源配置中起决定性作用，提供了很好的体制示范作用。资本市场在中国，分为证券交易资本市场和产权交易资本市场。世界上还有很多发展中国家没有证券交易资本市场，或者即使有，发育也不完全。对于这些国家来说，中国产权交易资本市场的经验，为这些国家以市场化手段配置资源的方向或路径选择提供了借鉴。建设产权交易资本市场比建设证券交易资本市场相对容易，而且，“交易所模式”具有一般性的市场化意

2018 年 5 月 9 日在汉阳，何亚斌教授为毛里塔尼亚共享发展经验研修班和多哥宏观经济发展规划研修班授课。左为中南财经政法大学外语系法语翻译。

义，作为资源配置的方式之一，其覆盖要素资源的范围和配置效率肯定大大优于以行政手段配置行业领域单一资源的方式。

第四，中国产权市场建设方案，对发展中国家国有企业从管资产到管资本、利用变现的国有资本改善落后的基础设施，提供了新思路。由于种种原因，发展中国家交通、通信等基础设施比较落后，钱从哪里来是个棘手的大问题。通过产权市场，公开将一部分国有资产变现为国有资本，是一条比较现实的途径。产权市场不仅有转让交易功能，而且有投资融资功能，进一步运用产权市场的金融资本属性，充分发挥产权市场的投资融资功能，是可以较为有效缓解发展中国家资金难题的。

第三编

产权市场实务

1. 尽快搭建科技交易大平台 推动武汉城市圈产权市场体系建设[①]

（2006 年）

随着以大武汉为核心，联结周边八座城市“1+8”城市圈格局的形成及区域市场一体化的日渐发育，国家规划建设华中区域产权交易市场机遇的来临，尽快搭建武汉城市圈科技交易大平台，推动武汉城市圈产权交易市场建设，便成了“1+8”城市圈共同的呼声和期盼。

一、机遇来自国家两文件

2006 年 4 月，中共中央、国务院发出《关于促进中部地区崛起的若干意见》（中发〔2006〕10 号），第 27 条要求“大力发展资本、产权、土地、技术、劳动力等要素市场”。

2006 年 2 月，国务院在《关于印发实施〈国家中长期科学和技术发展规划纲要（2006—2020 年）〉若干配套政策的通知》（国发〔2006〕6 号）（以下简称 6 号文）第十九条“建立支持自主创新的多层次资本市场”内容中，要求“在有条件的地区，地方政府应通过财政支持等方式，扶持发展区域性产权交易市场，拓宽创业风险投资退出

① 原载于 2006 年 5 月 8 日湖北省发展和改革委员会《湖北经济内参》，本文系作者综合课题组专家意见写作。文末署名通讯员“沈国子”乃是作者取“省国资”的谐音。载于《湖北产权交易简报》2006 年第 3 期，被收入《何亚斌产权经济文选》（经济科学出版社，2008 年，第 174—185 页）。

渠道”。

在“十一五”规划开局之年，产权交易市场多次被党中央、国务院在重要文件中列为需要加快建设的要素市场，其意义不言而喻。

中国证券业协会党组书记、常务副会长黄湘平介绍，6 号文第一次明确了我国多层次资本市场的四个层次（又称四个板块）：第一层次即一板，是现已运作的主板和中小企业板市场。第二层次即二板，是设计中的创业板市场，6 号文要求“尽快推出”。第三层次即三板，是为非上市股份公司股权转让服务的代办系统，其交易对象为：（1）被主板退市的公司，目前有 37 家；（2）“双高”企业，即 53 个国家级高新科技园区内的高新科技股份公司，目前有 2 000 多家，先试点；（3）股东超过 200 个的非上市股份公司，叫公众公司，目前有 2 万多家。股权代办系统由证券公司代办交易，先在中关村科技园试点，总结经验后逐步推广。第四层次即四板，是为其他非上市股份公司、有限责任公司和所有企业服务，方便企业并购的产权交易市场。

国务院国资委对建立区域性产权交易市场已有初步构想：除京津沪外，拟再建立五个区域性产权交易市场，它们是：以湖北为中心的华中区域市场，以重庆为中心的西南区域市场，以陕西为中心的西北区域市场，以黑龙江为中心的东北区域市场，以青岛为中心的黄河下游区域市场。该委产权局明确表示，综合评估，华中区域市场比其他地方条件要成熟得多，希望湖北先行一步。

面对机遇，有关专家呼吁，国务院将区域性产权交易市场纳入多层次资本市场，第一次明确要求地方政府通过财政支持等方式扶持发展，这是党中央、国务院继推进上市公司股权分置改革之后，完善和发展我国资本市场的又一重大举措，是产权交易市场发展的历史性机遇，湖北省应抓住这次十分难得的机遇，尽快推动武汉城市圈区域性产权市场建设，措施上应首先搭建科技交易大平台。

二、建设产权市场是湖北省进入资本市场高层次体系的最后一次机会

15 年前，武汉与设立证券交易所失之交臂；15 年后的今天，争取区域性产权交易市场这一非证券资本市场的机遇又一次来临，并且湖北省目前条件最成熟。区域性产权交易市场在地方级政府批准后就可启动，通过自身发展，可以凭资源配置的规模效应得到国家认可。从某种程度上讲，建立区域性产权市场，地方政府有更多的主动性，这对实现全省在中部地区率先崛起的目标具有重要的战略意义。

“从我国产权交易市场发展态势来看，近年来出现了许多令人关注的新动向。许多地方恢复、重建、规范产权交易市场，如上海、北京、天津、重庆、江西、福建等地，特别是存在争议的‘非上市公司股权登记托管业务’重新开展起来，河南、河北、江西、厦门、青岛、深圳等地相继出台有关政策规定，允许产权交易市场为非上市股份有限公司提供股权托管、股权质押、增资扩股、分红派息等服务；一时在各地蓬勃兴起的技术产权交易所纷纷整合进产权交易所，呈现统一化趋势，上海、北京等纷纷实现‘同城整合’，然后实现区域联合。面对这种发展态势，湖北应当立即奋起！”华中科技大学产权经济研究所所长张卫东教授，在省国资委组织的一次区域性产权市场研讨会上，作了如是分析。

从武汉城市圈的远期目标看，到 2020 年，武汉城市圈要提前 3 ~ 5 年实现全面建设小康目标，成为中国内陆地区重要的经济增长极之一。“要想实现这一远景，必须大力发展资本市场，借助资本的第一推动力。因为在整个市场经济活动中，资本市场起着‘活脉’‘输血’的功能。”有关人士指出，在武汉城市圈经济发展的特定阶段和关键时期，发展多层次资本市场，挖掘和利用各种融资渠道是实现战略目标的途

径之一。

众所周知，武汉城市圈国有资产规模较大，重工业大型企业较多，总部在武汉的中央企业较多，民营资本和外商对投资武汉的热情很高，越来越多的资本尤其是民间资本，急需冲破行政区划的疆域界限，在流动中实现资本扩张。但令人深感遗憾的是，突出产业一体化、区域市场一体化、基础设施建设一体化、城乡建设一体化四个重点的武汉城市圈目前还未完全形成一体化的产权交易市场。

专家认为，区域性产权市场是城市圈内科技成果转化和风险投资进退的桥梁。根据中国证券业协会的设想，将来公司上市，要首先通过产权市场运用市场的手段而不是行政的手段重组好，再推到三板，然后视情况再升级到二板或一板。这样，产权市场就成为多层次资本市场的基础。武汉城市圈在这方面如果先通过区域性产权交易市场，运用市场的机制不断培育绩优非上市股份公司升级进入股权代办系统和创业板，就可以先改变湖北上市公司的形象，同时也会吸引投资者到武汉城市圈多方位投资，使武汉城市圈高科技企业在融资方面纵横捭阖。

同时，区域性产权市场是武汉城市圈产业结构优化和资源配置的平台，能有效促进周边省市与省内市场要素有序流动，并向武汉聚集，推动老工业基地的企业联合重组，做强做大，盘活存量，形成增量；带动城市圈高新技术产业群、基础能源产业群和机械制造产业群等实业经济的快速发展，促进武汉城市圈“区域市场一体化”和“产业布局一体化”。

如此一来，区域性产权市场可使武汉城市圈成为华中区域资金的聚散地。京津沪成为区域性产权交易中心后，2005 年积聚资金近9 000亿元，如果武汉城市圈成为华中区域性产权交易中心，其资金聚集效应将不可估量，届时，华中区域产权交易市场将以巨大的吞吐量和市场辐射效应，真正成为湖北省委省政府期盼多年的“资金洼地”。

三、武汉城市圈有条件建立科技产权流动的大平台

各地都在争抢资本，加速构建跨地区、跨行业、跨所有制的区域性产权交易市场。在华中地区目前尚未形成区域性产权交易中心的情况下，武汉城市圈率先举旗整合，正逢其时。

纵观武汉城市圈的资本市场的现状，人们不难发现：一板（主板）进入门槛高，近年不可能在武汉设第三个交易所，企业通过主板融资较难；二板（创业板）在2000年5月国务院就说要推出，但至今也只说要“尽快推出”，而没有规定推出期限；三板现正在试点；四板，有专业的产权交易机构为交易双方作尽职调查，与双方充分及时沟通，因而显现出它的特有效能。武汉东湖高新开发区正在申办股权代办系统，但须待中关村科技园试点成功后中国证券业协会综合考虑全国情况才能决定是否批准。

“综上所述，一、二、三板不能满足我省经济发展需要，武汉城市圈内的科技企业融资过多地依赖间接融资，直接融资比重过低。而作为资本市场第四层次的区域性产权市场具有特殊的功能，是地方政府唯一可以自主运行的空间，完全可以成为武汉城市圈多层次资本市场体系发展的突破口。应该说，这是一个与时俱进的呼唤。”湖北省国资委一位专家说。

这名专家分析说，湖北省在华中区域性产权交易市场建设上具有先发优势。一是区位优势明显，处于华中经济圈核心位置。二是有良好的产权市场基础条件。湖北省产权交易市场是全国发展最快的地区之一，省产权交易中心的交易额，2004年和2005年在全国产权交易机构中均排名第四，仅次于沪、京、津，其信息发布网络覆盖全国，与沪、京、津和周边省市产权交易机构建立了广泛固定的业务合作关系，在全国产权交易界有良好的影响和较高的地位。产权交易市场监管工作水

平走在全国前列。2005 年，省国资委下决心对全省产权市场进行了整合，以“统一监管机构、统一交易规则、统一信息发布、统一审核鉴证、统一收费标准”的“五统一”为原则，以市场化手段，由省产权交易中心以市州比较规范的产权交易机构为基础，设立了 11 个分中心，全省形成了以产权交易为主业、以股权托管为配套的高效、开放、规范的市场体系。湖北省“五统一”整合产权交易市场的经验，受到国务院国资委的充分肯定，被称为“湖北模式”，于 2006 年 2 月向全国推广。

四、“1+8”城市圈科技产权交易大平台的建设措施

有关专家根据政策规定并结合湖北的实际情况，提出了以搭建科学技术交易平台为突破口推动武汉城市圈区域性产权市场建设的思路：坚持市场导向，政策推动，整体规划，规范发展。市场导向、政策推动，就是区域性产权市场建设必须让市场机制充分发挥作用，对不利于市场机制发挥作用的因素，政府要加大“拆篱笆”力度，协调好各方面的利益关系，整合产权市场。整体规划、规范发展，就是要坚持从实际出发的原则，既注意把握产权市场一体化的整体目标和方向，以整体规划体现根本取向和要求，又注意规范发展，资源供全社会共享。

建设区域性科技产权大平台的主要措施是：

（一）进一步扩大产权市场功能，提高资源配置效率

由省国资委和省科技厅共同指导，建设科技产权交易市场大平台，为自主创新科技成果的供给方和需求方搭建有效的互通平台。采集发布湖北省科技成果、专利信息，吸引国有资本、民有资本和境外资本进入该平台，进行科技成果的集中交易活动；采集发布企业对新技术的需求信息，为企业科技创新提供服务；吸纳风险投资公司将股权集中托

管，开展非上市公司股权质押融资业务，为成长型科技企业融资；开展股权交易，为风险投资提供退出（或回购）平台；发布绩优非上市公司信息，为风险投资进入提供指引；通过产权交易市场不断培育绩优非上市股份公司升级进入股权代办系统和创业板。

（二）以省级产权交易机构为中心进一步整合城市圈内产权市场

从全国大势看，股权市场、技术产权市场纷纷并入产权市场。目前，武汉城市圈以省级产权交易机构为中心的产权交易市场网络还未完全形成，武汉市的产权交易市场有限责任公司还未进入这个大网络。省市政府出面协调以省产权交易中心为龙头，利用政策推动和市场运作相结合的手段将武汉市产权交易机构和城市圈内的技术产权交易机构与省产权交易中心整合，使该中心真正成为功能齐全的统一大市场，乃当务之急。国务院国资委和中国证券业协会多次明确要求湖北加快省市产权交易市场的整合。

（三）建设区域性产权市场，实现中央企业国有产权在湖北区域的交易

争取央企国有产权与湖北省国企产权、民企产权嫁接，提升全省产业结构水平，进而成为继沪津京之后第四家有资格从事中央企业国有产权交易活动的机构，将华中地区中央企业、省属企业及其他所有制企业的产权、债权、股权纳入交易范围，在更高层次上配置资源，使该平台成为华中资源配置的枢纽，利用外资的绿色通道。此事省政府办公厅早在 2004 年 7 月即正式致函国务院国资委提出将央企产权在湖北省产权交易中心交易，但一则当时条件尚不具备，二则工作力度不够，致无结果，现在只要加大工作力度，实现这一目的是完全可能的。

【附录】

十四年后回看本文的落实成果及重大意义
（2020年7月20日）

（一）

这篇文章于2006年5月8日通过正规渠道专报给时任中共湖北省委书记俞正声同志。他高度重视，于9日作数十处批阅记号，认为此事如有突破，将对我省高科技产业的发展，对企业的重组，均有重要意义，批给省长罗清泉同志，要求明确主管此项工作的副省长认真研究。

随即，省长罗清泉批示常务副省长周坚卫主管此项工作，拿出工作方案并组织实施。相关副省长任世茂、郭生练先后作了批示。

省领导批示件传到省国资委，主任杨泽柱、副主任邹顺明同我商定，由产权处和省产权交易中心提出工作方案，国资委党委讨论通过并征求省科技厅意见后，尽早向省政府汇报。

（二）

湖北省委省政府领导的上述批示对武汉城市圈、全省乃至全国产权市场的建设具有诸多重大意义，其中最直接的是对优化整合全省统一大市场具有强大的推进作用。

此前2004年，我向省国资委党委提出过优化整合市州产权交易机构，原则是“五统一”，即统一监管机构、统一信息发布、统一交易规则、统一审核鉴证、统一收费标准，被党委接受实施。2005年省国资委主导完成了除武汉市外的市州产权交易机构的整合。省领导对我此文批示一出，武汉市政府也表示愿意其产权交易所接受整合，但协调过程非常艰难。最后由常务副省长周坚卫主持省政府办公会议，副省长任世茂、郭生练，武汉市政府常务副市长，省政府金融办和省发改委、国资委、科技厅、财政厅、监察厅、工商局等部门负责人和我参加，形成了会议纪要，决定以湖北省产权交易中心为依托，整合省和武汉市的产权交易机构和科技产权交易机构，由省国资委、省科技厅、武汉市国资委和武汉东湖高新区管委会四家出资3000万元，新成立国有独资平台武汉光谷联合产权交易所（见《湖北产权市场是怎么创建起来的》，本书第54－55页）。

此文经省领导批示和省国资委的不懈推进，促成了全省产权市场的统一，并被命名为“湖北模式”。国务院国资委党组副书记、副主任李伟到武汉光谷联交所听取我的工作汇报后给予热情赞赏，产权局局长郭建新评价：湖北“五统一”整合产权市场的模式，“非常符合中国产权市场的发展方向”（见本书《自序》第6页）。九年过去，2013年国务院办公厅发文要求全国国有产权市场实现“四统一”，即统一信息披露、统一交易规则、统一交易系统、统一过程监测。

画面切换到罗清泉同志。2017年8月27日上午，武汉火车站。我夫妇乘高铁去北京，在月台上见已退休的原省委书记罗清泉同志与一青年在说话，我走过去握手，感谢他对省和武汉市产权交易机构整合的支持，没有他的支持，这个事搞不成。他笑着说：“产权交易很重要，整合起来好，现在搞得不错。”上车后我将与罗清泉同志的对话内容编辑微信发武汉光谷联交所时任董事长陈志祥并抄送两位副总经理，传达罗书记对光谷联交所发展的赞许。

2. 关于产权交易机构开展未上市股权质押融资的探索[①]

（2006 年）

一、把握股权质押的定义、法律依据及实施条件

股权质押是指出资人以其持有的公司股权为标的而设定的一种权力质押，公司股权质押的实质在于质权人获得了支配作为质押标的的股权的交换价值，使其债权得以优先受偿。

我国《担保法》第七十五条规定："依法可以转让的股份、股票可以质押"。关于上市公司股权质押，《担保法》第七十八条规定："以依法可以转让的股票出质的，出质人与质权人应当订立书面合同，并向证券登记机构办理出质登记。质押合同自登记之日生效。"关于未上市公司股权质押，《担保法解释》第一百零三条规定："以未上市公司的股权出质的，质押合同自股份出质记载于股东名册之日起生效。"

股权质押的实现需要满足三个充要条件：（1）股权可转让；（2）双方已签订质押合同；（3）股权已登记。质押合同的生效日期是向证券登

① 这是作者 2006 年 8 月 3 日在北京产权交易所董事长熊焰教授发起组建的"中国产权市场创新联盟"成立大会上的演讲词，原载于《产权导刊》2006 年第 8 期第 35—36 页。2009 年 3 月 24－25 日，国务院国资委在杭州召开全国第四次"企业国有产权管理暨产权交易机构工作会议"，作者以本文思路为基础，综合 3 年实践体会，根据大会安排，在会上介绍经验，题为《拓展产权交易机构融资功能，创造产权市场持久生命力》。

记机构办理出质登记之日或记载股东名册之日，股权登记是股权质押行为发生的条件之一。

二、股权质押是未上市中小科技企业融资的现实途径

从20世纪70年代以来，我国中小科技企业的发展在经济增长、社会就业、科技进步以及国际贸易方面的贡献引人注目，但在融资方面却长期处于不利地位。

造成中小科技企业融资缺口的主要原因，一是中小科技企业的自身缺陷。中小科技企业得不到充裕资金的根源在于其没有令人信服的风险加权收益率，中小科技企业规模小，法人治理结构不完善，财务经营状况和未来发展前景不易判断，通常情况下很难找到合适资产提供给商业银行进行抵押，在经济落后地区也会因为产权交易市场不发达而使抵押品难以变现。二是我国金融工具单一，融资渠道狭窄。一方面是巨额的居民储蓄存款余额贷不出去；另一方面是企业贷不到款，很多中小科技企业把眼光盯向股票市场的中小企业板和创业板，其结果往往是一再失望而归。

广大中小科技企业迫切需要一种新的融资方式通过多层次资本市场弥补融资缺口，2006年2月7日《国务院关于实施〈国家中长期科学和技术发展规划纲要（2006—2020年）〉若干配套政策的通知》（国发〔2006〕6号）出台，一直处于“短板”状态的股权质押融资方式如枯木逢春，在产权交易市场上奇葩初绽。

三、产权交易市场正是实现未上市公司股权质押融资的理想平台

非上市公司股权质押在国务院6号文出台前，有三大问题一直未得

到有效解决。一是质押登记机构缺位。非上市公司的股东名册一般由该公司自己保管，缺乏公信力，使其在实务中不能发挥作用，很多公司没有按照法律规定建立股东名册，交易中对股东身份的证明均依赖于工商管理机构的记载，而工商管理机构不办理质押登记，市场呼唤一个有公信力的第三方——股权托管机构来承担登记的职责。二是质押标的的价值难确定。出质人和质权人需要一个交易市场来确定价格。三是质押权力行使难。根据我国《商业银行法》规定，商业银行不得从事投资，其质权自取得之日起一年内应予以处分。商业银行往往难得找到处分的市场，质押权力难以变现。

区域性产权交易市场作为资本市场的重要组成部分，其职能不仅满足股权质押的前三个充要条件，而且有效地解决了开展非上市公司股权质押面临的三大难题。产权交易市场的股权登记托管功能、发现价格的市场功能、股权转让流通变现功能使其成为“两高”科技企业通过股权质押、实现快速融资的无可替代的平台。

四、股权质押操作中的几个关键问题处理

（一）规范股权质押的流程

股权质押的流程是：（1）两高未上市公司（以下简称公司）向产权交易中心提交股权登记托管申请，经审查后办理股权登记托管手续；（2）出质人和质权人签订质押合同；（3）公司向产权交易中心申请办理股权质押，并递交质押资料；（4）产权交易中心对资料审核通过后，根据质押申请和质押合同办理股权冻结手续；（5）质押期满后，产权交易中心根据出质人和质权人共同签署的股权质押解冻申请书办理解冻手续。

（二）选择可质押股权

公司向产权交易中心提出股权质押融资需求后，产权交易中心首

先要组织专家对公司股权进行评估并分类。第一类是有即期交易价值的股权，第二类是有潜在交易价值的股权，第三类是丧失交易价值的股权。第一类股权满足质押条件可以接受质押；第二类股权，产权交易中心首先要帮助其转化为第一类股权后才能接受质押；第三类股权当前不能质押，通过产权交易中心重组、引进战略投资者、盘活存量后才能考虑可否接受质押。

对可质押的第一类股权，经过权威的评估机构评估确认后，到银行（或投资公司）办理质押。参照典当行管理办法，按低于股权评估价50%的比例发放贷款。为进一步降低质权人一方的风险，应由产权交易中心（或引进担保公司）和质权人共同承担该项贷款风险。

（三）明确质权效力范围

《公司法》第四条规定："公司股东依法享有资产收益、参与重大决策和选择管理者等权利。"质权的价值性质决定了质权出质范围仅涉及财产权的出质，因此，以股权为质权的客体时，质权的效力并非及于股东的全部权利，而只及于其中的财产权利。股权出质后，质权人只能行使其中的资产收益权等财产权利。因此，为确保质权人利益不受损失，在操作中必须把公司的决策权和选择管理者权在质押合同中列入质权范围。

（四）确保质权的实现

当债权清偿期满后，公司无法偿还债务，商业银行、产权交易中心可以通过以下方式实现质权：（1）与出质人协议以折价的方式取得出质股权；（2）依法拍卖或变卖出质股权，并从所得价款中优先受偿；（3）收取入质股权的收益，质权人有权在被担保债权到期时向股份所在公司收取股份应得的收益；（4）股权所在公司一旦偿还不了贷款，质权人可行使该公司的决策权和经营权，重新请职业经理人来管理企业。

（五）防范质权风险

股权质权风险可分为盈亏风险和股权转让风险。

盈亏风险。股权质押后，在被担保债权清偿期届满前，入质股权所享有的盈余所得，从法理上讲，应归出质人占有。此间公司若因经营风险导致亏损，质权便失去其担保价值。

转让风险。《公司法》对某些股份转让作了若干限制，主要有：发起人持有的本公司股份，自公司成立之日起一年内不得转让；公司董事、监事和高级管理人员在任职期间每年转让的股份不得超过其持有股份总数的25%。《外商投资企业法》对外商投资企业的股权转让有专门规定。出质尽管不是转让，但却可能导致转让的发生，一旦质权人行使质权，股权必然面临易主的现实，如果与有关禁止转让的规定相冲突，质权人的权力将无法实现。

为规避上述风险，产权交易中心在办理公司股权质押时应注意以下几个方面问题：

第一，《公司法》对有限责任公司、股份有限公司、外商投资公司股权出质及出质比例均有规定，签订股权质押合同时应充分考虑。

第二，公司不得接受以本公司股权为标的的出质。

第三，担保债权控制在质押股份价值的50%以下，约定不足时由质权人强行处置权利，保证贷款人利益。

第四，出质人和质权人在订立质押合同时，应共同委托第三方——产权交易中心为股权质押期间的代理机构。

第五，质权人在被担保债权清偿期未满时，入质权力的收益应由第三方——产权交易中心提存，统一结算，以保护质权人应得利益。

五、初步效果

“两高”股权质押制度实行以来，到湖北省产权交易中心办理股权质押融资业务的个人投资者和机构投资者累计已超过200户，累计融资金额达到5 000万元，挂牌交易的“两高”公司有4家，挂牌公司的市值达到10亿元。2006年5月，位于武汉东湖国家高新技术开发区的某高科技企业，通过湖北省股权托管中心将近4 000万股股权进行质押融资，获得为期一年的2 000万元的低息融资贷款，解了企业的燃眉之急。

3. 国企增资扩股改制方式应当而且只能通过产权市场来完成①

（2007 年）

一、企业融资方式之一——增资扩股简说

企业增资是指公司为扩大经营规模、拓展业务、提高资信程度，依法增加注册资本金的行为。对于有限责任公司来说，增资扩股一般指企业增加注册资本，增加的部分由新股东认购或新股东与老股东共同认购。对于股份有限公司来说，增资扩股指企业向社会募集股份、发行股票、新股东投资入股或原股东增加投资扩大股权，从而增加企业资本金的行为。

企业增资扩股主要有以下目的：（1）扩充资本金，加大净资本规模。（2）筹集经营资金，解决企业本身融资难问题。企业融资有内部融资和外部融资的方式，通过内部股东增资，可以扩充股本资金，减少股东收益分配。通过引入外部股东，则可以增加股东人数，为企业引入外部资金。（3）提高公司信用，获得法定资质。如湖北省种子集团公司，通过增资扩股增大净资本规模，以便达到法定资质要求。（4）明晰产权，完善法人治理结构。通过增资扩股实现企业改制，也是一个产

① 原载于《产权导刊》2008 年第 2 期第 52—53 页。

权明晰的过程。由于外部股东的加入，可以利用外部股东在管理上的经验，建立有效的公司治理结构以及激励与约束机制。可以调整股东结构和持股比例，克服企业一股独大的缺陷，建立股东之间的制约机制。

二、国企改制方式之一——增资扩股方式改制的法规规定之演进

增资扩股被列为国企改制的方式之一，首见于2003年11月30日《国务院办公厅转发国务院国资委关于规范国有企业改制工作意见的通知》（国办发〔2003〕96号）：“国有企业改制，包括转让国有控股参股企业国有股权或者通过增资扩股来提高非国有股的比例等，必须制订改制方案。”

实践两年后，鉴于存在改制方案不完善、审批不严格等问题，国家意识到必须对增资扩股改制方式进行规范。2005年12月19日，《国务院办公厅转发国务院国资委关于进一步规范国有企业改制工作实施意见的通知》（国办发〔2005〕60号，以下简称60号文），特别规定要“严格控制企业管理层通过增资扩股持股”。主要手段有：

一是国有及国有控股大型企业实施改制，应严格控制管理层通过增资扩股以各种方式直接或间接持有本企业股权。经批准，通过公开招聘、内部竞聘上岗或有重大贡献的管理层成员，可通过增资扩股持有本企业股权，但整个管理层的持股总量，不能达到控股或相对控股数量。

二是管理层成员拟通过增资扩股持有企业股权的，第一不得参与制订改制方案、确定国有产权折股价、资产评估中的重大事项，第二必须提供资金来源合法的相关证明，不得向国有及国有控股企业借款，不得以国有产权作为标的物通过抵押等方式筹集资金等。

为了实现严格控制企业管理层通过增资扩股持股的目的，实现择优选择投资者的初衷，60号文提出严格制订和审批改制方案，要求：

“拟通过增资扩股实施改制的企业，应当通过产权交易市场、媒体或网络等公开企业改制有关情况、投资者条件等信息，择优选择投资者。”

三、国企增资扩股改制的规范应当而且只能通过产权市场来实现

我们认为，虽然60号文起草者的本意是想尽量扩大增资扩股的公开性，扩大信息披露的受众面，但实践证明，不仅不可能依靠“媒体或网络”来为“严格控制企业管理层通过增资扩股持股”把关，也不可能依靠“媒体或网络”公开信息来达到择优选择投资者的目的，反而留下了制度上的新漏洞，为管理层通过增资扩股方式稀释甚至转移国有产权提供了两条新的“地下通道”。

（一）增资扩股通过产权交易市场比通过“媒体或网络”具有明显的优势

一是可以充分发挥产权市场“发现投资者、发现价格”的功能，寻找到潜在的合格的投资者和优秀企业家。产权市场积累了大量的风险投资和私募基金等买方资源，有利于为改制企业引入战略投资者。通过产权市场的价格发现功能，可以充分发掘企业股权的最大价值。

二是可以有效防止国有资产流失，杜绝变相协议转让现象的发生。通过产权市场进行增资扩股，可以对原有股权进行彻底的量化，防止变相低价转让和低价稀释股权。企业在设计改制方案的时候，必然是按照市场的规则和要求进行设计，因此对市场上所有潜在的投资者都一视同仁。

三是可以防止股权向管理层过分集中。管理层有可能变相以较低的价格持有公司的股权或者完成曲线“MBO”（即管理层收购）。增资扩股进场操作，通过严格的评估和引入竞价机制，可在一定程度上规避

此类风险，也可避免出让方和受让方之间暗箱操作。

四是有利于国资机构监管。产权市场通过制度设计和信息化手段，可以保证所有过程都在监控之下，避免了人为操作和控制。如果通过“媒体或网络”这些不确定的渠道，则无法对之进行监管。

五是产权交易市场拥有一支素质很高、经验丰富的专业投资银行人才队伍。而“媒体或网络”则基本不具备这个重要条件。

（二）产权市场具有“媒体或网络”的信息公示功能

产权市场发布信息的主要渠道是“媒体和网站”（是“和”而不是“或”），这是3号令早在2003年12月就规定了的。但还不仅限于此，还要通过专业会员发布信息，通过经纪人网络发布信息，并且对信息进行加工整理，做好尽职调查。

四、湖北省国资委通过产权市场完成增资扩股改制的成功案例

湖北省国资委较早地认识到，通过武汉光谷联合产权交易所来实施国企增资扩股改制是正确的选择，因而发文指定湖北省医药公司增资扩股改制项目进场操作。光谷联交所较好地完成了这一工作，引进了两家有上市公司背景的医药企业投资，招股方、参股方和省国资委都比较满意。

（一）成功操作该项目的关键设计

一是招股条件设计：重在择优选择投资者。增资扩股不是单纯的资产或股权转让，而是寻找最优的合作伙伴，因此既需要在投资者的规模、信誉、行业等方面做出选择，又需要考虑投资者与医药公司在产业与文化上融合的可能性，经过与省国资委改革处和省医药公司反复协

商，最终确定了投资者条件。

二是操作程序设计：重在实地考察沟通。产权转让程序一般包括信息公告、意向登记、资格审查、确定交易方式及组织实施交易五个步骤。考虑到增资扩股改制的特殊性，在资格审查之后我们增加了“实地考察与投资意向沟通”的程序，并将之设计为保证增资扩股后新企业发展的重要环节。在实际操作中，实地考察与投资意向沟通起到了重要作用，坦诚的交流既使各方坚定了合作的意愿，又使各方的融合在交易完成之前就已经开始。

（二）操作增资扩股项目注意事项

一是竞价问题。60 号文规定增资扩股改制进入产权市场，主要目的是“择优选择投资者”，因而竞价也是题中应有之义，因为如果按照净资产价增资扩股，对于改制企业来说，前期的投资成本、潜在价值、未来利润潜力以及企业资源的稀缺性，都有可能没有得到充分的体现。

二是股东人数问题。公司扩股的股东人数最好不要超过 200 人而成为公众公司。

五、湖北省国资委对 60 号文所做的制度上的修正和完善

通过武汉光谷联交所操作湖北省医药集团公司增资扩股改制和湖北省种子集团公司增资扩股改制两宗案例的成功实践，湖北省国资委在总结实践体会的基础上，于 2007 年 12 月 29 日，制定了《湖北省国资委出资企业规范改制暂行办法》（鄂国资改革〔2007〕422 号），创造性地执行了 60 号文中关于增资扩股改制的规定，删去了“媒体或网络”的表述，明确产权市场是增资扩股改制择优选择投资者的唯一渠道。该文的表述是：“拟通过增资扩股实施改制的企业，应当通过产权

交易市场公开企业改制有关情况、投资者条件等信息，择优选择投资者。”这就在制度法规上对60号文作出了贡献。随后，武汉光谷联合产权交易所拟定了《湖北省国有企业增资扩股进入产权市场择优选择投资者业务规则》，明确了择优选择投资者的原则和程序，建议交由武汉光谷联合产权交易所办理。报经省国资委同意，2008年12月1日，以《湖北省国资委关于批转〈湖北省国有企业增资扩股进入产权市场择优选择投资者业务规则〉的通知》（鄂国资产权〔2008〕420号），要求：“今后，各市州国资委、各出资企业凡批准国有企业以增资扩股方式进行改制、重组、脱钩改制的，在批复文件中须明确要求进入武汉光谷联交所公开进行。”至此，国企通过增资扩股方式改制择优选择投资者的制度建设，已基本完成。

4. 以“评审加竞价”方式 提高场内协议转让项目增值率[①]

（2008年）

场内协议转让比例居高不下，协议转让价格难以升值是各产权交易机构普遍存在的问题。武汉光谷联交所通过科学设计交易程序，成功实现场内协议转让方式下的高比例溢价。

一、成交价比挂牌价高出78%

（一）案例简介

经中国石化武汉石油（集团）股份有限公司（中央企业，以下简称“武石油”）董事会决定，将其全资子公司实友房地产开发公司（以下简称“实友公司”）100%股权对外转让。评估报告显示，截至2007年9月30日，实友公司总资产为13 557.23万元，负债为11 705.80万元，净资产为1 851.43万元。武石油是武汉光谷联合产权交易所上门承揽的项目，但因属央企项目，故与具有央企国有产权交易资质的北京产权交易所联合操作。征集意向受让方和交易的组织实施工作由光谷

① 2008年4月22－24日，国务院国资委在昆明召开全国第三次“企业国有产权管理暨产权交易机构工作会议”，本文为作者在大会上的典型经验发言材料，原载于《产权导刊》2008年第3期第47—49页。

联交所负责。股权转让公告及相关信息由北京产交所在其网站和《北京商报》发布，光谷联交所在其网站和《湖北日报》发布。

（二）交易方案的设计

经过前期对本项目的尽职调查和增值空间分析，我们在制定交易程序时，有意设计了“评审加竞价”的交易方式，竞价又设计为“二次报价”。

所谓“评审加竞价”，“评审”是指参考招投标的组织程序，对已报名并经过受让资格审核的意向受让方进行评审，重点是对受让意图、企业实力、发展战略、职工安置方案和首次报价等进行综合审核、评议，确定几个都符合本企业发展需要条件的意向受让方。“竞价”是在几个合格的意向受让方之间组织竞价。这种方式是湖北省产权交易中心2005年初操作湖北白云边酒业股份公司93%国有股权转让时首创的，后在荆门凯龙化工公司、松滋金箭股份公司等多个项目中运用，效果很好。

所谓“二次报价”，是指合格的意向受让方有两次报价机会。第一次由意向受让方密封报价，作为提交给光谷联交所用于评审的《产权转让文件》的一个组成部分，该报价在评审中占有一定的权重，但不是唯一的决定因素。第二次报价是指在竞价阶段几个合格受让人之间的可能多轮的报价。若征集仅产生一个竞买人且符合条件（含报价），即不再进行二次报价。二次报价是吸收福建省产权交易中心2005年操作雪津啤酒项目时首创的经验。

这些设计都体现在《产权转让文件》中。业务流程规定，最迟在挂牌后3个工作日内完成《产权转让文件》的制作，以备投资者咨询查阅。报名的意向受让方必须购买《产权转让文件》，并按要求制作《产权受让文件》提交武汉光谷联合产权交易所，以完成受让的要约。

（三）交易方案的实施

本案例的特殊性在于，转让标的企业有较多的遗留问题需要受让方予以解决。许多投资人研究之后认为，解决这些问题的成本过高，实际上会导致标的企业的价值下降，经过审慎研究后，纷纷退出了竞争。因此，本项目在公告期内，仅有一个意向受让方——武汉新八建设集团有限公司（以下简称新八建）作了意向受让登记。

实践经验告诉我们，同一标的对于不同投资者的资源配置的效果是不一样的，为此他们对标的估值也是完全不同的。密封式报价的最大优点就在于每一个竞买人经尽职调查后，结合自身的经营能力和发展需求等综合情况，为赢得竞争，必然将按照各自的估值毫不保留地报出（若仅一名竞买人也必须报价）。这是提高成交价格的关键，也是优于其他交易方式的重要体现。

2008 年 1 月 11 日，新八建按照光谷联交所的《产权转让文件》的要求向我所正式提交了《产权受让文件》，主要包括：第一次密封报价，关于准入条件的资格证明文件和承诺函，关于处理转让公告所述之历史遗留问题的解决措施等。翌日，光谷联交所按照 306 号文关于受让资格审查的要求组织了对新八建的实地考察和资格审查。1 月 14 日，北京产权交易所通过了对新八建的资格审查。由于仅有一名合格的意向受让方，本案未进行二次报价程序。

新八建在《产权受让文件》中的密封报价为 3 300 万元，该报价即为本次产权转让的成交价，相比于挂牌价格 1 851.43 万元，增值 1 149 万元，增值率 78%。对于这一结果，受让方在知悉只有一家意向受让方后仍表示满意。2 月 3 日，在武汉光谷联交所主持下，双方正式签字成交。

二、国家关于协议转让交易方式及其价格确定的规定，其精神内核是鼓励竞争、鼓励增值

（一）96 号文首次提出可以采取协议转让方式

2003 年 11 月 30 日颁布的《国务院办公厅转发国务院国资委关于

规范国有企业改制工作意见的通知》（国办发〔2003〕96 号），在“交易管理”部分提出，在企业国有产权转让中，“具体转让方式可以采取拍卖、招投标、协议转让以及国家法律法规规定的其他方式”。

（二）3 号令规定了在什么情况下可以采取协议转让方式

2003 年 12 月 31 日发布的国务院国资委、财政部令第 3 号《企业国有产权转让管理暂行办法》第十八条规定：“经公开征集只产生一个受让方或者按照有关规定经国有资产监督管理机构批准的，可以采取协议转让方式。”第三十条又规定两种特殊情况下，经省级以上国资委批准，“可以采取协议转让方式转让国有产权”。但第三十条的规定指场外协议转让（可不进场），而第十八条是指场内协议转让。这种经公开征集并经评审后产生一个合格竞买人的情形，与直接批准协议转让给一个竞买人的情形有本质的不同，前一种情形的价格是经无形竞争产生的，是社会实践检验得出的结果。本文讨论的正是这种协议转让。

（三）306 号文规定了场内协议转让可以采取什么价格转让

3 号令实施 3 周年后，2006 年 12 月 31 日发布的国务院国资委、财政部《关于企业国有产权转让有关事项的通知》（国资发产权〔2006〕306 号）在规范企业国有产权转让的价格时规定：“对经公开征集只产生一个意向受让方而采取协议转让的，转让价格应按本次挂牌价格确定。”

三、关于本案与 306 号文对场内协议转让定价规定是否冲突的法律法规分析

表面看来，本案例中协议转让成交价的确定，与 306 号文中关于协议转让成交价格的确定原则相冲突，实则不然。

（一）与306号文的竞价导向在精神上不冲突，与该文规定的资格审核程序不冲突

306号文关于产权转让定价部分，首先有一段前导性和总括性文字："企业国有产权转让价格应当以资产评估结果为参考依据，在产权交易市场中公开竞价形成，产权交易机构应按照有利于竞争的原则积极探索新的竞价交易方式。"从中可以看出，306号文本质上是"竞价导向"的，是鼓励产权交易机构通过创新竞价方式提高竞价率和增值率的。因此，306号文中关于协议转让定价"应按本次挂牌价格确定"的规定，本质上是为防止国有资产流失而设置的场内协议转让价格的下限。

只有唯一的意向受让方并不表示价格不能高于挂牌底价。虽然本项目有较多的后续"麻烦"，但是具有20年建筑施工经验的新八建具有两个方面的独到优势：一是有过解决类似"麻烦"问题的经验，二是在开发项目的建筑施工成本上具有明显的优势。因此新八建对转让标的企业的估值不仅高于挂牌底价，而且也远高于其他的潜在投资者。本案正是按照"竞价导向"设计了交易程序并取得了很好的效果。

306号文对受让资格的审核确认程序有明确规定：产权交易机构登记管理、资格审核——转让方确认——产权交易机构将审核结果书面告知相关各方。本案中，意向受让方《产权受让文件》的提交时间上是在资格审查之前，限于信息不对称，意向受让方并不知道有多少竞争对手，故希望通过一个较高的报价达到确保评审通过甚至"超越"其他竞争对手的结果。所以本案的实施与306号文的程序不冲突。

（二）与《招投标法》的公平竞争精神不冲突

产权交易机构没有义务向报名登记的意向受让方告知它是不是唯一的意向受让方，因为《中华人民共和国招投标法》第五十二条规定：

“依法必须进行招标的项目的招标人向他人透露已获取招标文件的潜在投标人的名称、数量或者可能影响公平竞争的有关招标投标的其他情况的，或者泄露标底的，给予警告，可以并处一万元以上十万元以下的罚款。”从该法条的立法精神可以判断，产权交易机构在意向受让方正式报价之前不将“意向受让方的名称、数量或者可能影响公平竞争的其他情况”向任何意向受让方透露是符合法律精神的。本案在意向受让方提交《产权受让文件》之后进行资格审查和履行相关告知义务，与《招投标法》的公平竞争精神不冲突。

（三）与《合同法》的精神完全相符

《中华人民共和国合同法》第十四条规定：“要约是希望和他人订立合同的意思表示，该意思表示应当符合下列规定：（1）内容具体确定；（2）表明经受要约人承诺，要约人即受该意思表示约束。”在意向受让方提交的《产权受让文件》中，有明确完整的符合“要约”条件的真实意思表示，“要约到达受要约人时生效”。因此本案中转让方和意向受让方按照“要约”中的报价订立合同与《合同法》的精神相符。根据上位法高于下位法的原则，本案中协议转让的成交价高于挂牌底价是合法的。《合同法》的本质（或立法原则）要求“平等自愿，协商一致，诚实守信”，也就是说，凡是经过平等自愿，协商一致依法所订立的合同（含要约），都是合法的。

四、结语

从本案可以得出两点结论：（1）场内协议转让完全存在增值的空间；（2）对具体项目具体分析，科学设计竞争方式，是提高交易项目质量、降低场内协议成交比重、提高增值率的关键。事在人为，在于精心地为、科学地为。

5. 未上市公司股权交易平台和排污权交易平台试运行成为全国创新业务[①]

（2008 年）

一、非上市公司股权交易平台筹建情况已经成熟

2008 年 7 月 30 日，湖北省分管金融工作的副省长赵斌对武汉大学金融工程与风险管理研究中心主任叶永刚教授的书面建言作出批示，同年 8 月 7 日，赵副省长在人民银行武汉分行召开了省政府专题座谈会，行长张静主持会议，研究构建我省未上市中小企业股权流通市场问题。武汉光谷联合产权交易所董事长何亚斌作了主题发言，提出了平台建设的指导思想，不触及中国证监会监管红线，既防范风险又大胆规范创新的原则，埋头苦干、闷头推进、务求成功的原则。会议达成一致意见，积极支持构建我省股权交易市场体系，首先在东湖高新区开展未上市中小企业股权流通的试点。在省和武汉市市政府金融办、省国资委、省发改委、湖北证监局和东湖高新区管委会等部门和单位的高度重视

① 本文为 2009 年 3 月 3 日何亚斌向湖北省人民政府分管金融工作和环境保护工作的副省长赵斌同志的汇报提纲节选，未发表。武汉市副市长孙亚、省政府副秘书长邹贤启、省政府金融办副主任刘美频、省国资委副主任邹顺明等参加了汇报会。2009 年 3 月 18 日，“湖北省主要污染物排污权交易启动仪式”在武汉光谷联合产权交易所举行，邹贤启副秘书长主持，省环保局局长李兵、武汉光谷联合产权交易所董事长何亚斌讲话，副省长赵斌为交易启动敲锣，随后进行实质性交易。《人民日报》3 月 20 日以《湖北启动排污权交易，价格因素将迫使企业自觉推行节能减排》为题报道。

和支持下，武汉光谷产权交易所承办具体工作，逐项落实赵副省长的工作要求，主要做了以下工作：

一是开展研究工作。光谷联交所立即召开股东会，推动通过了委托武汉大学金融工程与风险管理研究中心开展“湖北省未上市中小企业股权交易体系”课题研究工作，提供课题经费。光谷联交所与武汉大学成立了联合课题组，对境内外同类市场作了深入研究，结合我国资本市场发展和我省实际情况，提出了一个初步建设方案提交本次会议审议。代起草了《湖北省中小企业股权交易管理试行办法（草案)》，制定了相关交易规则。这些工作为市场筹建打下了基础。

二是积极争取相关职能部门指导和支持。在市场研究和筹建中，我们得到了省政府金融办、省国资委、省发改委、湖北证监局和东湖开发区管委会的大力支持，省政府金融办亲到东湖高新区督办，经常过问，光谷联交所也多次向相关部门汇报工作进展情况，省政府出台支持文件。省人民政府2008年11月20日发布的《武汉城市圈综合配套改革试验三年行动计划（2008—2010年)》（鄂政发〔2008〕68号)，将推动我所体制机制创新和争取将武汉纳入全国统一的非上市公司股权场外交易监管体系，作为金融市场改革创新试点的重要内容。省国资委在去年12月24日发出《关于加大投资扩大内需的工作方案的通知》（鄂国资发展〔2008〕468号）提出“重点以武汉光谷联合产权交易所为平台，争取开展未上市公司股权集中托管与交易”。2009年1月21日东湖高新区主任刘传铁在年度工作报告时指出：“支持光谷联交所发展，积极推进未上市高成长性中小企业股权交易市场建设，争取建设全国性排污权交易平台。”

二、排污权交易平台试运行工作已经准备就绪

2008年2月22日，赵斌副省长到光谷联交所调研后，我所积极筹

备主要污染物排放权公开竞价交易平台的建设。由光谷联交所参与起草的《湖北省主要污染物排污权交易试行办法》（鄂政发〔2008〕62号），已于2008年10月6日出台。目前有关排污权交易的各项制度已制订，交易平台网络已开通，市场竞价系统正常运行，省环保局监制的《排污权市场交易鉴证书》已刊印，准备工作已经完成，只待省环保局下达排污权交易指标即可开展交易。

我们将抓住历史性机遇，积极做好非上市公司股权交易平台和排污权交易平台建设工作。协调配合武汉大学尽快完成下一阶段的专项研究和交易系统设计工作，根据本次会议的精神，细化“股权交易系统”的市场框架设计、市场监管体制设计、交易模式设计、交易系统软件化和市场运作方案等工作。组织、服务首批高成长性中小企业进场挂牌交易，组织、服务首批投资者进场，并做好我省股权交易市场宣传推介工作。尽快运行未上市公司股权交易系统，为企业提供股权托管、交易、融资的配套服务。在省环保局的领导下，积极为申报成为华中区域性排污权交易平台做好具体工作。

第四编

产权市场培育和监管政策解读

1. 伟大的里程碑[①]

——学习国务院国资委　财政部3号令《企业国有产权转让管理暂行办法》的体会

（2004年）

新年伊始，国资管理部门和产权交易机构就迎来一件令人非常振奋的喜事：国务院国资委和财政部联合发布了3号令：《企业国有产权转让管理暂行办法》（以下简称《办法》），这是我国国有资产监督管理和产权交易建设事业的一个伟大的里程碑，它对国有产权转让活动的规范和促进，必将产生极其重大、极其深远的影响。本文在对《办法》条文初步解读的基础上，试图就其亮点和意义谈一点体会，并对当前紧要的工作谈一点想法。

一、条文解读

《办法》共6章39条，其中正文35条，附则4条。

第一章“总则”部分7条。第一条说明制定本办法的目的有四：规范行为，管理交易，促进流动，防止流失。第二条说明适用范围，其中第三款对“企业国有产权”定义的外延作了三种权益的界定（国务院378号令即《企业国有资产监督管理暂行条例》曾对这一概念作

① 原载于《产权导刊》2004年第2期第10—12页。

过表述，此次界定更准确、更全面）。第三条规定产权转让应遵守三项原则，这就是：守法原则、有利原则、“三公”原则。第四条规定产权转让应当进入依法设立的产权交易机构公开交易。第五条明确产权转让的方式可以主要采取拍卖、招投标和协议转让三种。第六条规定产权转让的前提是产权归属清晰。第七条明确企业国有产权转让的监督管理工作由国资委负责。

第二章紧接着写“监督管理”。这一部分3条，分别陈述监管部门（国资委）的职责，转让主体（所出资企业）的职责，合格产权交易机构应当具备的条件。第八条明确监管部门的监管职责有6项：建章立制；审批报批；选择产交机构；过程监督；信息收集；其他。第九条明确转让主体即所出资企业职责有4项：建章立制并报备；遵循有利原则；报批审批；报告转让过程与结果。第十条列举国资委选择合格产交机构的基本条件，条件有5个：（1）看其是否守法；（2）看其是否履责；（3）看其是否公开披露信息并向国资委报告交易情况；（4）看其是否具备交易活动的条件；（5）看其近3年是否有将产股权拆细连续交易的行为。

第三章，规范“转让程序”，共14条。转让共分6步依次进行。可用路线图表明：

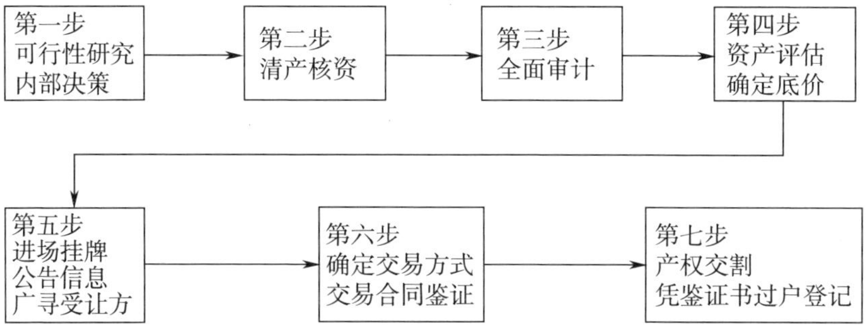

图1　企业国有产权转让路线图

明确这些次第展开的路线图不是本《办法》的创造，这一章的核心操作程序在每一步的具体规定之中。

第一步（第十一条），对转让决议形成的内部决策程序作了规定：属独资企业的，由总经理办公室会议审议：属独资公司的，由董事会审议（不设董事会的，由总经理办公室审议）。涉及职工权益的，应当听取职代会意见，职工安置方案应经职代会通过。第二步（第十二条），转让事项批准后，先由企业清产核资，再由企业委托会计师事务所独立、公正审计。如果转让导致不再控股的，由国资委组织清产核资，并由国资委委托社会中介机构办理。第三步（第十三条），清产核资和全面审计后，由转让方委托合格评估机构评估，确定转让参考底价。按财政部原规定，成交价如低于参考底价 90% 的，要经该标的转让批准机构同意。第四步，公告，第十四条规定公告信息的方式和内容。方式有 3 个要件：由产交机构受托公告；在省级以上报刊和（不是“或”）产交机构网站上公告；公告期为 20 个工作日。内容要包括 7 项。公告的目的是广泛征集受让方，因此，第十五条、第十六条专门对受让方的条件提出了必要的要求。第五步，征集到受让方之后就要确定交易方式。有两个以上受让方时可采取拍卖方式或招投标方式（第十七条），只有一个受让方时经国资委批准可采取协议转让方式（第十八条）。第三十条又对两种特殊情况下的转让规定经省级以上国资委也可采取协议转让方式。将这一条放在“批准程序”章中来写，是因为这两种特殊情况下的转让是不需要预先广为公告的。采取招投标方式和协议转让方式的，均须签订转让合同并经产交机构鉴证取得鉴证书（或称成交确认书）。转让合同是一个严肃的法律文书，故第十九条规定了转让合同应当包括的 11 项内容，其中重点是职工安置方案、债权债务处理方案、转让价格和付款方式。由于转让价款的支付是一个可能引发矛盾的问题，故而第二十条对付款方式作了 4 项硬性规定：（1）原则上一次付清；（2）分期付款的，首付不得低于 30%；（3）余款应提供合法担保并付息；（4）付款期最长不得超过 1 年。第二十一条对转让标的涉及土地和矿产的，指明要按国家相关规定办理手续。第二十二条说明转让导致出让方不控股时，应对职工劳动关系、社会保险等的接续做好安排。第二十三条规定，转让取得的净收益，要按国家有关规定（财政部文件）处理。第六步（第二十四条）转让完成，交易双方应凭产交机构的鉴证书（成交确认书）到相关部门办理相关产权过户和工商变更登记手续。

第四章规范转让的“批准程序”。第二十五条规定：国资委决定所出资企业的转让（导致不控股的要报本级政府批准）。第二十六条规定：所出资企业决定其子企业的转让（重大转让事项应报国资部门会签财政部门后批准）。第二十七条，涉及上市公司国有股性质变化的，或实际控制权转移的，应同时（“同时”二字很重要）遵守证监会的规定；对非上市公司国有股的转让，国家另有规定的从其规定，没有另外规定的，按本办法。第二十八条规定：审批转让行为，要审查6种文件，重点是有关决议文件和转让方案。因此，第二十九条专门对转让方案的内容作了6个方面的规定。第三十条是对国民经济关键行业关键领域的受让方如有特殊要求，或将产权转让给所属控股企业，这两种情况下，经省级以上国资委批准，可不进入产权市场直接协议转让。第三十一条是申明已经获批的转让事项如转让方案又发生重大变化须重新报批。

第五章“法律责任”分别界定交易主体的法律责任（第三十二条）、中介机构的法律责任（第三十三条）、产交机构的法律责任（第三十四条）、批准机构的法律责任（第三十五条）。第三十二条第一款特别强调交易主体如“未按本办法有关规定在产权交易机构中进行交易的”转让行为，不仅无效，而且企业直接责任人要承担法律责任。

第六章“附则”中指明，政企尚未分开的单位以及其他持有企业国有产权的单位，其企业国有产权（如非经营性资产转经营性资产）的转让，由财政部门批准，但仍比照本办法执行。

二、亮点内容

《办法》的亮点很多，主要有：

（一）明确了监管的内容

国务院国资委的“三定”方案中有一项职能是“监督、规范国有产权交易”，但语焉不详（也不可能详）。国有产权交易的监管工作包括：（1）对产权交易主体（转让方与受让方）的监管；（2）对产权交易相关中介组织和行为的监管；（3）对产权交易机构和行为的监管；（4）对国有产权主管部门的监管；（5）对产权交易市场的监管。本《办法》对上述前四项都作了详尽规定（只对最后一项没有展开表述）。

（二）强调了进场交易

《办法》第四条明确规定，国有产权转让应当进依法设立并合规的产权交易机构内交易。第十七条指出，转让合同应当经产权交易机构鉴证并取得凭证。第二十四条在终端把关：只有凭产交机构出具的凭证才能办理国有产权过户手续和工商变更登记手续。第三十二条第一款又明确了交易主体未按本办法有关规定在产权交易机构中交易的行为应当终止，或确认无效，当事人员要承担法律责任。

（三）保障了出资人权益和职工权益

《办法》体现了确保出资人的权益不受损，确保国有资产保值增值的指导思想。在转让的批准程序方面，在清产核资、全面审计、公正评估方面，在进场公开竞价方面，在付款方式与支付保证方面，在转让净收益的处理方面，都作了严格的规定。同时，对被转让企业职工的合法权益的保障，也作了周到的安排，体现了“三个代表”的重要思想。在可行性研究与内部决策阶段，涉及职工权益的，应听取职代会意见，职工安置事项应经职代会通过（第十一条）；制订转让方案应包括经企业所在地劳动保障行政部门审核过的职工安置方案（第二十九条），而且特别指明主管部门在批准转让发生前就要审查这个方案（第二十八条）；签订转让合同应包括职工安置方案的内容（第十九条）；如果转让后导致转让方不再控股，转让合同应包括在同等条件下对标的企业职工优先安置方案（第十九条），而且应处理好与职工的劳动关系，解决被拖欠的工资、欠缴的社保费等费用，并做好社保关系的接续（第二十二条）。可谓保障有力。

三、重大意义

自20世纪80年代下叶以来，伴随着产权制度改革的深化，产权交易活动在我国开展已十多年了，虽然一些省市从各地情况出发制定过相应的管理办法，但一直没有出台过全国性的法规，其后果是国有资产流失和流不动的两种现象都同时存在。国务院国资委成立短短七八个月时间，着重抓了两件大事：一件是出资人到位和《企业国有资产监督管理暂行条例》的制定并以国务院令公布施行，另一件是规范国企改制工作和企业国有产权转让管理。两件大事都取得突破性成果，功在全国，利及长远。本《办法》的出台，意义极其重大。

（一）为企业国有产权交易提供了可循的章法

《办法》规范性很强，体现在：一是对市场所涉角色的行为作了严密的规范。《办法》对监管部门职责，对所出资企业法人职责和行为，对交易主体双方的行为，对中介机构的执业行为，对产权交易机构的行为，都作了明确的规范，并且界定了各自的法律责任。实际上对相关行政管理部门（包括财政、工商管理、土地管理、房产管理部门）也延伸提出了要求。二是对程序作了严密的规范。中国恢复在联合国的合法席位后，时任外交部长乔冠华出席联合国大会归来作报告时有一句话令人不忘，他说，过去我们一直说美国操纵联合国，其实并不知道它是怎么操纵的，通过参加这次联大会议才搞明白，美国是通过操纵程序来操纵联合国的。本《办法》正是通过规范企业内部决策程序，规范批准程序，规范核资审计评估程序，规范进场交易程序，来实现过程监管，从而实现产权有序流转的目的。

《办法》可操作性很强，这一点体现在《办法》严密的逻辑体系和流程之中。其中提出的职责要求、程序要求、文书要求都是必要而且可以做到的，流程脉络十分清晰，按照这个路线图一步一步运作，交易就能健康与快速完成。

（二）为现代产权制度的建立提供了有益的渠道

党的十六届三中全会的《决定》最大的突破在于提出建立以“归属清晰、权责明确、保护严格，流转顺畅”为内容的现代产权制度，认为这是构建现代企业制度的重要基础，是完善基本经济制度的内在要求。同时提醒全党，这种产权制度具备“四个有利于”：（1）有利于维护公有财产权，巩固公有制经济的主体地位；（2）有利于保护私有财产权，促进非公有制经济发展；（3）有利于各类资本的流动和重组，推动混合所有制经济发展；（4）有利于增强企业和公众创业创新的动力。《办法》正是本着这个宗旨，在“保护严格”和“流转顺畅”上煞费苦心，创造出了一种国有资本有进有退、合理流动的良好机制。《办法》除第二十七条对“转让企业国有产权涉及上市公司国有股权变化或者实际控制权转移”这两种情况要求遵守国家现行法律法规和证监会的规定外，对受让方的条件，只作了经济方面的规定，其潜台词是三句话：国有产权可以转让；只要经济条件符合，谁都可以受让；转让要按本《办法》规范进行。这就为国有资本与外资和民营资本以及自然人资本之间的互通建立了畅通的渠道。

（三）为建立统一开放竞争有序的现代产权交易市场提供了牢靠的基础

笔者原来最关心的是国资委管不管产权交易机构，管不管产权交易市场，曾为此撰文呼吁国务院授权国资委既管产权交易机构又管产权交易市场（见《产权导刊》2003 年第 11 期）。读了此次发布的《办法》，长舒了一口气。《办法》虽然没有单独条文表述国资监管机构监管产权交易市场，但既然管产权交易机构，那么管市场就是题中应有之义了。我的理解，把在产权交易市场上活动的各种角色主体的行为监管好了，管市场的主要职能就寓于其中了。不久前国务院办公厅转发国务院国资委《关于规范国有企业改制工作的意见》中曾载明，将由国务院法制办会同国资委、财政部等部门研究有关产权交易市场的法规和监管制度，本《办法》的内容已显示了新的产权交易市场法规的基本面。

四、当前迫切需要抓紧的几项工作

（一）大力宣传

国有产权转让不进场而私下处理的支持者，主要是某些地方党政领导干部。3 号令要执行到位，首先要克服来自党政领导干部的阻力。同时，考虑到企业国有产权转让涉及面很广，国家所出资企业众多，持有企业国有产权的政企尚未分开的单位和其他单位也不在少数，当前第一步要做的工作就是要采取各种方式把《办法》贯彻到企业和单位。

（二）推动相关职能部门联手执行

建议由国资委牵头，财政、审计、劳动保障、工商管理、土地管理、房产管理、商务、监察、人事、司法部门和合规产权交易机构参加，明确各自把关职责，密切协同，联手执行本《办法》。没有部门的配合，《办法》难以执行到位。

（三）进一步严格产权交易机构内控制度

鉴于产权交易机构是为产权交易提供场所，履行信息发布、过程监督、合同鉴证职责，不以盈利为目的的事业法人，所以《办法》没有像其他同类法规那样对其作资质认定，而是采取有条件选择的办法来让产权交易机构自行约束合规。对违规的不再选择从事相关业务。应当说，全国大部分省级产权交易机构是符合《办法》所要求的5项条件的，但仍需进一步严格内控制度，以便高水平高质量地搞好服务。

（四）加强检查督办，务求落实

我们一定要珍惜《办法》，主动落实《办法》。要落实，必须慎始敬终，关键在于抓好三个环节：一是事前把关，二是事中检查，三是事后对违规者将法律责任落实到人。

2. 明确国有资产交易监管职责是32号令皇冠上的明珠[①]

——学习国务院国资委　财政部《企业国有资产交易监督管理办法》的体会

（2016年）

2003年春组建的国务院国资委，于12月31日联合财政部共同发布《企业国有产权转让管理暂行办法》（两部委令第3号，以下简称《暂行办法》）。笔者学习后立即写作《伟大的里程碑》（见《产权导刊》2004年第2期），对之解读，热情讴歌，认为“它对国有产权转让活动的规范和促进，必将产生极其重大、极其深远的影响”。《暂行办法》包括为其配套完善陆续出台的14个规章，业界习称“一拖十四”，实施以来，效果非常好，成绩难以尽数。最大的历史性贡献，一是在规范方面，落实了“进场交易”，解决了此前一直未能解决的国有产权“场外交易”的严重问题，为国有资产保值增值和反腐败作出了巨大贡献；二是在发展方面，体现了市场资源配置功能，展示出产权交易“发现投资者、发现价格”的能力，为经济社会发展作出了巨大贡献。

历史总是不断前进的。2016年6月24日，国务院国资委和财政部令第32号联合发布《企业国有资产交易监督管理办法》（以下简称《监管办法》），文中特别注明，该《监管办法》已“报经国务院同

① 此文系受中国产权协会委托而研究并写作。原载于《产权导刊》2016年第8期第5—6页。

意”。这个《监管办法》较之2003年由两部委联合发布的《暂行办法》以及与之配套的规章，有很多新思想、新成果，其中最大的突破，笔者认为，莫过于全面明确国资监管机构对企业国有资产交易的监管职责。如果将32号令比喻为我国国有资产交易事业的皇冠，那么，进一步明确监管机构监管职责的内容，就是这顶皇冠上的明珠。

一、监管新职责的内容

《监管办法》第五章“监督管理”部分明确规定，“国资监管机构及其他履行出资人职责的机构对企业国有资产交易履行监管职责”。

由此，第五章“监督管理”的内容就丰富了。该章共5条，体系完备，各有侧重。

第五十三条　明确六项监管职责。

（一）制定监管制度：“根据国家有关法律法规，制定企业国有资产交易监管制度和办法。”

（二）审批重大事项：“按照本办法规定，审核批准企业产权转让、增资等事项。”

（三）选择使用交易机构：“选择从事企业国有资产交易业务的产权交易机构，并建立对交易机构的检查评审机制。”

（四）检查制度执行：“对企业国有资产交易制度的贯彻落实情况进行监督检查。”

（五）收集分析交易信息：“负责企业国有资产交易信息的收集、汇总、分析和上报工作。”

（六）留出监管创新空间：“履行本级人民政府赋予的其他监管职责。”

第五十四条是对第五十三条第（三）款“选择交易机构”的原则和条件作出的明确要求。

原则是："省级以上国资监管机构应当在全国范围选择开展企业国有资产交易业务的交易机构，并对外公布。"

这是《监管办法》又一重大进步，比此前执行的《关于做好产权交易机构选择确定工作的指导意见》（国资发产权〔2004〕252号）更有利于打破区域限制，更有利于中央企业国有资产交易资源的公平共享。

本条列举出被选择的产权交易机构应当同时满足的6个条件。

第五十五条是对被选择的产权交易机构进行动态监督的规定，体现出从"事后监督"转变为"动态监督"和"实时监督"的要求。

第五十六条是对转让方或增资企业进行监管的规定。

第五十七条是对出资企业（及其控股和实际控制企业）的国有资产交易情况定期检查和抽查的规定。

上述5条规定，对国有资产交易的主要当事方都有了监管要求，从体制上就理顺了。

二、明确监管新职责具有重要意义

由于明确了国资监管机构是全国企业国有产权交易的监管主体，许多重大事项的推进就将一顺百顺了。

（一）落实中发〔2015〕22号文，将产权市场建设成为名副其实的资本市场，就有希望了

培育与监管并重。中共中央、国务院《关于深化国有企业改革的指导意见》（中发〔2015〕22号）第十四条首次确认产权交易市场与证券交易市场并列、同属资本市场，这是党和政府对我国产权市场27年发展贡献的承认和肯定，更是对其功能今后充分发挥的期待和要求。按照资本市场的属性和功能来定位、培育和监管，是全国产权人和行业

协会的历史使命，但是，国家如果没有一个职能部门来负责，至少来指导，肯定难竟全功。

（二）落实国办函〔2013〕63号，将产权市场建成全国“四统一”的市场，就有依托了

国务院办公厅《关于贯彻落实国务院第一次廉政工作会议精神任务分工的通知》（国办函〔2013〕63号）要求：“改革和完善国有产权交易制度，推进国有产权交易市场化改革，实行统一信息披露、监测等，加强制度建设，严格进行督促检查（财政部、国资委、发展改革委）。”我们注意到，此项工作的牵头单位不是国务院国资委。从今年的《监管办法》中我们高兴地看到了统一信息披露、统一交易规则、统一交易系统、统一过程监测的精神，比如要求在全国范围选择交易机构；将交易管理制度、业务规则、收费标准等向社会公开，交易规则符合国有资产交易制度规定；对设施、专业人员和网络竞价条件有新标准；注重能力建设，对服务能力和水平有新要求；对信息化建设和管理水平有新规范；等等。

（三）落实中央和国务院关于提请修改国资法的工作，就有推动者了

前文提到的中发〔2015〕22号第二十七条提出：“要加强国有企业相关法律法规的立改废释工作，确保重大改革于法有据。”随后出台的《国务院关于国有企业发展混合所有制经济的若干意见》（国发〔2015〕54号）第二十五条，《国务院关于改革和完善国有资产管理体制的若干意见》（国发〔2015〕63号）第十四条，都提出要依法推动对企业国有资产法的修改工作，这是一项极其重要的大业。要将执政党和政府关于产权交易市场与证券交易市场并列作为资本市场的规定，通过产权市场引进战略投资者改革为混合所有制经济的规定，增资扩股通过产

权市场阳光办理的规定，产权市场成为反腐败工作机制组成部分的规定等等，通过立法修法的形式，在新的国资法中得以体现，转变为全国人民的共同意志，还有艰苦的工作要做。有了国务院国资委这个主体，就可以与国务院法制办，与全国人大法制工作委员会，顺畅对接，反映诉求了。

三、认识把握和适应监管新职责，主动做好本职工作

主要工作至少有：

（一）认真学习《监管办法》

认真系统学习《监管办法》，深刻认识其重要意义，全面把握精神实质，积极适应市场化进步。

（二）做好评审准备工作

对照被选择的产权交易机构应当同时满足的6个条件，提前做好准备工作，迎接评审。通过选择评审，正是全面提高各产权交易机构管理水平和业务能力的契机。现有基础较好的一些机构，可以对照具体要求创造承担中央企业国有资产交易和增资的软硬条件，做好预案。已经承担央企资产交易业务的机构，则需要做好“分羹”的心理准备和相应的业务调整。

（三）产权交易行业协会可根据监管新职责调整相关规划

国务院办公厅《关于实施国务院机构改革和职能转变方案任务分工的通知》（国办发〔2013〕22号）要求，“使行业协会商会真正成为提供服务、反映诉求、规范行为的主体”。中国企业国有产权交易机构协会自2011年成立以来已经做了大量卓有成效的工作，取得了历史性

进步，正在朝上述工作目标稳健迈进。《监管办法》的发布，为协会提供了更大的发展空间，也提出了新的工作要求，组织全行业贯彻执行《监管办法》，就是其中之一。

祝愿我国企业国资监管这颗皇冠上的明珠，永远熠熠生辉！祝福欣欣向荣的中国产权市场，收获累累硕果！

3. 产权市场应全面助力央企调整重组[①]

——学习国办发 56 号《关于推动中央企业结构调整与重组指导意见》的体会和思考

（2016 年）

2016 年 7 月 17 日，国务院办公厅《关于推动中央企业结构调整与重组的指导意见》（国办发〔2016〕56 号，以下简称《指导意见》）正式发布。该文对这项工作提出了总体要求和主要目标，安排了重点工作，设计了完成任务的保障措施。《指导意见》对当前央企调整重组工作，具有极其重要的、长远的指导作用，为产权市场发展指明了新方向。全文内容丰富，但行文精准简约，可读性也强。笔者从此文出台的背景和依据、主要内容、对产权交易界的影响和我们应当做好的工作等方面谈一谈体会与思考。

一、出台的背景和依据

《指导意见》第一段“导语”部分包含三层意思。

首先，肯定了中央企业在结构调整与重组方面取得的成绩，指出了存在的不足。讲成绩是四句话：布局结构不断优化；规模实力显著增强；发展质量明显提升；各项改革发展工作取得了积极成效。讲不足有

① 本文系笔者受国务院国资委规划局委托写作。该局是国办发〔2016〕56 号文在国资委环节的起草单位。原载于《产权导刊》2016 年第 10 期，第 5—10 页。

三句话：产业分布过广、企业层级过多等结构性问题仍然较为突出；资源配置效率亟待提高；企业创新能力亟待增强。

其次，指明了此文制订的目的和依据。目的是三句话：第一句话是为贯彻落实党中央、国务院关于深化国有企业改革的决策部署，第二句话是为进一步优化国有资本配置，第三句话是为促进中央企业转型升级。制订的依据就是“1 + N”配套改革文件，其中“1”是指 2015 年 8 月 24 日由中共中央、国务院印发的《关于深化国有企业改革的指导意见》（中发〔2015〕22 号，以下简称中发 22 号文）。

最后，介绍了此文出台的程序。像这样的重要文件，制定的程序一般是，国务院国资委职能厅局起草，主任办公会议通过报国务院办公厅，国办征求文中涉及相关部委意见，上国务院常务会议原则通过。因为涉及加强党的领导的内容，还要经党中央审定。最后由国务院办公厅行文。

二、主要内容

包括总体要求、主要目标、重点工作和保障措施。

（一）总体要求

第一，“指导思想”的表述是“手段”和“奋斗目标”的统一。该文表述为 16 句话。“手段”14 句话可分为两大部分，前 5 句为“普遍性指导思想”，包括：贯彻中央精神，学习领会习近平总书记系列讲话，落实“四个全面”战略，树立“五种发展理念”，推进供给侧结构性改革。后 9 句为“特殊性指导思想”，包括：要坚持公有制主体地位，发挥主导作用，以优化国有资本配置为中心，着力深化改革、调整结构、加强科技创新、加快转型升级、加大国际化经营力度、提升中央企业发展质量和效益。“奋斗目标”是两句话：推动中央企业在市场竞争中不断发展壮大，更好发挥其保障骨干中坚作用。

第二，中央企业结构调整与重组工作要坚持5大原则：服务国家战略原则、尊重市场规律原则、与中央企业内部改革相结合原则、依法规范原则和统筹协调推进原则。

（二）主要目标

调整重组工作，到2020年，总体上要实现三大目标。一是战略定位与功能作用目标——中央企业战略定位更加准确，功能作用有效发挥；二是结构调整与资本配置效率目标——总体结构更趋合理，国有资本配置效率显著提高；三是发展质量目标——发展质量明显上升，形成一批具有创新能力和国际竞争力的世界一流跨国公司。

具体目标是：

第一，功能作用有效发挥。标志是发挥好“四力”——保障力、控制力、影响力和带动力。值得注意的是，《指导意见》没有像过去那样提每个中央企业“做大做强”，因为后文安排要清理退出一批。

第二，资源配置更趋合理。标志是，中央企业纵向调整加快；中央企业间横向整合基本完成，协同经营平台建设加快推进。

第三，发展质量明显提升。标志是“9个更加”“两个转变”。

（三）重点工作

《指导意见》明确了下一阶段推进中央企业调整重组的重点工作，即“四个一批”：巩固加强一批、创新发展一批、重组整合一批、清理退出一批。

第一，巩固加强一批。对主业处于关系国家安全、国民经济命脉的重要行业和关键领域、主要承担国家专项重大任务的中央企业，要保证国有资本投入，保持国有资本控股地位，支持非国有资本参股。

第二，创新发展一批。搭建三大平台——调整重组平台、科技创新平台、国际化经营平台，推动产业集聚和转型升级，促进战略性新兴产业发展，增强中央企业参与国际市场竞争的能力。

第三，重组整合一批。推进中央企业强强联合、中央企业间专业化整合、中央企业内部资源整合和并购重组。

第四，清理退出一批。《指导意见》就此提出4种“瘦身”举措。一是化解过剩产能淘汰落后产能；二是加大清理低效无效资产力度；三是退出一批不具有发展优势的非主营业务，加大退出力度，实现国有资本形态转换；四是剥离企业办社会职能和解决历史遗留问题。通过这些措施，解决好“退得出”的问题。为配合这项工作，早在6月11日，国务院办公厅转发了国务院国资委、财政部《关于国有企业职工家属区“三供一业”分离移交工作指导意见的通知》（国办发〔2016〕45号）。

（四）保障措施

《指导意见》提出4方面的保障措施：加强组织领导；加强行业指导，加大政策支持；完善配套措施。

三、对产权界的影响和我们应当做好的工作

（一）产权市场大有可为

《指导意见》对中央企业结构调整与重组工作作出了全面、系统、周密、精当部署，其中与产权交易市场相关的表述频繁出现，初步统计，共有9处之多。

第一，在“导语”部分指出，制定本《指导意见》的目的，是“进一步优化国有资本配置”。市场，在资源配置中起决定性作用。产权市场，属于现代要素市场。中发22号文第十四条，首次明确产权交

易市场属于资本市场，这为产权市场开展国有资本配置和中央企业重组奠定了地位基础。

第二，在“基本原则”部分提出：“坚持严格依法规范……加强国有产权交易监管，防止逃废金融债务，防范国有资产流失。”而防止国有资产流失，使国有资产保值增值本来就是产权市场设立的初衷。

第三，在“主要目标”部分提出：“通过兼并重组、创新合作、淘汰落后产能、化解过剩产能、处置低效无效资产等途径，形成国有资本有进有退、合理流动的机制。”实现这样的目标，产权市场不可或缺，甚至可以发挥主要作用。

第四，在“重点工作”之“创新发展一批”部分，在谈到“搭建调整重组平台”，探索国有资本投资、运营公司的运营模式时，提出“两个通过”，都与产权市场直接相关。“通过开展投资融资、产业培育、资本整合，推动产业集聚和转型升级，优化中央企业国有资本布局结构；通过股权运作、价值管理、有序进退，促进国有资本合理流动。”这正是产权市场的基础功能。

第五，在“创新发展一批”部分，提出了“两类托管”，即资产托管和企业托管方式：“将中央企业中的低效无效资产，以及户数较多、规模较小、产业集中度低、产能严重过剩行业中的中央企业，适度集中至国有资本投资、运营公司，做好增量、盘活存量、主动减量。”这项工作，产权交易机构已有许多成功案例，有经验、有能力做。

第六，在“搭建科技创新平台”部分，要求构建和加强 6 个专业平台：科技研发平台，行业协同创新和集成创新平台，“互联网 +”平台，支持创新的金融平台，国际科技合作平台，创新创业孵化和服务平台。这些方面，产权市场都有参与建设的必要，一些产权交易机构早已涉足其中。

第七，在“重组整合一批”的 4 种措施中，产权市场都可以大显身手。推进强强联合、推动专业化整合、推进企业内部资源整合、开展并购重组，都可以通过产权交易机构的投资银行业务，帮助中央企业来实现，而且不少产权交易机构都创造了成功案例。

第八，在“清理退出一批”的 4 种瘦身方式中，产权市场更是可以大有作为。化解过剩产能、淘汰落后产能，清理扭亏无望企业、通过产权转让处置低效无效资产，退出不具有优势的非主营业务，剥离企业办社会职能、分离“三供一业”事项，正是要通过产权市场进场交易来实现。近 30 年来，几乎所有产权交易机构都有成熟的经验。

第九，在“保障措施”之“加大政策支持”部分，讲道“要充分发挥各类基金的作用，积极稳妥引入各类社会资本参与和支持中央企业结构调整与重组。”国务院国资委在 4 年前就出台了《关于国有企业改制重组中积极引入民间投资的指导意见》（国资发产权〔2012〕80 号），产权市场在这方面已经作了探索，积累了一些经验，需要大踏步的前进。

（二）我们应当做好的工作

笔者认为，要重点回答两大问题：我们可以做什么？我们应当为此做好哪些工作？

第一，学透《指导意见》，进一步对产权市场准确定位，看清未来发展方向，明确“我们可以做什么”。

《指导意见》的起草者和审定者为提高资源配置效率，除要求作为上市公司的中央企业利用作为资本市场的证券市场做好重组业务外，对作为资本市场的产权市场也寄予了殷切希望。中国企业国有产权交易机构协会于今年 5 月启动了产权市场定位研究，现在已经进行到一定程度。建议吸纳这一最新精神，对我国产权市场进一步准确定位，这既是国家赋予我们的责任，也是我们事业发展的巨大商机。

要明确“我们可以做什么”。各合法的产权交易机构都要争创中央企业调整重组综合服务平台。

为中央企业产权交易服务，国务院国资委十多年来一直在由京、津、沪、渝产权交易机构进行“试点”。今年6月24日印发的国务院国资委、财政部令第32号《企业国有资产交易监督管理办法》（以下简称“32号令”）第五十四条规定，选择开展企业国有资产交易业务的产权交易机构，将在全国范围内进行。这样，国务院国资委选择利用为中央企业服务的产权交易机构，肯定不止原来的4家。这种为中央企业资产交易服务的平台，只能称为狭义服务平台，因为有广义服务平台——《指导意见》为更多产权易机构提供了全方位的综合服务平台。

我们要瞄准“四个一批”做文章。对属于“巩固加强一批”的中央企业，产权市场要为其引入战略投资者。对属于“创新发展一批”的，要发挥产权市场优势，利用合伙机制，选择合伙人，还可以利用产权市场各种平台的基础条件对接中央企业，为其平台建设服务。对属于“重组整合一批”的，要发挥产权市场功能，通过市场化的方式，以产权为纽带，开展重组整合。对属于“清理退出一批”的，要通过产权市场配置，发现竞买人，发现价格，验证产权市场巨大功能，实现国有资产最大增值。

第二，践行《指导意见》，明确“我们应当为此做好哪些准备”，并且为中央企业调整重组做出更多实绩来。

荀子曰，“坐而言不如起而行”。在新形势新要求下，产权交易机构加强能力建设，已经成为一项迫在眉睫的大任务。笔者在《新的使命与当前任务》一文（见《产权导刊》2016年第2期）中，提出“抓能力建设——真正发挥资本市场功能，提高服务国企改革的能力和水平”。要增强能力，担当为中央企业调整重组综合服务的重任，有许多工作要做，当前最紧要的，是在5个方面“着力”。

一是战略上，要着力用“互联网+”促进产权市场升级。去年7月1日，《国务院关于积极推进“互联网+”行动的指导意见》（国发〔2015〕40号）发布，该文开篇指出，“互联网+”是把互联网的创新成果与经济社会各领域深度融合，推动技术进步、效率提升和组织变革，提升实体经济创新力和生产力，形成更广泛的以互联网为基础设施和创新要素的经济社会发展新形态。该文就“互联网+”行动计划提出了行动要求，列出了11大重点行动，制定了实现行动计划的保障支持措施和政策。全国产权交易行业在贯彻落实国务院此文件的工作中作了一些探索，但总体来讲，做得很不够。如果再不下狠心来做这个事，不仅不能承担32号令、《指导意见》赋予我们的重任，而且有可能失去现有的阵地。

二是体制上，要着力发挥行业协会的作用，加强产权市场的组织协调与协作，同时发展更为广泛的相关市场主体为会员。首先，《指导意见》赋予产权市场重任，必须要有执行机构。32号令第五章“监督管理”部分，没有将对全国产权市场的监管职责明确给某一部委或机构，这就特别需要社会组织、国家4A级协会——中国企业国有产权交易机构协会，根据章程尽力履行对市场的组织协调和自律职责。其次，2016年8月21日，中央办公厅、国务院办公厅《关于改革社会组织管理制度促进社会组织健康有序发展的意见》公布，该文第四部分“完善扶持社会组织发展政策措施”提出，“支持社会组织提供公共服务”。协会强大起来，推动行业“四统一”和业务协作，产权市场的能力才能综合发挥出来。与此同时，还应吸引更多的相关市场主体进场交易和提供服务，进一步扩大会员范围。加强与银行、券商、保险、工商、税务等部门的协调，完善“一站式服务”，降低交易成本，提高交易效率。

三是市场规模上，要着力整合统一。以行政区划为单位组建起来的各地产权市场，有其必然性。但经过近30年的发展，特别是作为资本市场来定位，现在这种分割碎片化的单打独斗式的市场状况，显然不适应资本市场统一的、整体化的、集合运作式的市场要求，这就可能失去《指导意见》所提供的机遇。为此，国务院办公厅早在2013年就提出产权市场实行“四统一”的工作任务，并且指定财政部、国务院国资委、发改委负责落实到位。现在时机成熟了。《指导意见》“主要目标”部分有这样一段话，为产权市场的整合开阔了思路：“中央企业纵向调整加快推进，产业链上下游资源配置不断优化，从价值链中低端向中高端转变取得明显进展，整体竞争力大幅提升。中央企业间的横向整合基本完成，协同经营平台建设加快推进，同质化经营、重复建设、无序竞争等问题得到有效化解。”这里的“协同经营平台”大有文章，这是指中央企业在发展新业务时，几家中央企业共建新平台（公司）。中国电信、中国移动和中国联通等3家电信企业，为建设新的“协同经营平台”，在2014年共同投资设立中国铁塔股份公司，主要从事通信铁塔等基站配套设施的建设、维护和运营。这个成功案例给我们的启示是，产权市场的整合方式，可以更多考虑在发展新业务时，由各地产权机构共建新的协同经营平台，这种新平台建设必须选好核心，这个核心要与互联网应用能力有关，要与协会有关。现在缺的是组织者，除了国务院部委和机构外，行业协会或可促进。先形成几个区域性大集团，后实现全国统一。笔者热情期待出现产权市场的“中国铁塔”。

四是业务模式上，要着力创新，把引资、融资放在一切工作的首位。创新是产权人的职责。融资功能的发挥方面，一些产权交易机构很有成绩，但就总体而言，还是行业短板。为市场主体融资服务能力弱，就难符“资本市场”之名。要持续强化产权市场的金融和资本属性，不仅为深化国有企业改革做好投融资服务，也要发展成为面向非公有制企业，特别是中小微企业的投融资综合服务平台。要积极探索适应产权交易市场发展的金融工具，大力推动金融业务和交易品种的创新。大力发展债券交易、资产抵押证券交易、衍生品交易等新型金融交易产品；积极为科技型企业、成长型企业以及科研成果转化项目提供融资服务，为PE/VC资本提供进入和退出渠道；为国内外证券市场培育和输送优质的上市资源，加快拓展私募股权融资业务等。

五是核心业务上，要着力转型。要把业务重心从单纯的国有资产进场交易方面，转移到强化产权交易市场的投资银行和并购重组功能上来。产权市场与生俱来就是企业实施并购重组的平台，现在更应抓住政策机遇发展成为企业并购重组的主渠道、主战场，推进包括国资在内的多元资本在产权市场进行并购重组。除了上市公司在沪深证券交易所实施并购重组，绝大多数企业的并购重组都可以在产权市场进行。笔者主持湖北省产权交易中心工作时，于1999年6月作过以《赶紧开展投资银行业务》为题的工作报告①，将产权机构开展投行业务作为摆脱困境求得生存的“灵丹”，取得了很好的成效。17年后的今天，产权行业在防范风险的前提下，更加需要强大的投行能力。需要说明的是，因为全国产权交易机构目前大致实行两种体制，一种是会员制机构，另一种是自营制机构。在会员制机构里，投行能力在会员身上体现，在自营制机构，则靠自身能力来体现。总之，今天的产权市场绝不能停留在简单依靠进场交易政策垄断、坐等业务上门的初级阶段。只有在投行业务和并购市场领域有全新的、更大的建树和作为，在并购重组和服务上有极大的改进与提升，才能在新一轮的市场大潮中，把握好《指导意见》所带来的政策红利和重大机遇，为基业长青的中国产权市场的持续健康发展谱写新的华章。

① 见《何亚斌产权经济文选》，经济科学出版社，2008年。

4. 深入领会国办新文件要义 谋定而后动[①]

——关于公共资源交易平台与产权交易平台建设谈

(2013 年)

重庆联合产权交易所董事长、党委书记王学斯等同志的力作《重庆产权交易平台与区县公共资源交易平台的比较分析》，写得很扎实，很客观，很有分量。特别是“结论与建议”部分，很有价值。鉴于该文对中国企业国有产权交易机构协会全体会员单位和国有产权市场相关各方都有重要的借鉴和指导意义，有必要为《产权导刊》发表该文写一篇编后语。

经过 25 年的建设，我国产权市场当前发展总体形势很好，但少数地方面临公共资源交易统一平台建设的一些冲击，要把市场化程度很高的产权交易机构整合到具有较强行政化色彩的事业单位公共资源交易中心。在党和国家领导人强调要“用政府权力的减法换取市场活力的加法”这一大背景下，这就不合时宜了。究其根本原因，是他们对党和国家新一届领导集体关于这个重大问题的新思路理解不准确，依然按照过去的惯性在继续推动工作。思路惯性和行政惯性之所以存在，就在于这些地方和部门对国务院办公厅今年涉及公共资源交易平台、

① 这是作者以“本刊特约评论员”身份为当期刊发的重庆联合产权交易所董事长、党委书记王学斯同志的《重庆产权交易平台与区县公共资源交易平台比较分析》一文所写的编后语，原载于《产权导刊》2013 年第 8 期第 22—23 页。

产权交易平台的两个文件学习理解不准确。

今年3月，国办发〔2013〕22号《关于实施〈国务院机构改革和职能转变方案〉任务分工的通知》，在安排2014年完成的28项任务中，第7项的表述原文如下："整合建立统一规范的公共资源交易平台，有关部门在职责范围内加强监督管理。发展改革委会同财政部、国土资源部、环境保护部、住房城乡建设部、交通运输部、水利部、税务总局等有关部门负责。2014年6月底前提出方案，由中央编办对方案统筹协调、提出意见。"这段表述，我们理解，至少包含如下几层意思：（1）要整合建立，统一规范；（2）监管权回归给有关部门，在三定方案职责范围内各司其职，而不再集中于某一部门统一监管；（3）牵头部门为发改委，涉及部门是8个部委，未列举的部委（监察部）不再参与；（4）为了慎重，应先调研，拿方案，交由中编办统筹协调，提出该办意见报国务院再定夺；（5）为了不急躁，八部委向中编办提交方案的时间是明年6月底，在方案没有定下来之前，并没有要求各地立即行动。22号文出台后，国家发展改革委完整准确地执行该文的意见，但在实际工作中发现涉及的部委还不仅只有上述八部委，还必须向所有涉及相关方征求意见。为此，该委今年7月组织13个部委开展调查摸底。这13个部委一一列举出来，也能看出未列举的部委不再参与。"最近，国家发展改革委、中编办、工信部、财政部、国土部、住建部、交通运输部、水利部、商务部、国资委、税务总局、铁路局、民航局13个部门正在开展调查摸底，整理和综合有关方面的做法和建议，发展改革委将认真研究各方面意见"（见7月16日《经济参考报》）。笔者在与国家发改委承办部门负责同志交流时，他们郑重其事的科学态度令我们钦敬。

今年4月，国办函〔2013〕63号《关于贯彻落实国务院第一次廉政工作会议精神任务分工的通知》"关于管住权力"部分，平行地分别对公共资源交易平台、经营性土地"招拍挂"出让平台、国有产权交易平台、招投标平台、政府采购平台等5个平台的建设提出了纲领性要求。关于公共资源交易平台建设的参与单位名单，与22号文所列的八部委名单完全相同。关于国有产权交易平台的建设，表述如下："改革和完善国有产权交易制度，推进国有产权交易市场化改革，实行统一信息披露、监测等，加强制度建设，严格进行督促检查（财政部、国资委、发展改革委）。"我们认为，63号函有关国有产权交易市场建设的表述，突出体现在三个方面：一是将国有产权交易平台与公共资源平台明确分列，不存在包容关系；二是将原有的"企业国有产权交易"的概念扩展为全口径的"国有产权交易"概念；三是对国有产权交易市场建设提出了五个层次的要求：（1）要改革和完善现行的国有产权交易制度；（2）要推进国有产权交易市场的市场化改革；（3）指明国有产权交易市场的发展方向是实行"统一信息披露、监测等"；（4）要加强制度建设，严格进行督促检查；（5）负责此项任务的牵头单位是具有行政管理职能又监管多项国有产权交易业务的财政部、国资委和发展改革委参与。

国务院对公共资源交易平台的建设，采取的是极慎重、极从容的态度。曾国藩说过，"故从容安详，为处事第一法"，又说"天下之事，每得于从容，而失之急遽"，这些话，对于今天指导公共资源交易平台的建立，多么有用啊！

面对当前情势，全国产权界同人，一方面要大力宣传国办两文件，促进当地政府和相关部门正确领会和掌握其要义；另一方面主要是做好我们自身的工作，把产权市场做统一，做强大，抓紧按照国务院国资委党委《关于国资委贯彻落实2013年反腐倡廉工作任务分工的意见》（国资党委纪检〔2013〕97号）的要求，大力推进产权市场的市场化改革，"实行统一信息披露、统一交易规则、统一交易系统、统一过程监测"。尤其要增强我们的理论自信和事业自信，把我们自己的事情办得更好。

5. 正确整合建立公共资源交易平台：海南案例与中国产权协会指导文件[①]

（2014 年）

海南产权交易所有限公司：

今年 3 月 20 日，国家发改委根据国务院办公厅的部署和要求，向各省政府办公厅和相关部委办公厅发函《关于对〈关于整合建立统一规范的公共资源交易平台的方案（征求意见稿）〉意见的函》（发改办法规〔2014〕590 号，以下简称 590 号函），其中涉及整合国有产权交易平台，为此，我协会派出多个调研组分赴各地，听取会员机构的意见。到海南省调研组综合贵省和全国其他省市情况，对你所在此项工作中应持的原则提出指导意见。

---

① 本案例对于全国产权交易行业具有普遍指导作用。这是作者起草的以中国产权协会名义给海南产权交易所的《指导函》。背景是，2014 年 4 月中旬，海南产权交易所向时任中国产权协会副秘书长的作者紧急反映，“海南省公共资源交易市场筹建工作领导小组”（组长由常务副省长担任）近日发出《通知》，要求“撤销海南产权交易所”，其业务归入其公共资源交易中心。协会对此高度重视，派作者飞赴海口调研，5 月 5 日写出《关于充分发挥产权交易平台体制机制优势更好地服务于公共资源交易平台建设的指导函》（中产协函〔2014〕13 号）主送海南产权交易所，抄送海南省国资委。

本指导函主要内容后以《产权市场：以更强的市场化能力，主动顺应整合建立公共资源交易平台大势》为题，载于《中国产权市场发展报告（2014）》，社会科学文献出版社，2015 年 5 月，第 53—59 页。

一、希望你所并报请贵省发改、财政、国资部门加强宣传，进一步宣传中共中央、国务院和国务院办公厅文件，使相关部门全面、准确地掌握党中央和国务院关于整合建立统一规范的公共资源交易平台工作的最新精神

此项工作最早是由中纪委和监察部推动的。2011 年 6 月，中央办公厅、国务院办公厅《关于深化政务公开加强政务服务的意见》（中办发〔2011〕22 号）第 15 条提出："建立统一规范的公共资源交易平台。完善公共资源配置、公共资产交易、公共产品生产领域的市场运行机制，推进公共资源交易统一集中管理、逐步拓展公共资源交易市场化配置的实施范围，确保公共资源交易公开、公平、公正。"同年 9 月，中央治理工程建设领域突出问题工作领导小组办公室（设在中纪委监察部执法监察室）向各省区市对口办公室发函《关于征求对〈关于建立统一规范的公共资源交易市场的意见（征求意见稿）〉意见的通知》，其中第九条要求："编制公共资源统一进场交易目录"，"政府投资和使用国有资金的工程建设项目招标投标活动，全部要纳入统一的公共资源交易中心交易。政府采购、土地使用权出让、国有产权交易、药品采购等公共资源要纳入进场交易范围。"由此，这项工作在各级纪委监察部门的牵头下，得以积极迅速推进。

从全国情况来看，公共资源交易平台整合建立工作已经行动的省区市中，比较有特色的做法主要有四种：

天津做法。目前，市政府成立了公共资源调研小组，原计划将天津产权交易中心也列入公共资源调研的内容和范围，经多次协商，产权交易中心暂不列入其中。监管模式还采取原"五加一"模式，"一"指市行政许可中心，"五"指产权交易（由市国资委监管）、药品采购（由市卫生局监管）、土地招拍挂和建设工程招投标（由市建设规划委监

管）、政府采购（由市机关事务管理局监管）。

河北做法。研究近两年，方案尚未正式出台，省政府初步意见是以河北省产权交易平台为基础整合其他平台建立公共资源交易平台。

甘肃做法。省政府决定，省产权交易所保留独立法人地位，接受省公共资源交易管理办公室综合监督、省国资委行业监管和公共资源交易局的市场管理；产权交易信息同时在公共资源交易网上发布，业务各环节在公共资源交易管理局全程留痕，还由产权交易所结算交易价款并出具交易凭证。

沈阳做法。市政府保留沈阳联合产权交易所独立法人地位，依然由辽宁省和沈阳市国资委监管，只在市公共资源交易服务大厅设产权交易服务窗口，独立运作，自主经营；部分公共资源交易项目交给产权交易平台处置，利用联通全国的动态报价网，实现效率最优化和效益最大化。

2012 年新一届中央领导班子成立后，对整合建立公共资源交易平台工作有了新的思路和提法，集中体现在以下 3 个文件中。

第一个文件，核心内容是，将公共资源交易平台的监管权，交还给各自职能部门。2013 年 3 月，国办发〔2013〕22 号《关于实施〈国务院机构改革和职能转变方案〉任务分工的通知》指出："整合建立统一规范的公共资源交易平台，有关部门在职责范围内加强监督管理。发展改革委会同财政部……等有关部门负责。2014 年 6 月底前提出方案，由中央编办对方案统筹协调、提出意见。"这段表述，我们理解，至少包含以下几层意思：（一）公共资源交易平台要整合建立，统一规范；（二）监管权回归给有关职能部门，在三定方案职责范围内各司其职，而不再集中于某一部门和机构统一监管；（三）牵头部门为发改委，8 部门参加，过去参与过而 22 号文未列举的部委如监察部，不再参与；（四）为了慎重，应先调研，拿方案，交由中央编办统筹协调，提出意见报国务院再定夺；（五）为了有序推进，时间上，放缓步伐，8 部委向中编办提交方案的时间是 2014 年 6 月底前。至于国务院何时研究决定，此文没有预设。

第二个文件，核心内容是，对国有产权交易平台的建设另有要求，这个平台建设的牵头单位，从纪委监察部门改为财政部。2013 年 4 月，国办函〔2013〕63 号《关于贯彻落实国务院第一次廉政工作会议精神任务分工的通知》关于国有产权交易平台的建设，“关于管住权利”部分表述如下：“改革和完善国有产权交易制度，推进国有产权交易市场化改革，实行统一信息披露、监测等，加强制度建设，严格进行督促检查（财政部、国资委、发展改革委）。”负责此项任务的牵头单位是具有行政管理职能又监管行政事业产权等多项国有产权交易活动的财政部，参与单位是负责监管企业国有产权交易活动的国资委和负责整合建立统一规范的公共资源交易平台工作的牵头单位发展改革委。

第三个文件，内容丰富、意味深长，其最大变化是，整合建立统一的公共资源交易平台，要“依托现有的政务服务平台”，而不是又新设平台和管理机构。2013 年 9 月，中发〔2013〕9 号《中共中央 国务院关于地方政府职能转变和机构改革的指导意见》指出：“依托现有的政务服务平台，整合工程建设项目招投标、土地使用权和矿业权出让、国有产权交易、政府采购等平台，建立统一规范的公共资源交易平台。”从这段文字可见，所“依托”的是现有的政务服务平台，而不应是新建机构；要“整合”的是四个小“平台”，而不是四个“机构”；要“建立”的是统一规范的公共资源交易大“平台”，而不是公共资源交易“市场”，更不是建立具有行政化色彩的公共资源交易“中心”。在时间进度上，9 号文要求“省级政府机构改革工作在 2014 年第一季度前完成”，这不是对整合建立公共资源交易平台的时间要求。

国家发改委根据国办发〔2013〕22 号文的部署和要求，贯彻中发〔2013〕9 号文精神，经过一年的调查研究，会同财政部等部委提出“整合建立统一规范的公共资源交易平台，有关部门在职责范围内加强监督管理”的方案，于2013年3月20日发出发改办法规〔2014〕590号函，要求各部委办公厅和各省政府办公厅于3月31日前反馈书面意见，目前正在修改定稿中。需要特别指出的是，该函在“整合建设的目标”部分只是要求：“2015年6月前，各省、自治区、直辖市人民政府要根据本方案要求，提出本地区整合各类交易平台、建立统一规范的公共资源交易平台的方案。”在“加强组织领导”部分规定：“各省制定的整合建设方案和公共资源目录，要报部际联席会议办公室备案。”

据悉，该《方案》待向国务院报送批准后，将以国务院或国务院办公厅文件下发各省区市和国家各部委执行，此前各地的做法都要统一到该《方案》的要求上来，以该《方案》为准，保持一致，照此执行。

二、希望你所依法依规反映诉求，依据国家发改委590号函，充分反映行业的诉求

反映诉求的内容，应包括但不限于：

第一，依据公司法和国资法，保持独立法人地位。你交易所属于公司制法人实体，股东权益受公司法保护，非经股东会决定清算，不应被“取消”。你交易所具有从事企业国有产权交易的资质，是依据国资发产权〔2004〕252号被贵省国资委选择确定并在国务院国资委备案的依法设立的交易场所。国资法第54条规定：“国有产权转让应当在依法设立的产权交易场所公开进行”，而不是在公共资源交易中心等其他场所进行。

第二，依据590号函，保持与公共资源交易平台分离运行。590号函在“以集中共享为核心，加快信息资源整合”部分，对公共资源交易平台与各类交易平台的关系作出明确的规定：“公共资源交易平台应与各类交易平台分离运行，政府部门及其下属单位不应直接建设运营

电子交易平台。除土地使用权和矿业权出让、政府采购可以指定电子交易平台外，要充分运用市场竞争机制，鼓励市场主体和中介机构依据有关规定，分类分专业建设运营电子化交易平台。”你交易所已建成运营电子交易平台多年，接入国务院国资委“企业国有产权交易信息电子化监测系统”并经国务院国资委和海南省国资委电子化监管多年，又接受国资、财政、发改、工商、监察、证监等6部委的联合监管，完全符合590号函对专业交易平台规范运行的要求，故应保持分离运行。

第三，依据国资法、国务院378号令和国家多部委规章，接受省国资、财政和法院分类监管。国资法和《企业国有资产监督管理暂行条例》（国务院令第378号）赋予国有资产监管机构对企业国有产权交易监管职责。财政部54号令和财金〔2011〕118号，已选择省级以上国有产权交易机构（包括你所）为开展金融企业国有产权交易业务的场所。最高法院〔2012〕30号，指定省级以上产权交易机构（包括你所）担负涉诉资产处置业务。中宣部、文化部等5部委中宣发〔2011〕49号指定上海和深圳文化产权交易所为中央文化企业国有产权交易场所。从全国来看，产权交易平台已经承担着多门类的资源交易功能。事实上，企业国有产权交易量在绝大部分产权交易机构中已不占主导地位，没有必要用行政的手段将这一块业务割裂出来。更为主要的是，产权交易平台一直承担着建立国企混合所有制的任务，聚集了一个庞大的私募基金和民间投资者群体。如果将企业国有产权业务从产权交易平台割裂切碎出去，根据十八届三中全会精神，反而不利于用市场化的手段公开优化资源配置。我们认为，为减少低水平的重复建设，地方政府应当更加重视利用产权交易平台长期规范运作的社会公信力，利用产权业界成熟的电子化交易平台和有效的电子化监管手段，更多地为当地公共资源交易服务。

三、我协会将向国家发改委、财政部、国资委、最高法院等部委院反映贵省情况并继续加强行业监管

我协会是经国务院批准成立、在民政部注册的国家一级协会，你交易所是我协会理事单位，规范化、市场化程度高，在为国有资产保值增值和配置资源方面做出了重要贡献，根据协会章程和民政部的规定，有协助行业监管之责。发改委590号函在“创新体制机制，提高监管效能”部分要求发挥行业协会的自律和监管作用：“行业自律组织要协助监管部门健全交易操作的技术和管理标准体系建设，建立公共资源交易服务机构和从业人员的行业自律和评价机制，探索推进公共资源交易纠纷的行业自律和专家协调解决机制建设。”我协会将按照国办函〔2013〕63号的要求，对全行业包括对你所推行市场化改革，实行统一信息披露、统一交易规则、统一交易系统、统一过程监测。

经过26年的建设，我国产权市场当前发展总体形势很好，但少数地方在公共资源交易统一平台建设中，有把市场化程度很高的产权交易机构整合到带有行政化的事业单位公共资源交易中心的现象，严重影响到产权交易市场的市场化建设。产权交易交易的是企业资源，即使属于国有股权，也不属于公共资源。产权交易市场所从事的，不是简单的买与卖活动，而是发挥市场功能，优化资源配置，包括大量的投资融资业务，已经具有广泛的社会公信力，因而大部分省市产权交易机构的业务量有一半以上来自民营企业。随着地方对中央和国务院政策的正确理解，特别是国务院层面关于整合建立统一规范的公共资源交易平台方案的正式出台，这项工作的有序推进，情况将会朝正确的方向发展。望你们坚定信心，稳定人心，保持好你所这支政治坚定、从业规范、技术精湛的队伍，更加出色地做好我们自己的工作。

二〇一四年五月五日

[附件]

关于印发《关于充分发挥产权交易平台体制机制优势更好地服务于公共资源交易平台建设的指导函》的通知

（中产协发〔2014〕8号）

各会员单位：

今年3月20日国家发展改革委根据国办函〔2013〕22号赋予的职责和要求，向各省级政府办公厅、国家各相关部委办公厅发出《关于对〈关于整合建立统一规范的公共资源交易平台的方案（征求意见稿）〉意见的函》（发改办法规〔2014〕590号），我协会到海南等地开展调研工作，了解他们的困难，听取他们的意见。就海南产权交易所面临全省统一公共资源交易市场建设遇到的困难，协会专门进行研究，并立即向国家发展改革委法规司、国务院国资委产权局进行汇报和沟通，取得他们的理解。在进一步把握国家对公共资源交易平台整合建立工作政策的基础上，5月5日向海南产权交易所发出《关于充分发挥产权交易平台体制机制优势更好地服务于公共资源交易平台建设的指导函》（中产协函〔2014〕13号）。

鉴于目前各会员单位的普遍情况和中产协函〔2014〕13号的普遍指导作用，经领导同意，现将其印发给大家，望认真学习并就此项重大工作同地方政府及其有关部门事前主动积极联系，宣传法律法规，反映诉求，共同推进全国产权交易市场健康发展。

二〇一四年五月九日

第五编

产权市场风险防范与信用建设

1. 强化评审监管机制 促进行业健康发展[①]

——对京津沪渝产权交易机构综合评审的综述

（2012 年）

我国产权交易市场经过 20 多年的规范运作，在经济改革和发展中发挥了越来越大的积极作用，已经成为我国资本市场的重要组成部分。国家非常关注产权交易市场发展，2005 年 11 月，国务院国资委、财政部、发展改革委、监察部、国家工商总局、中国证监会联合发布《关于做好企业国有产权转让监督检查工作的通知》（国资发产权〔2005〕294 号），由此，在产权交易市场的监管上，形成一部门牵头、多部门参与的有效联合评审监管机制。2012 年 6 月，由国务院国资委牵头，上述六部委、一家央企和中国企业国有产权交易机构协会（以下简称协会）组成的评审组，即“6 + 2”模式，对具有从事央企国有产权交易资质，被誉为中国产权交易行业“第一方阵”的上海联合产权交易所、天津产权交易中心、北京产权交易所和重庆联合产权交易所（以下简称“四机构”）进行了监督检查和综合评审。从 2005 年起，这样的综合评审工作每两年进行一次，2012 年是第四次，协会参与是第一次。总的印象是检查评审工作年年上台阶，次次有亮点。

---

① 本文是作者 2012 年 6 月参加国家六部委对央企国有产权交易定点机构综合评审的报告。合作者有中国产权协会秘书处申晓光、伍小保。原载于《中国产权市场发展报告（2012—2013）》，社会科学文献出版社，2013 年 12 月，76—84 页。

本次评审的主要任务是，检查评审四机构2010—2011年贯彻执行《企业国有产权转让管理暂行办法》（国资委、财政部令第3号）及配套文件，规范开展企业国有产权交易、开展业务创新以及按照《国务院关于清理整顿各类交易场所切实防范金融风险的决定》（国发〔2011〕38号）开展清理整顿等工作情况，及时发现试点机构业务运作中存在的问题，推动业务整改，防范业务风险，规范诚信运营。通过检查评审，可看到这种以主管部门牵头、多部门参与的联合监管机制的优越性和有效性，看到四机构多年来逐步形成的完善业务制度、创新业务品种和交易方式，以及提升综合管理能力、加强交易业务监管、建设信用体系等工作的进步，看到中国产权交易行业“第一方阵”坚实的发展基础，真正为全国产权交易行业建设树立了典范。

一、坚持规范，制度建设更加完善

四机构始终高度重视规范化建设，把规范化作为立业之本。

他们坚持致力于规范有序、平等透明的交易平台建设，严格依照国家的法律法规，不断健全规章制度，对产权交易按照2003年3号令要求，坚守“不拆细、非标准化、非连续”的原则，切实维护了产权交易市场秩序，保护了投资者的合法权益。

在制度建设方面体现“三性”原则。一是系统性。四机构都能模范地执行国家的法律法规，建立起完整的相关制度，涵盖了企业国有产权交易的各个环节，实现了与国家法律法规的全面衔接。北京产权交易所围绕企业国有产权交易、实物资产交易、非国有产权交易三大板块，建立起层次分明、结构完整、逻辑严谨的业务制度体系，先后制定了《产权交易操作规则》《产权转让动态报价实施办法》《产权交易收费办法》《实物资产交易规则》《非国有产权交易规则》等，最终形成了1个规划、3个办法、9个细则和数十个系统配套文件。上海联合产权交易所针对股权转让、非公有产权等业务先后制定了《股权转让项目中股东优先购买权行使操作办法》《企业国有产权拍卖业务操作实施意见》《权重报价操作程序》《增资业务规则》《非公有产权交易操作细则》等多项规章制度。天津产权交易中心在制度设计和制定中体现充分性和合理性，在业务开展中发挥了“能进则进、应进必进、进则规范、操作透明”的作用。二是实效性。四机构都能紧密结合各自产权交易业务的实际需要，求实求效，建立既符合国家政策法规又符合本机构业务特点的制度体系框架。重庆联合产权交易所在建立的 29 项管理制度基础上，重点建立起项目例会、业务分立、法律监管、定期报告、统一监管“五大”内控制度体系。三是适时性。对制度的适时修订跟进是发挥制度效用的基本保证，四机构始终高度关注国家现行政策法规的演进完善，注重国家现行政策法规与内部管理制度的衔接，适时而变，与时俱进，修订或制定相应的制度，为业务开展提供了制度保障。

二、追求创新，业务领域不断拓宽

国务院国资委郭建新副秘书长 2011 年 2 月在协会一届三次理事会（青岛会议）上提出：产权交易和产权交易市场的进场交易制度，本身就是创新。如果没有勇于探索和勇于创新精神，这个事业就没有前途。四机构将创新作为兴业之道，坚持“创新以防范风险为前提，创新以规范发展为保障”的理念，积极开展产权交易业务品种创新和交易方式创新，在多个领域取得突破。

一是坚持探索。不越产权交易业务红线，坚持主营业务，在政策允许的范围内，积极研究探索新的业务，开辟新的业务品种。上海联合产权交易所以产权交易报价网为平台，推动产权市场业务合作和交易模式创新；积极运用产权交易方式为中小企业投融资服务，突出产品创新和金融集成，结合中小企业不同发展阶段的特点和需求，整合政策和金融资源，稳步推进适合中小企业融资需求的多层次资本市场建设；建立多层次投资人信息库，为最大限度寻找产权交易有效投资者提供支持；在文化产权交易方面的探索创新成就，使之入选中国首批两家中央文化产权交易试点单位；借助联合国唯一指定机构——南南全球技术产权交易所34个国家的36个海外工作站的优势，积极架设全球化机构合作渠道。

二是坚持创新。四机构在做好原有业务的同时，都不断拓展新的交易领域。北京产权交易所充分发挥“集团化运营”优势，提出并率先实践“全要素综合服务”理念，为市场主体提供全方位、全流程的服务；率先出台国有企业实物资产进场交易制度；创新开展“经典收藏品受托转让”；与传统金融机构合作，共同推进创新金融产品的发行、交易、登记和托管等业务；服务于非初创期的中小企业，创新研发了动态报价系统和“企业价值信息披露系统”。由于创新的成就，目前业务已涵盖企业国有产权、实物资产、非国有产权、技术产权、林业产权、金融资产、环境权益、矿业权和大宗矿产品、石油石化产品等，交易规模实现突破性增长。上海联合产权交易所将企业国有产权进场交易的成功做法和成熟经验创新运用到知识产权、环境能源产权、文化产权、农村产权、矿权等专业市场领域，多个专业市场平台业务归口监管机制同步建立，运行规范有序，稳中有进，均按照批准机构批准以及经工商核准登记的经营范围从事交易活动，成功探索出一条新兴权益性资本市场建设的新路子，多元化、多层次、多板块的市场体系日趋完善，其中广告经营权、商铺特许经营权、便民服务语音信息经营权等新品种交易日趋活跃。天津产权交易中心创新售后返租融资模式，成功运作空客A320飞机天津总装线厂项目；与银行合作开展并购贷款业务，搭建银行与并购企业对接的市场平台；创新开展一场多市、一市多品的新格局；探索设立海外办事处。重庆联合产权交易所在诉讼资产交易创新方面取得突破，促成最高人民法院将诉讼资产处置业务推广到全国，并推动建立了全国统一的诉讼资产信息发布交易平台——“人民法院诉讼资产网”；与区县公共资源交易中心深度合作，先后与20多个区县政府签订了战略合作协议或达成合作意向，创新业务达20余种，涉及经营性土地、商品房、在建工程、融资业务、河道采砂权、混凝土经营权、集体资产、文化产品、林权流转、苗圃承包经营权等领域。四机构在开展产权交易业务活动中已经形成一种创新的文化氛围，为产权交易机构带来了不竭活力，推动了整个产权交易行业的业务发展。

三、提升管理，基础工作扎实推进

提升管理水平是产权交易机构自身发展的内在要求。通过评审检查可看出，四机构都能以增强素质、促进协同、提高效能、树立形象为目标，通过抓内部管理促进了机构队伍作风的明显转变，提升了机构的公众形象。

一是抓班子建设，提升了领导团队的执行力。四机构建立起强有力的领导团队，讲政治，讲原则，讲发展，分工明确，责任落实，在员工中树立起很高的威信，在业务拓展上推进有力，为依法合规经营提供了组织保证。

二是抓队伍建设，促进了员工队伍业务素质提高。四机构深刻认识到高素质的员工队伍是产权事业可持续发展的有力保证，他们高度重视队伍建设，强化管理骨干及员工的业务培训和素质培训，加强人才吸揽，重视员工的职业发展规划，努力做到感情留人、事业留人、合理待遇留人，聚集了一批具有金融、产权专业知识的高素质人才，为机构发展奠定了人才基础。北京产权交易所坚持党管干部、任人唯贤、择优聘用的选人用人制度，员工中有博士4人、硕士53人、学士74人。天津产权交易中心102名在职员工中有研究生学历和本科学历的占到95%。重庆联合产权交易所建立了分层分级的培养培训体系，打造出一支学习型团队，员工中博士 2 人、硕士 23 人、学士 105 人。

三是抓内部管理。四机构把搞好管理作为产权交易机构持续发展的从业之路，分别建立完善先进的计算机办公网络系统，科学、客观、公平的评价考核机制，比较完备的产权交易业务档案管理系统。北京产权交易所已经建立起“前场、中场、后场”科学分工、相互支持制衡的管理架构，形成了完整的信息化管理体系，实现了业务管理制度和管理机制的流程、云计算和系统化，借助现代化的管理手段促进管理效能的提高。上海联合产权交易所在事前、事中、事后诸方面采取控制措施，强化了内控机制，并与监管机构——上海市产权交易管理办公室形成联动整改机制，将历次评审整改与市产管办的日常监管相结合，监管层、运行层双管齐下落实整改，建立健全内外联动、环环相扣的全流程监管体系；在业务档案管理工作中，2010 年就制定出台了《上海市产权交易档案管理办法》，该办法成为全国首个关于产权交易档案管理的专门制度；建立了专门的组织机构，形成了一套严密的档案收集、整理、编号、鉴定、保管、统计、利用、编研的工作机制，为规范开展产权交易业务提供了基本保证。重庆联合产权交易所建立了《档案管理制度》，2010 年引入了电子档案管理系统，建立档案数据库，并与重庆市档案局建立长期合作机制，请重庆市档案局对该所档案管理工作进行指导培训。

四是抓会员管理。四机构交易业务都实行会员代理制，在依靠和充分发挥会员单位拓展业务积极性的过程中，不断完善会员管理，提高会员服务质量，防范会员违法违规行为的发生。上海联合产权交易所目前共有各类会员 480 家，在加强对会员机构的管理、培训、考核中，建立起优胜劣汰的市场淘汰机制；修改和补充制定了 5 项维护会员权利和加强会员分类管理的相关制度；坚持强化执业教育培训，帮助会员提升执业能力；依托信息化手段，强化会员业务的监督管理，注重引导会员自律，推动会员规范从业。两年来，他们把好会员入会关和年检关，共停止16家会员的经纪代理资格。北京产权交易所建立了较为完备的会员管理体系，积极发挥会员工作协调小组作用，大力推进会员俱乐部建设，提升会员执业能力。天津产权交易中心建立了《会员管理暂行办法》，对违规者坚决取消会员资格并及时予以清退，追究相关赔偿责任。重庆联合产权交易所将现有会员分为经纪、拍卖、评估、律师四类，规范会员的场内执业行为，对会员在业务操作过程中的任何违规行为，采取扣除会员保证金、暂停会员资格、开除会籍等惩处措施。机构会员制度的建立和有效管理为产权交易业务拓展提供了支持。

四、强化监管，交易风险得到防范

四机构在强化内部自律的同时，将主动接受外部监管作为防范业务风险的有效手段，定期接受国家六部委的综合评审，同时还积极主动配合地方对口六委局的监管，使外部监管呈现“三化”状态。

一是日常化。在监管工作中，四机构积极与政府有关职能部门紧密配合，形成了日常监管机制。上海执行“三位一体”（出资监督—市场监督—交易平台监督）的监管构架，上海市国资委与市产管办从加强交易平台运行监管入手，通过每月检查制度，对上海联合产权交易所和从事产权交易中介业务的产权经纪机构的业务活动进行全程监管，建立了日常化、制度化及专项抽查的产权交易市场检查机制。

二是信息化。四机构在接受外部监管中，充分利用信息化手段，建立信息化监管的互联互通网络。北京产权交易所在国务院机关事务管理局和中央直属机关事务管理局的指导下，搭建“中央和国家机关行政事业单位资产处置平台”，实现了对中央和国家机关行政资产处置的统一查询、统一统计、统一监测、统一管理；每年主动接受由北京市国资委牵头，会同北京市纪委、市财政局、市工商局、市科委、市金融工作局等部门组成的“北京产权交易市场监督协调机构”对业务开展情况进行的监督检查。上海联合产权交易所建立了信息高速公路，连接四大主应用系统（OA 内部协同办公系统、产权交易信息系统、门户网站系统、产权交易报价系统），实现了以信息化保障规范化，构建了覆盖产权交易全过程的网络化交易和监管系统，产权交易“云服务”平台已初见成效。

三是全程化。全程化和连续性是对监管工作的基本要求，四机构都做到了这一点。天津产权交易中心在交易大楼设立了天津市政府产管办办公区域，天津市国资委产权处部分干部在天津产权交易中心合署办公，建立了企业国有资产交易网上监管系统，对天津产权交易中心国有产权交易进行实时监测、督查；天津市国资委、监察局对天津产权交易中心的项目拍卖、招投标、电子竞价进行现场监督，公证处现场公证；对重大招投标项目，天津市国资委派员参加全程评审，相关职能部门联合监管，并设专门席位进行场内监管。重庆联合产权交易所通过管委会、重庆市国资委、独立董事、中共重庆市委巡视工作办公室及社会各界对各类交易业务进行全程监管，并积极促成由重庆市纪委、市监察局牵头，联合工商、国土、房管、国资委等部门成立工作组，对区县国有产权转让不定期专项检查，有效查处“场外交易”违规行为。上海联合产权交易所“两化一专”动态监管机制，把抽查式监督检查作为主要手段，两年来共抽查各类企业产权交易项目达 554 宗，形成反馈报告 6 个，抽查宗数占交易项目宗数的 15%。

强有力的监管工作，保证了四机构产权交易各项业务的合规合法，最大限度防范了可能发生的交易业务风险。

五、打造诚信，信用体系基本形成

四机构的持续发展再一次证明了诚信体系建设的重要性。多年来，他们始终坚持抓信用体系建设不松手，贯彻落实了国务院国资委黄丹华副主任在中国企业国有产权交易项目信息统一发布系统开通仪式上的讲话精神和国务院国资委产权局邓志雄局长在中国产权市场创新论坛（沈阳）上有关打造场前诚信的讲话精神，依靠政府规范来产生诚信，引导机构会员深入把握诚信，最终形成一种诚信的市场氛围，建立健全行业人员廉洁从业制度机制和依法诚信执业标准，以“公开、公平、公正和诚实信用”为标准，制定行规行约，加强诚信建设，不断提升产权交易市场诚信水平。

综合评审显示，四机构在工作诚信体系建设中，从完善制度建设、加强队伍建设、防范道德风险等多角度，积极打造机构诚信。上海联合产权交易所通过不断细化强化优化部门职能，使每个部门在整个交易流程中所对应承担的职责清晰、分工合理，在交易、协调、保障、监督等各个环节，形成了既能相互支持又能相互制约，合理组合、运转顺畅的工作体系，赢得了客户的信任。北京产权交易所建立了一套涉及诚信方面的管理制度，建立了员工信誉考核制度，强化了机构、部门、员工的行为规范，最大限度地防范了各种风险。天津产权交易中心以加强队伍建设为重点，加强财务风险管理，积极防范市场风险。重庆联合产权交易所以建立道德风险防范、法律风险防范、财务风险防范三道防火墙的内控机制为抓手，进一步明确工作人员对竞买人信息的保密义务和追究处罚办法，强化员工的道德风险防范意识；通过完善业务流程制衡机制，完善和强化各司其职、相互监督的工作机制，降低业务经办中的道德风险和决策失误。

通过对四家中央企业国有产权交易试点机构的综合评审，我们欣喜地看到全国产权交易市场的健康运行态势。通过它们的发展，能坚定全国产权交易机构建设新兴资本市场的信念，激发迎接挑战、不断创新的勇气。同时，我们也要正视在某些方面的不足，比如在极个别项目的交易中还存在某些不够规范的行为，在精细化管理特别是在对会员的精细化管理方面还存在提升的空间，为企业融资职能的履行还显不足，在交易业务档案的管理上普遍存在较大的差距等。因此，产权交易机构要善于从综合评审工作中发现问题，总结经验，改进工作，实现交易机构的平台机制和中介机制的有机结合，真正为产权交易市场建设带来质的飞跃。

2007 年 6 月 6 日，首届“中国企业国际融资洽谈会”在天津开发区滨海国际会展中心举行，时任天津市市长戴相龙、全国工商联党组书记胡德平讲话，全国政协副主席、全国工商联主席黄孟复为洽谈会揭幕。

应天津市政府邀请，全国产权界 4 家机构主要负责人参会。他们是：天津产权交易中心主任高峦（左一）、上海联合产权交易所总裁蔡敏勇（左三）、北京产权交易所董事长熊焰（左四）、武汉光谷联合产权交易所董事长何亚斌（左二）。

2. 论产权市场信用风险防范[①]

（2010 年）

一、引言

本文是基于产权市场风险管理的预警研究，而不是指产权市场已经出现了信用不良的某些重要表象。

著名经济学家吴敬琏出席“2001 年中国担保论坛”时，在题为《信用担保与国民信用体系建设》的主题演讲中强调，现代市场经济是一种信用经济，而我国当前却面临比较严重的信用缺失，严重阻碍了我国市场经济在更深层次上的健康发展，他甚至说：“信用是市场经济的生命。”产权市场作为重要的现代要素市场之一，发展日新月异，业务不断创新，与要素市场的其他组成部分一样，也存在着各种风险特别是信用风险。因此，加强产权市场的风险控制和信用体系建设，自然是题中应有之义。

2001 年 3 月 31 日，巴塞尔银行监管委员会公布《巴塞尔资本协议Ⅱ》，其宗旨就是，通过组合“预警”和补救措施，促使世界各国金融机构采取正确的行为，将“巴塞尔风险指数”维持在可接受的水平。该协议在要求商业银行做好内部评级的同时，鼓励实行第三方评级。已

① 原载于《中国产权市场发展报告（2009—2010）》，社会科学文献出版社，2010 年 10 月，175—183 页。

加入巴塞尔协议的中国银行业，正经历着风险管理理论与方法的变革，中国银行业的现代化，实际上就是落实巴塞尔新协议的过程。美国早已出台《信用控制法》《公平信用报告法》《平等信用机会法》《诚实租借法》《公平信用结账法》《信用修复机构法》等十多部关于信用的法律，而我国至今没有出台一部关于信用的法律。

2002 年 11 月党的十六大报告提出："力争用五年的时间，全面改善我国的信用状况。"十六届三中全会《关于完善社会主义市场经济体制若干问题的决定》强调："形成以道德为支撑、产权为基础、法律为保障的社会信用制度，是建设现代市场体系的必要条件，也是规范市场经济秩序的治本之策。"十七大报告更将"健全社会信用体系"作为"促进国民经济又好又快发展"的重要举措之一。

本文旨在通过对产权市场信用风险的研究，提出产权市场应该及早研究巴塞尔资本新协议，主动加强信用风险防范与管理，建立信用体系，着手进行对交易主体、交易中介组织和产权交易机构的信用评级。

二、信用与信用风险相关文献评述

（一）信用

信——作为仁、义、礼、智、信的"五常"之一，处于中国儒家文化的核心。

马克思研究了 19 世纪英国信用制度的历史，对信用作了全面而完备的概括，他在《资本论》第三卷中，认为信用是价值运动的特殊形式，是社会产品分配的特定形式。也就是说，信用是社会行为主体之间的交易关系，是互生的，既有授信方，又有受信方。

著名法学家江平说："现代企业是以资本为信用的企业。因此，资本信用是资本企业的灵魂。”① 赵旭东在《从资本信用到资产信用》② 一文中从法学原理上对变资本信用为资产信用的必要性进行了论述。笔者注意到，新巴塞尔资本协议就规定，风险指数必须是资本/资产的比率，资本、资产的定义由巴塞尔委员会和政府监管机构而不是由会计机构来确定。③ 李晓安创新性地将信用定义为“基于产权、交易或其他经济活动而派生的经济要求权”。④ 现代契约理论告诉我们，企业的实质，体现为所有参与者（股东、管理层、员工、债权人）所共同签订的契约。⑤ 市场经济下，交易主体必须占有一定的财产，并对占有的财产拥有充分的处分权，这是市场信用赖以形成和存在的物质基础。信用关系的实质是财产关系，即财产权利和财产实体的让渡。现代产权理论引入了“交易成本”概念，诚信行为有利于节约交易成本。

（二）信用风险

信用风险是指在企业信用交易过程中，交易的一方不能履行或不能全部履行给付承诺而给另一方造成损失的可能性。信用的实质是借贷双方彼此达成的延期支付契约，⑥ 但受信方的偿还意愿和偿还能力构成了信用风险的主要来源。由于受信方需要以未来商务活动的预期收益来履行偿还义务，而这种预期带有风险性，因此即使受信方主观上诚信，但还是存在合同期内无力偿还的可能。因此，信用与受信方的价值创造能力、经济环境变化的影响相关。用现代产权经济学的观点来看，商业信用，即商品赊销、委托代销、预付订金、预付货款、补偿贸易等，虽然降低了交易成本，提高了效率，但也存在信用风险。

---

① 江平：《现代企业的核心是资本企业》，《中国法学》1997 年第 6 期。

② 赵旭东：《从资本信用到资产信用》，《法学研究》2003 年第 5 期。

③ 唐纳德·范·戴维特、今井贤志合著《信用风险模型与巴塞尔协议》，燕清联合，周天芸译，中国人民大学出版社，2005。

④ 李晓安、阮俊杰：《信用之路》，经济管理出版社，2008。

⑤ 科斯等：《制度、契约与组织》，经济科学出版社，2003。

⑥ 吴晶妹：《现代信用学》，中国金融出版社，2003。

（三）信用风险的度量与定价

对风险的识别与度量是风险控制的基础。吴青在其《信用风险的度量与控制》一书中详细介绍了风险度量的传统方法、基础方法和巴塞尔新资本协议对内部评级的基本要求，并介绍了多种模型。对风险计量、风险定价理论和方法的研究，产生了多名诺贝尔经济学奖获得者，如美国人罗伯特·恩格尔和英国人克莱夫·格兰杰，以一个实施预测和评估风险的新框架而共同获得2003年诺贝尔经济学奖，在这一框架下，他们通过改进对包括经济增长指标、价格和利率的时间序列的分析，研究出一个用于稳定型时间序列研究的统计学方法以预测和评估风险。对信用风险的定价研究在现代资本市场理论上很活跃，威廉·夏普利用风险组织理论创建了资本资产定价模型CAPM，萨缪尔森等的期权定价理论、罗斯的套利定价模型，等等，都对此贡献极大。

三、关于产权市场信用风险的几种现象

（一）三种风险同时存在

在理论界，通常通过三个方面来界定信用风险的主要来源：信用义务人的违约风险；内部信用管理风险（操作风险）；环境风险，如经济周期、利率与汇率的变化等。这三种风险在产权市场都发生过并都将继续存在。这些风险已经引发了或大或小的社会成本，在环境风险方面，如2008年秋美国发生的金融危机波及中国，导致产权市场发生了多起已报名申请受让甚至已通过受让资格审查的最终受让方反悔，而最终无法履约、导致交易不能完成的情况。

（二）市场信息不完全对称

信息不对称是信用风险的主要根源。为了保障信用体系公平安全

运行，客观上要求所有债务人包括个人、企业、银行、地方政府和国家，均有义务向其债权人披露完整的信用信息。国务院国资委对于企业国有产权交易中的信息披露问题历来非常重视，2005 年 9 月在厦门举办了全国性的产权市场风险防范高峰论坛，国务院国资委主要负责人出席并演讲，论坛重点提示信息披露方面存在的风险。国务院国资委制定了一系列规章制度，特别是 2009 年 7 月 1 日实施的《企业国有产权交易操作规则》，对“发布转让信息”作了非常详尽的严格要求。但是，执行中遇到多数转让方和少数意向受让方的消极对待，转让方向产权交易机构不如实提供真实信息的情况在一些地方或多或少存在，形成信用道德风险。

（三）对市场主体信用信息查询难

目前我国政府对信用活动的监管，分散于金融、工商、税务等管理部门。产权交易机构如欲查询交易主体和中介组织信用状况，在当下尚有一定难处。

四、产权市场信用风险的规避

全国各地产权交易机构对风险控制极为重视，制定了尽可能想得到的详尽的制度，尤其是上海、北京、天津、重庆的产权交易机构，在国务院国资委产权管理局的指导和监管下，各种风险控制制度已很健全，落实也是好的，信用风险防范能力不断增强，信用建设水平不断提高。

改善产权市场信用环境，有效规避产权市场信用风险，笔者认为应当重点防范信用义务人的违约风险，防范产权交易机构自身的操作风险，尽量预测到环境风险。具体应从以下几个方面着手。

（一）树立全社会诚信价值观，建立失信惩戒机制

整个社会的价值观是一切经济活动的基础，而诚信是建立和规范市场经济秩序的重要保证。从本质上看，诚信价值观的实现不仅对于制度的有效运转具有经济价值，而且对于个人和组织同样具有经济价值。

同时，应通过行业协会、企业（机构）、个人的自律行为，将信用自发地收敛于一个较高的水平。当然，"自律"和"他律"作为制度体系的两个方面，"自律"不可能离开"他律"而长期单独存在，在产权市场上同样如此。

中国原本信任度很高，我们面临的是重建信任的问题。[①] 因此，在经济社会中，必须设计某种机制，以改变受信方选择"欺骗"时的支付函数，即增大其"违约成本"。在经济学理论中，完善惩戒制度本质上是为了提高失信的成本，从而推动社会信用体系的建设。惩恶的目的是为了扬善，没有惩戒失信机制的建立并落到实处，断无诚信社会可言。"他律"是对"自律"的必要补充和最好促进。

（二）开展征信、立信活动

1. 征信

征信是解决信息不对称的根本举措。应借力于征信机构，对产权市场各主体的信用信息进行采集、处理，并对企业和个人的信用信息依法强制披露。

2. 立信

立信是指对企业和个人的信用总体状况作出调查与评估。信用经济客观上要求有一种对信用信息进行处理的中介机构来为全社会服务，这种机构早已诞生，美国的穆迪、标准普尔、费奇等信用信息中介机构

① 张维迎：《信息、信任与法律》，三联书店，2003。

已经担当起重任。我国成立最早、发展最强的中国诚信信用管理公司与穆迪公司合资后，也已经迈进国际先进行列。

国际评级机构对国家信用开展主权评级，其评级结果被投资者作为判断一个国家整体信用状况及偿债能力的重要参考。新华社 2010 年 4 月 28 日电：《信用降级，葡萄牙成为“第二个希腊”》，评级机构又连续对多个欧元区国家的信用下调等级，引起国际社会特别是欧盟的一片恐慌。

国务院国资委负责人要求中国产权市场向国际化发展，[①] 那么，产权交易机构主动开展立信管理活动，按照国际信用认证制度，引入第三方评级机构作出信用评级，将机构信用等级真正作为一种资源来管理，并且将增信作为年度工作目标，今天应该提上议事日程了。经过十多年的发展，绝大部分产权交易机构已经相当规范，但这些评价尚停留在“自信评价”阶段，没有第三方权威的专业信用评级机构发布“他信评价”报告，终难获得全社会的“公信评价”。

（三）对信用风险进行分隔与组合

所谓风险分隔，是指经济实体将其所有的信用活动，从空间、时间或业务流程上进行隔离，使不同单元的信用活动彼此相对独立，避免信用风险在整个经济实体内传播。一些国家实行银行业、证券业、保险业分业经营制度即是。所谓风险组合，是将原来隔离的信用活动进行合理重组，通过增加信用活动的种类和数量来分散整体风险。1999 年 11 月 12 日美国总统克林顿签署《1999 年金融服务现代化法》，废除分业经营体制，确立了综合（混业）经营体制，就是以组合防范风险为目的。

风险潜在损失的补偿机制：一是对非系统性风险，实行风险资产的有效组合；二是对系统性风险，对风险资产合理定价，通过价格传导机

---

① 李伟：《引入国际资本，积极探索我国产权市场国际化》，2007 年 5 月 28 日《中国证券报 · 产权周刊》。

制，将系统性风险转移到其他经济群体，或在整个经济环境中分散。

产权交易机构近年不断拓展业务，一些实力较强的机构在企业国有产权交易业务之外，新开辟了行政事业单位资产交易、金融资产交易、农村产权交易、林权交易、排污权交易、环境资源交易、文化产权交易等，这是十分可喜的趋势。但由于新业务的成熟有一个必然的过程，不同的交易品种也从属于不同的行政监管机构和管理制度，因此，适当隔离业务，是防范信用风险的重要措施。在传统主营业务和新兴业务之间设立“隔火墙”，既能保持主业的安全平稳运行，也能避免新业务在试运行过程中带来的不稳定性和监管风险等负面影响。一些机构已经这样做了，如天津产权交易中心将其非上市公司股权交易业务一开始（2008 年 9 月）就分隔到天津股权交易所去；北京产权交易所 2010 年 5 月底控股设立的北京金融资产交易所，都是独立平台、独立法人、独立操作，非常明智。上海联合产权交易所先后设立 6 个交易所，包括与联合国合作成立的南南全球技术产权交易所，都是在联交所统一管理下的机构，这基本上属于风险组合的范式。

（四）对信用风险选择自留与转移

风险自留显然会增加企业自身的呆坏账准备金，但有时又是必要的。风险转移是企业的首选对策，而目前，因为全球金融体系在发展程度、监管措施和法律体系等方面的区域差异，不同国家的信用风险转移市场的发展状况有着很大的区别。但整体来看，信用风险转移市场呈现出发展速度快、交易复杂、市场集中度高、流动性加速等特征，这在一定程度上推动了经济的持续发展，与此同时，也为相应的监管带来了一定的困难。

产权机构如何处理风险的自留与转移问题，要从产权机构的社会意义进行分析。产权机构发挥自身专业优势开展中间业务，其作用本身应该是作为独立的第三方，以专业的人员、及时准确的信息、严格的制度、合理的流程，搭建公开、高效的交易平台，提高交易的信用度和效率，整体降低社会经济发展中的交易费用和交易风险，这才是产权机构存在的意义。对于具体项目中的业务风险，产权交易机构应通过交易方案的精心设计，将风险向转让方，向交易经纪会员，向所有意向受让方，充分地、平等地披露出来，使各方将风险限制在可接受的范围内。当然，在规避风险的同时，可能导致局部或短期利益的损失，但从长计议，从整体战略考虑，降低和摊平风险，是必要且值得采取的措施。

（五）对信用风险主动控制与治理

正如前面提到的党的十六届三中全会《决定》所指出的那样，信用建设的关键在于产权、道德和法律三个方面的深化改革，要明晰产权、矫正信息不对称、稳定违约预期，而这也是信用风险的控制与治理的三个关键要素。

笔者认为，产权市场信用治理的重点，应该放在矫正交易双方信息不对称这一源头上，特别要加强防止和抵制转让方内部人的控制。对产权市场涉及各方进行信用评级的根本目的就在于揭示受评对象违约风险的大小，只要通过透明的信息、专业的人员、合理的流程、严密的制度，有效降低交易各方违约的预期，就能在很大程度上降低交易风险。

（六）信用违约互换

信息违约互换是指交易双方达成合约，交易的买方（信用风险保护的买方）通过向另一方（信用风险保护的卖方）支付一定的费用，获得在指定信用风险发生时对其贷款或证券的风险暴露所遭受损失进行补偿的安排。同时，信用违约互换合约可以在市场上转让，从而使信用管理具有流动性，体现其转移信用风险的基本功能。

（七）完善信用监管体系

这有赖于全国的统一安排。要将目前分散于金融、工商、税务等管理部门的信用信息集中起来，建立统一的数据库。国家在信用综合治理中正强化横向联合，在2010年可望出台的《征信管理条例》中予以明确。对产权交易机构的信用管理，目前国务院国资委主要借助“六部委联合评审机制”来促进，运用实事求是的评审结果来提高产权交易机构的社会公信力，其依据是，国务院国资委、财政部、发展改革委、监察部、国家工商总局、中国证监会《关于做好企业国有产权转让监督检查工作的通知》（国资发产权〔2005〕294号）。笔者忝以产权交易行业专家的身份2010年4月受邀参与了六部委评审活动，体会到这是目前所能做到的唯一实用的联合监管机制。即将成立的中国产权交易协会，当负起产权市场信用监管之责。

参考文献

1. 李伟. 利用产权市场配置资源，促进国有产权有序流动［N］. 中国证券报·产权周刊，2007-05-28.

2. 毛振华，阎衍. 信用评级前沿理论与实践［M］. 北京：中国金融出版社，2007.

3. 李晓安，阮俊杰. 信用之路——我国信用治理的经济学研究［M］. 北京：经济管理出版社，2008.

4. ［美］唐纳德·范·戴维特，今井贤志. 信用风险模型与巴塞尔协议［M］. 燕清联合，周天芸译. 北京：中国人民大学出版社，2005.

5. 焦国成. 中国社会信用体系建设的理论与实践［M］. 北京：中国人民大学出版社，2009.

6. 吴青. 信用风险的度量与控制［M］. 北京：对外经济贸易大学出版社，2008.

7. 巴曙松. 巴塞尔新资本协议研究［M］. 北京：中国金融出版

社，2003.

8. 谢平. 路径选择：金融监管体制改革与央行职能［M］. 北京：中国金融出版社，2004.

9. 方邦鉴. 打造诚信单位：信用制度建设与信用管理实务［M］. 北京：中国经济出版社，2004.

10. ［美］赛西尔·邦德. 信用管理手册［M］. 北京华译网翻译公司译. 北京：中国人民大学出版社，2004.

11. 吴晶妹. 现代信用学［M］. 北京：中国金融出版社，2002.

12. 李红艳，刘丽珍. 信用管理概论［M］. 上海：复旦大学出版社，2007.

13. 王进. 信用管理基础教程［M］. 北京：中国金融出版社，2008.

14. 上海市征信管理办公室. 上海信用服务行业发展报告：2008［M］. 北京：社会科学文献出版社，2009.

15. 何亚斌. 中国产权市场发展的最大风险来自转让方内部人控制［J］. 产权导刊，2005（10）：23－25.

3. 以法律为保障推进产权市场信用制度建设[①]

（2013 年）

关于建立健全社会信用体系，2003 年 10 月党的十六届三中全会通过的《中共中央关于完善社会主义市场经济体制若干问题的决定》对其内容和意义作了经典性的表述，对各级党委、政府、企事业单位和个人提出了实质性的要求，对社会信用服务体系建设的方向作出了明确性的规定。虽然时过 10 年，但今天读来仍然令人心潮激荡。兹录如下：

"形成以道德为支撑、产权为基础、法律为保障的社会信用制度，是建设现代市场体系的必要条件，也是规范市场经济秩序的治本之策。增强全社会的信用意识，政府、企事业单位和个人都要把诚实守信作为基本行为准则。按照完善法规、特许经营、商业运作、专业服务的方向，加快建设企业和个人信用服务体系。建立信用监督和失信惩戒制度。逐步开放信用服务体系。"

在这里，对我国要建立的社会信用制度的内容，设计为：以道德为支撑，以产权为基础，以法律为保障。回首 10 年，此项工作做得怎么样呢？

"以道德为支撑"，是一个长期的建设过程。我国古代许多哲人都留下了非常宝贵的思想遗产，老子、庄子、墨子、韩非子、孟子都有名

① 原载《产权导刊》2013 年第 5 期第 61—62 页。

言千古流传至今。信，是儒家的传统伦理准则，仁、义、礼、智、信“五常”之一。孔子认为，信是人立身处世的基准，在《论语》一书，信的含义有两种：一是信任，即取得别人的信任；二是对别人讲信用，属于道德的范畴。在《论语》的《为政篇》《子路篇》《阳货篇》和《子张篇》中，都论述了信用道德。孔圣人在《为政篇》中的一段话，把信用的重要性说绝了：“人而无信，不知其可也。大车无輗，小车无軏，其何以行之哉?”孔子是说：一个人如果不讲信用，是根本不可以的，这就好比大车没有輗（大车车辕前面横木上的木销子），小车没有軏（小车车辕的木销子）一样啊，它靠什么行走呢？北宋著名哲学家、理学创始人周敦颐在解读“五常”时提出，“诚”为五常之本、百行之元。2013 年 4 月 6 日，在博鳌亚洲论坛上，国际佛光会世界总会总会长星云大师与香港凤凰卫视董事局主席刘长乐对话“诚信的力量”，大师强调：“诚信是仁义礼智信里最本质的东西，最核心的支撑”（资料来源：孔孟之乡网 4 月 8 日报道）。美国政治家、科学家、《独立宣言》起草人之一本杰明·富兰克林则从经济方面诠释信用的重要性，1733 年他出版的《穷人理查德年鉴》一书，如圣经般风靡美国，其中有两句名言：“时间就是金钱”“信用就是金钱”。

作为礼仪之邦的中国，在几千年的历史发展中，形成了基本道德规范。改革开放以来，党中央、全国人大常委会和国务院为推动道德建设作出了不懈的努力，近 10 年来又加大了道德建设的力度。2003 年 1 月 1 日起实施的《中小企业促进法》首提“信用制度建设”，其第十八条规定：“国家推进中小企业信用制度建设，建立信用信息征集与评价体系。”2003 年 9 月，中央文明委发出《关于深入贯彻党的十六大精神进一步加强公民道德建设的意见》，其中对信用道德建设作了具体的阐述；2006 年，十六届六中全会通过了《中共中央关于构建社会主义和谐社会若干重大问题的决定》。《决定》在“构建社会主义和谐文化”部分提出建设社会主义核心价值体系，突出强调了思想道德建设在构建社会主义和谐社会进程中的基础地位和重要作用。2007 年，党的十七大报告中又明确指出，要“建设社会主义核心价值体系，增强社会主义意识形态的吸引力和凝聚力”。2011 年 11 月党的十七届六中全会决定和 2012 年 11 月党的十八大报告又进一步发展了我党关于信用建设的思想体系。上述不断跟进举措，为形成“以道德为支撑”的社会信用制度提供了很好的思想条件。

“以产权为基础”的工作成果，一是 2003 年 10 月十六届三中全会《决定》提出了“建立归属清晰、权责明确、保护严格、流转顺畅的现代产权制度。”《决定》进一步指出，建立现代产权制度，“有利于增强企业和公众创业创新的动力，形成良好的信用基础和市场秩序”。二是 2007 年 3 月全国人大通过了《中华人民共和国物权法》，虽然出台时间比发达国家对物权、债权、股权和知识产权的保护法律晚了百年，但毕竟是中国大陆第一部对各类财产权实行平等保护的法律。

“以法律为保障”方面的建设成果则亦忧亦喜。忧的是，我国大陆至今没有一部关于信用的专门法律。美国《信用控制法》颁布后，为其配套的法律有《诚实租借法》《公平信用报告法》《公平信用结账法》《平等信用机会法》《公平债务催收作业法》《信用修复机构法》等 16 部。美国是世界上信用交易额最高的国家，也是信用服务行业最发达的国家，其根本的保障是有完整的、与信用管理相关的法律体系。2010 年 9 月，27 国中央银行在瑞士巴塞尔市一致通过最新银行监管协议《巴塞尔协议Ⅲ》，对 1988 年《巴塞尔协议》和 2004 年《巴塞尔协议Ⅱ》作了重大修改。新协议的实施，将对全球银行业、各国银行监管当局和外部信用评级机构产生重大影响。这些形势对我国信用法律建设步伐提出了紧迫性的要求。喜的是，国务院办公厅在 2007 年发出了《关于社会信用体系建设的若干意见》。2013 年 1 月国务院颁布《征信业管理条例》，即国务院令 631 号，同年 3 月起施行，这是我国大陆关于信用建设的级别最高的法规。

我国产权市场诚信建设，一直受到国务院国资委和中国企业国有产权交易机构协会会员的重视，取得了很好的社会公信力，但仍有提升的空间。要建设诚信产权市场，必须学习、落实、运用好信用建设法规。

4. 信用城市的武汉烙印：以“信易+”为特色，重在信用信息的应用[①]

（2019年）

信用是市场经济的重要基础，也是经济转型发展的重要抓手，更是资本市场创新发展的原动力。武汉市坚持把社会信用体系建设作为社会治理的新支柱，以奖惩联动为手段，以信用惠民为宗旨，以开放平台为渠道，着力提升信用建设成效。

一、武汉信用APP能够“广泛查”

走出过“信义兄弟”“良心秤”等全国诚实守信模范的武汉，在信用体系建设上坚持不断创新，提高信用信息共享水平。

打开支付宝，在城市服务中的政务页卡，有一项公共信用服务。

最新一则消息发布于今年3月15日，提到武汉将首推鉴定行业“黑名单”，市民在选择鉴定机构的时候，在“武汉法律服务网”上，能看到相关机构的信用评价，哪家好评多、哪家被投诉过一目了然。对

① 本文是在2018年底提交给武汉市信用建设办公室的全市社会信用体系建设工作年度检查评估报告基础上形成的，经该信用办同意发表。原载于《产权导刊》2019年第7期第29—32页。本文合作者有：中国诚信信用管理股份有限公司中南分公司副总经理刘兵，评级总监阎杰，高级分析师谭凌武、刘念。

于经常被投诉的机构，还要上“鉴定黑榜”。

武汉市税务局、城管委、交通运输委、卫计委等40余个政府部门的红黑榜，已经在支付宝公共信用服务上线，供公开查询。

在“失信黑名单”一栏，公示着由武汉市发改委、公安局、城管委等40余家政府部门联动发布的“黑名单”。一家金属制造公司，因“有履行能力而拒不履行生效法律文书确定义务”，先后两次被蔡甸区人民法院列入“失信被执行人”名单。

武汉海特生物、达梦数据库、光谷联合集团等公司则因“守合同重信用”，在守信红名单上出现。

在搜索栏，输入要查询的个人姓名、公司名称，即可快速获取其在上述政府部门的“红黑榜”以及受到的行政处罚。

“在餐馆吃饭，老板拒开发票并被处罚，就能在这里查询到”，武汉市信用办相关负责人表示，武汉是全国首个在支付宝政务平台上推出公共信息服务的城市。用户只需打开支付宝，在城市服务“政务”专栏中“在线服务”分类下找到该应用，无须再额外下载APP、注册、登录，即可一键查询，解决了市民反映各类APP太多，办不同的事要下不同的APP，不仅占用手机内存，而且重复注册、登录也太麻烦的问题。

2016年4月，经国家发展改革委和中国人民银行批准，武汉市成为第二批全国社会信用体系建设示范创建城市。截至目前，武汉制定了信用记录和信用报告使用事项清单，明确299个事项推行事前查询信用记录或使用信用报告。信用信息在政府资金扶持、招标投标、市场准入、产业基金投资、公务员招录、总部认定、小微企业帮扶、评先评优、等级评定、积分入户、商品房购买、贷款、担保、债券融资、资质认定等方面得到广泛应用。

除了支付宝的公共信用服务，“信用武汉”官网也可查询到上述信用信息。

为方便社会公众查询信用信息，2017 年 4 月，“信用武汉” APP 正式上线，功能包括个人、企业信用信息查询，公开类公示信息查询，信用信息分类查询，以及诚信红黑榜、信用承诺、信用知识、工作动态等信息板块。该 APP 的上线，使公众对信用信息的使用和保护均有了较高的认识。随着信息技术的发展以及公众对于 APP 功能的需求变化，2019 年将对该 APP 进行升级改造，在用户认证方面，将引入活体检测验证技术，提高安全系数；功能方面将增加信用修复、融资需求发布、金融产品发布、智能撮合等功能；新技术方面将引入区块链技术，打造“信用账本”，将信用信息上链，以提高信用信息、信用报告的使用效率及信息的安全性，并有效解决信用信息的使用授权问题。全国信用 APP 观摩活动暨社会化信用服务现场会于今年 4 月在宜昌举行，国家发展改革委副主任连维良在讲话中提出信用 APP 的发展思路是：“紧跟时代、双向融入、做亮品牌、需求至上、安全为纲、深化运用”（据《中国信用》报道），武汉市发改委立即研究，进一步拨正航向，制订实施方案。

二、联合惩戒：一处失信将处处受限

在公共信息平台“榜上有名”会如何？答案是守信者将被激励，而失信者将被联合惩戒。

2017 年 2 月，武汉市公布《对失信被执行人实施联合惩戒的合作备忘录》，由 41 个部门联合签署，被惩戒的对象为市、区两级法院公布的失信被执行人（包括自然人和法人单位），也就是俗称的“老赖”。

该《备忘录》共提出 30 项惩戒措施，包括对“老赖”设立金融类机构、享受优惠性政策认定参考、招录（聘）为公务员或事业单位工作人员、买房、子女就读高收费私立学校、乘坐飞机、列车软卧等其他非生活和工作必需的消费行为、限住宿较高星级宾馆、酒店等进行限制。

“惩戒涉及部门之多、措施之多、力度之大、影响之广，在武汉市联合惩戒历史上前所未有”，武汉市发改委相关负责人表示。

2018年，因法定代表人、股东有失信被执行人记录，武汉市经信委对5家融资担保机构取消其经营许可资格。信用信息的公开，让“老赖”们无处遁形，敦促他们主动开展信用修复，洗刷信用“污点”。据介绍，截至2018年底，通过联合惩戒，武汉市中级人民法院执行结案率逐年上升，25 249名老赖主动偿还债务约3.8亿元。

失信者既罚，守信者则奖！

在行政许可过程中，对连续3年无不良信用记录的行政相对人，武汉各级政府部门可根据实际情况实施“绿色通道”和“容缺受理”。

多个“信易+”系列项目接连启动。武昌区行政审批局为无不良信用记录的申请人提供“先照后证”服务，让部分项目得以及时落地，提高审批效率。

武汉市科技局、税务局分别推行“科保贷”“纳税信用贷”，累计发放科技型企业保证保险贷款551笔，共12.70亿元；先后有5 433家诚信纳税人取得信用贷款88.46亿元，推动小微企业发展。

获得过市级以上道德模范、劳动模范等荣誉称号者以及现役军人，均可凭荣誉证书和信用积分享受图书馆信用借阅服务，累计办理支付宝信用读者证33 588个。

武汉市中心医院联合芝麻信用推出“信用就医”服务，信用分达到650分，可在市中心医院支付宝生活号“就诊服务”中成功开通该项服务，用户在完成挂号预约后可直接就诊、取药，实现看病不排队，免诊间支付。

武汉市有1 000多家酒店开展了“未来酒店”“信用住”功能服务，入住酒店免押金、离店免查房免排队。

在今年两会上，央行副行长陈雨露的一句话被顶上热搜：丈母娘挑女婿都要用上征信报告了！个人守信的重要性由此可见。在武汉，个人的守信与否甚至影响到干部是否提拔、晋升。目前，江夏区组织部门将信用审查作为提拔任命干部的前置程序，对拟提拔人员的信用状况进行审核，并作为提拔的重要依据。在对村（社区）“两委”成员候选人的资格初审中，把列入黑名单作为负面清单的审核要素。

目前，武汉市根据国家部委出台的联合奖惩备忘录，30 多个部门梳理制定了《联合奖惩措施清单》，明确了发起部门、奖惩对象、实施部门、奖惩措施、责任处室等，联动部门超过 45 家。

三、第三双眼睛看城市信用建设

武汉市委市政府高度重视社会信用体系建设工作，省委副书记、市委书记强调“将信用城市建设作为武汉的重点工作加以推进”，“信用武汉”多次被写入市政府工作报告。

今年 1 月 5 日，武汉市市长周先旺在政府工作报告中再次提出，武汉要打造一流的营商环境，创建国家社会信用体系建设示范城市，将武汉市社会信用体系建设工作提到了前所未有的高度。

武汉市按照《国家发展改革委办公厅关于充分发挥信用服务机构作用　加快推进社会信用体系建设的通知》（发改办财〔2018〕190 号）要求，充分发挥信用服务机构考核评价作用，推进信用体系建设。

国内知名的信用评估机构中国诚信信用管理股份有限公司（以下简称中诚信公司），成为评估武汉信用城市建设的“第三双眼睛”。负责武汉市 2018 年信用工作考核“第三方评估”的中诚信公司相关负责人介绍，接到委托后，他们对武汉市的 15 个区、41 个市直部门社会信用体系建设工作进行了细致评估。总体来看，武汉市各区、市各部门重视社会信用体系建设，在信用制度建设、信用联合奖惩方面，机制有力、部门协调配合较好。

从中诚信提供的一系列评估数据看——

在落实统一社会信用代码制度方面，武汉市工商局、市编办、民政局、工会均按市信用办要求完成目标任务。市工商局为开业状态的存量477 919户企业、685 913户个体全部进行了代码转换，存量市场主体代码转码率100%、存量企业证照换发率100%，重错码率通过整改后，由0.06%降为零。

在政务诚信建设方面，该市在全国首创“网上群众工作部”，承诺“民有所呼，我有所应”，开展电视问政、政务服务“双评议”等活动，在前期研究的基础上，制定《武汉市各区、市直各部门信用监测实施方案》，启动区域信用状况监测，“马上办、网上办、一次办”审批服务模式被国家推广，2018年底，武汉市再未出现政府失信事件。

武汉市信用平台网站接入市级和15个区级政务服务大厅，为政务服务提供了信用信息查询；各区、市各部门门户网站开设行政许可和行政处罚信息“双公示”窗口，“双公示”信息实现全量归集和及时公示。30个领域发布了红黑名单，共100多批次，“红黑名单”实现全量发布、公示以及联合奖惩。

武汉东湖新技术开发区在社会信用体系建设上多有创新，该区利用大数据等信息化手段，探索“互联网+监管”新模式，首创无边界“八个双”的“全闭环”事中事后监管在全国影响很大。搭建的“光谷信用网”，为社会公众、市场主体、政府部门及其他机构提供了良好的信用信息服务。

持续开展“道德模范”“诚信企业”“守合同重信用企业”“诚信经营示范点”“文明诚信个体工商户”等诚信典型评选，其中国家道德模范12人，在全国副省级城市中排名第一；2018年，评选出“守合同重信用企业”767家，为信用体系建设营造良好环境。

武汉市加强信用承诺管理，各区、市各部门共向“信用武汉”网推送公示市场主体各类信用承诺书15万余份，出台《武汉市失信主体信用修复办法》，规范了失信主体信用修复程序，目前166个失信主体通过整改、培训、承诺等程序完成了信用修复。

武汉市发起长江中游省会城市信用区域合作，市工商局与长沙、南昌、合肥联合搭建的长江中游城市群四省会城市工商政务云平台上线运行，实现四省会城市企业登记注册信息、经营异常名录信息、严重违法失信企业名单、行政处罚信息共享，形成“一处失信，四市同限”机制。

第六编

产权市场未来展望

1. 学习党的十八届三中全会《决定》展望产权市场发展改革前景①

（2013 年）

2013 年 11 月党的十八届三中全会通过的《中共中央关于全面深化改革若干重大问题的决定》（以下简称《决定》），注定在中国共产党历史留下浓彩之笔，因为其中最重要的命题是提出了改革的总目标："全面深化改革的总目标是，完善和发展中国特色社会主义制度，推进国家治理体系和治理能力现代化。"同时，"使市场在资源配置中起决定性作用"是其关键词之一。通过学习《决定》，本文试图沿着这样一条脉络来梳理思路：关于市场在资源配置中起决定性作用的论述——关于通过加快完善现代市场体系来实现使市场在资源配置中起决定性作用的论述——关于通过市场来配置公共资源的论述——关于通过产权市场来配置资源的论述。在此基础上，再回观今年 9 月中发〔2013〕9 号文《中共中央　国务院关于地方政府职能转变和机构改革的指导意见》中关于公共资源交易平台和产权交易平台建设的论述，我们的思路就会豁然开朗，更加认识到，《决定》确实为产权市场发展指明了方向，描绘了宏伟蓝图，做好我们的工作已成为紧迫任务。

① 原载于《产权导刊》2013 年第 12 期，第 8—10 页。

一、对《决定》有关市场与资源配置关系论述的学习体会

（一）关于市场在资源配置中起决定性作用的论述

“紧紧围绕使市场在资源配置中起决定性作用，深化经济体制改革，坚持和完善基本经济制度，加快完善现代市场体系、宏观调控体系、开放型经济体系。”（第二条）市场，在资源配置中不再仅仅是起“基础性”作用，而是起“决定性”作用。

经济体制改革“核心问题是处理好政府和市场的关系，使市场在资源配置中起决定性作用和更好发挥政府作用。”（第三条）为此，“必须积极稳妥从广度和深度上推进市场化改革，大幅度减少政府对资源的直接配置，推动资源配置依据市场规则、市场价格、市场竞争实现效益最大化和效率最优化”。那么，政府做什么？“政府的职责和作用主要是保持宏观经济稳定，加强和优化公共服务，保障公平竞争，加强市场监管，维护市场秩序，推动可持续发展，促进共同富裕，弥补市场失灵。”

（二）关于通过加快完善现代市场体系来实现使市场在资源配置中起决定性作用的论述

《决定》对“市场体系”的定位沿用了党的十六大报告中的8个字：统一开放、竞争有序。对“现代市场体系”的定位是3句话，第一句是“自主经营、公平竞争”；第二句是“消费者自由选择、自主消费”；第三句是“商品和要素自由流动、平等交换”。对现代市场体系的要求是，“着力消除市场壁垒，提高资源配置效率和公平性”。为此，就必须建立公平、开放、透明的市场规则，健全社会征信体系，褒扬诚

信，惩戒失信（第九条）；必须完善主要由市场决定价格的机制（第十条）；必须建立城乡统一的建设用地市场，完善土地租赁、转让、抵押二级市场（第十一条）；完善金融市场体系，人民币在已经实现贸易项下可兑换之后，要加快实现资本项下的可兑换（第十二条）；深化科技体制改革，发展技术市场（第十三条）。在这里，讲现代产权市场体系时没有点到产权市场，但习近平总书记在关于《决定》的说明中解释，本《决定》突出全面深化改革新举措，重复性举措不写。在十六大报告中已经表述，“健全统一开放、竞争有序的现代市场体系，发展产权、土地、劳动力和技术等市场。”在十六届三中全会《决定》中明确提出“规范发展产权交易”。十八届三中全会《决定》未提，原因就在总书记的说明中。

（三）关于通过市场来配置公共资源的论述

第七条“推动国有企业完善现代企业制度”，有这样一段必须引起产权界人士高度重视的话：“准确界定不同国有企业功能。国有资本加大对公益性企业的投入，在提供公共服务方面作出更大贡献。根据不同行业特点实行网运分开、放开竞争性业务，推进公共资源配置市场化。”这是全文第一处出现“公共资源”4个字，而且放在论述国有企业部分。我的理解是，企业国有产权，至少公益性企业国有产权，被列为“公共资源”，这里明确了一个重大的理论问题和现实问题，我们必须准确理解，切实遵循。

第十一条“建立城乡统一的建设用地市场”，土地使用权被列为公共资源。

第十五条“全面正确履行政府职能”，讲道“推广政府购买服务，凡属事务性管理服务，原则上都要引入竞争机制，通过合同、委托等方式向社会购买”。在这里，政府采购的范围大大扩大了，政府采购资金显然属于公共资源。

第二十二条“推进城乡要素平等交换和公共资源均衡配置”，讲道“统筹城乡基础设施建设和社区建设，推进城乡基本公共服务均等化。”这里涉及公共资源向乡村配置，涉及工程建设项目招投标。

第四十条“构建现代公共文化服务体系”，讲道“建立公共文化服务体系建设协调机制，统筹服务设施网络建设，促进基本公共文化服务标准化、均等化。”这里涉及文化公共资源配置。

第四十二条“深化教育领域综合改革”，讲道“统筹城乡义务教育资源均衡配置”，这里涉及教育公共资源配置。

第四十六条“深化医药卫生体制改革”，讲道“充分利用信息化手段，促进优质医疗资源纵向流动。加强区域公共卫生服务资源整合。”这里涉及医疗卫生公共资源配置。

《决定》的指导思想是要将各种公共资源引向市场去配置，实现均衡配置。

（四）关于通过产权市场来配置资源的论述

《决定》中关于产权市场的论述有多处。

第十一条讲道要建立城乡统一的建设用地市场包括二级市场，一些产权交易机构已经开展土地使用权交易，《决定》将为它们带来新的发展机遇。

第十三条讲道要“发展技术市场，健全技术转移机制，改善科技型中小企业融资条件，完善风险投资机制，创新商业模式，促进科技成果资本化、产业化。”这就为技术产权交易业务拓宽了视野。

第二十一条讲道要“建立农村产权流转交易市场，推动农村产权流转交易公开、公正、规范运行。”这就直接为农村产权交易所和已开展农村产权交易业务的机构，吹响了大发展的号角。

第三十九条讲道要“建立健全现代文化市场体系”“建立多层次文化产品和要素市场，鼓励金融资本、社会资本、文化资源相结合。”这就为文化产权交易业务的发展打开了方便之门。

第五十二条讲道要“探索编制自然资源资产负债表，对领导干部实行自然资源资产离任审计”。资产负债表是表示企业在一定日期的财务状况（即资产、负债和所有权益的状况），反映企业经营水平，其会计恒等式是“总资产 - 总负债 = 所有者权益”。将企业资产负债表引入国家生态保护大业，是一项伟大的创意，同时为开展环境产权交易和矿产交易提供了极大的进军领域。

第五十三条讲道要“发展环保市场，推行节能量、碳排放权、排污权、水权交易制度，建立吸引社会资本投入生态环境保护的市场化机制，推行环境污染第三方治理”。这就为从事能源交易、碳排放交易、主要污染物排污权交易、水权交易的机构提供了广阔的发展空间，而且，它们必须既具备交易功能，又具备融资功能。

从《决定》完全可以看出，产权交易行业的发展前景十分光明，不可限量。

二、用《决定》的精神回观今年中发9号文件，正确认识整合建立公共资源交易平台的意义，积极做好我们的工作

（一）以《决定》的思想进一步理解中发9号文的精髓

今年9月25日，中共中央下发《中共中央　国务院关于地方政府职能转变和机构改革的意见》（中发〔2013〕9号）（以下简称“9号文”），该文第二部分第二款明确，“依托现有的政务服务平台，整合工程建设项目招投标、土地使用权和矿业权出让、国有产权交易、政府采购等平台，建立统一规范的公共资源交易平台”。

通过学习11月12日通过的三中全会《决定》，我们深切领会到，

建立公共资源交易平台确是十分必要的，将上述4个平台整合进统一规范的公共资源交易平台同样是十分必要的，这不仅是以市场化手段提高资源配置效率的需要，而且是强化权力运行制约和监督体系的需要。《决定》第十项的引语指出："坚持用制度管权管事管人，让人民监督权力，让权力在阳光下运行，是把权力关进制度笼子的根本之策。必须构建决策科学、执行坚决、监督有力的权力运行体系，健全惩治和预防腐败体系，建设廉洁政治，努力实现干部清正、政府清廉、政治清明。"在召开三中全会设计全面深化改革总体方案之前，先行部署地方政府整合建立统一规范的公共资源交易平台，以承接大规模以市场化方式配置公共资源的重任，是党中央国务院的英明举措。如果说10月我们学习9号文时还有所理解不透，那么通过学习三中全会《决定》再回观9号文的用意，就一下子洞明了。

9号文件关于整合建立统一规范的公共资源交易平台政策的精髓在于：

第一，它"依托"的是现有政务服务平台，而不是新建一个什么"委""办""局"。

第二，要"整合"的是四个"小平台"，而不是正在从事这四项业务的"机构"。

第三，要"建立"的是统一规范的公共资源交易"大平台"，而不是建立"公共资源交易中心"，甚至建立有行政化色彩、属于事业单位性质的"中心"。

第四，在时间进度上，9号文要求"省级政府机构改革工作在2014年第一季度前完成"，这显然不是针对整合建立公共资源交易平台的时间要求。今年3月国办发〔2013〕22号文对"整合建立公共资源交易平台"的要求是，由国家发展改革委牵头，相关部门（在此有必要特别提醒业界注意的是，在22号文件列举的参与此项工作部门名单中，未再出现纪检监察部门）参与，"2014年6月底前提出方案，由中央编办对方案统筹协调、提出意见”，国家发展改革委、国务院国资委等多部门正在开展调研，为起草方案做准备。

（二）以《决定》的精神为指导，积极配合执行9号文的相关规定，在顺应大势中维护产权行业核心利益

总体来讲，我们要以三中全会《决定》精神为指导，贯彻落实9号文，整合建立统一规范的公共资源交易平台，坚持市场化运作的原则，充分利用产权交易机构现有的信息优势、资源优势、人才优势、业务优势和信息网络条件，依据《企业国有资产法》坚持保留各交易机构的独立法人地位和市场主体地位，更多地为公共资源交易服务；实行管办分离，依靠现有政务服务平台，实行相关部门按职责范围联合监管，避免以行政方式不同对不同性质的平台进行合并，不宜再新建事业单位性质的公共资源交易中心，避免重复建设和增加财政负担；加强行业管理，提升规范、自律、诚信水平，增强自身的服务能力。

产权市场从成立起，经过25年的发展，已经高度市场化。从业务开展范围来看，其他许多平台只是从事某一方面业务，运用某一种交易方式的“专才”，而产权交易平台则是从事涉及产权及各类权益多方面业务、涵盖公共资源交易大部分内容、运用多种竞价交易方式的“通才”。

当前，我们要着力做好自己的工作：一是要把已经开展的业务进一步做规范，二是要根据三中全会指明的方向大力搞好创新，三是要及早发展高科技手段提高信息化水平。在此基础上，产权市场要在国家积极发展混合所有制经济大势中做贡献、寻商机。《决定》第6条提出，“组建若干国有资本运营公司，支持有条件的国有企业改组为国有资本投资公司。”“国有资本投资项目允许非国有资本参股。”这就对全国产权交易平台提出了一个如何为国企改组和引进非国有资本服务的大任务，也由此发现一个大商机。我们要进一步统一思想，坚决落实李克强总理今年3月26日在国务院第一次廉政工作会议上的讲话中关于产权市场的指示："改革和完善国有产权交易制度，深入推进国有产权交易市场化改革，实行统一信息披露、统一交易规则、统一交易系统、统一过程监测，推动产权交易规范化，严格对制度建设的监督检查。"

2. 新的使命与当前任务[①]

——学习中发〔2015〕22号及其配套文件的体会和思考

（2015年）

2015年8月24日，中共中央、国务院印发的《关于深化国有企业改革的指导意见》（中发〔2015〕22号，以下简称“22号文”），提出了国企改革的总体目标、重大举措和相关要求。围绕5项重大改革举措，国务院、国务院办公厅和相关部委相继出台了4个推进性的配套文件，我们名之为“一拖四”。这些文件，对我国产权市场赋予了哪些使命，产权市场如何加强能力建设以更好地履行这些重大使命，是本文探讨的主题。

一、“一拖四”对我国产权市场赋予的使命

（一）对22号文涉及产权市场条文的梳理

该文共30条，直接涉及产权市场的共有19条之多，其中最重要的有5条：

① 本文是笔者受中国产权协会2015年11月24日委托而写作，2016年1月14日获秘书长夏忠仁同志“完全赞同”，安排“在与产权局工作对接时使用”。原载于《产权导刊》2016年第2期第21—25页。

在第（三）条“主要目标”中提出：“企业党的建设全面加强，反腐倡廉制度体系、工作体系更加完善。”为此，2015 年 9 月 20 日，中共中央办公厅发出配套文件《关于在深化国有企业改革中坚持党的领导加强党的建设的若干意见》（中办发〔2015〕44 号）。产权市场自从诞生之日起，就被作为反腐倡廉制度体系和工作体系的天然组成部分，将产权市场继续有机地组装进这两个体系中，是执行中办发 44 号文题中应有之义。

第（十四）条，对于产权交易界来说，是重中之重。本条讲市场化流动配置：以管资本为主，推动国有资本合理流动，优化配置。

22 号文对于产权市场、产权行业最激动人心的伟大创举，是在本条中首次确认产权交易市场与证券交易市场同属于资本市场。为此，有必要提纲挈领阐明其内容，以便准确地理解定位并找到产权市场服务的方向。

第（十四）条前半部分就市场化流动问题至少表述了四层前提要求。第一层要求是，流动要以市场为导向，以企业为主体：“坚持以市场为导向，以企业为主体，有进有退、有所为有所不为，优化国有资本布局结构，增强国有经济整体功能和效率。”第二层要求是，流动围绕什么原则、向哪里进：“紧紧围绕服务国家战略，落实国家产业政策和重点产业布局调整总体要求，优化国有资本重点投资方向和领域，推动国有资本向关系国家安全、国民经济命脉和国计民生的重要行业和关键领域、重点基础设施集中，向前瞻性战略性产业集中，向具有核心竞争力的优势企业集中。”这里提出投资方向是“三集中”。第三层要求是，退出怎么退，由谁来退。实行“三个一批”，该退的坚决退：“发挥国有资本投资、运营公司的作用，清理退出一批、重组整合一批、创新发展一批国有企业。建立健全优胜劣汰市场化退出机制……加快处置低效无效资产，淘汰落后产能。”第四层要求是，要“进”，钱从哪里来？要“退”，通过什么市场、以什么价格规范地退？钱往哪里去？

该条明确："支持企业依法合规通过证券交易、产权交易等资本市场，以市场公允价格处置企业资产，实现国有资本形态转换，变现的国有资本用于更需要的领域和行业。"上市国企的资产，通过证券交易市场退出，其余国企的资产，通过产权交易市场退出。可以说，第（十四）条为我国产权市场的发展，作出了定位，指明了方向，赋予了历史使命。

第（十七）条与产权市场直接相关。该条提出："引入非国有资本参与国有企业改革。"参与重组或增资扩股，参与经营管理，表述是："鼓励非国有资本主体通过出资入股、收购股权、认购可转债、股权置换等多种方式，参与国有企业改制重组或国有控股上市公司增资扩股以及企业经营管理。"产权市场聚集了一大批战略投资者，这个群体既有机构投资者，又有个体投资者。

第（十八）条鼓励国有资本入股非国有企业，产权市场也可有所作为。许多产权交易机构托管有数百数千家非国有企业的股权并为企业分红派息，从中可以选出发展潜力大、成长性强的非国有企业进行股权投资。

第（二十二）条有必要予以特别关注。该条规定要"实施信息公开加强社会监督"，这又与产权市场直接相关。该条提出："完善国有资产和国有企业信息公开制度，设立统一的信息公开网络平台，依法依规、及时准确披露国有资本整体运营和监管、国有企业公司治理以及管理架构、经营情况、财务状况、关联交易、企业负责人薪酬等信息，建设阳光国企。认真处理人民群众关于国有资产流失等问题的来信、来访和检举，及时回应社会关切。"

（二）对国资发研究〔2015〕170号国资委、财政部、发改委《关于国有企业功能界定与分类的指导意见》涉及产权市场条文的梳理

该文直接涉及产权市场的条文有两条。

22号文提出的国企改革第一大举措是，将国企分为商业类和公益类，“分类推进国有企业改革”。

170号文在“分类促进发展”部分，要求商业类国有企业优化资源配置。其中，对于主业处于充分竞争行业和领域的商业类国有企业，要“推动国有产权有序流转，及时处置低效、无效及不良资产，提高市场竞争力”。需要说明的是，22号文提出的改革第二大举措是“完善现代企业制度”，因为1993年十四届三中全会《决定》就提出了“建立”现代企业制度，所以22号文的提法是“完善”现代企业制度，提出5条具体措施，没有另行制定配套文件。

（三）对国发〔2015〕63号《国务院关于改革和完善国有资产管理体制的若干意见》涉及产权市场条文的梳理

该文直接涉及产权市场的条文有4条，主要的是如下两条。

22号文提出的国企改革第三大举措是，“完善国有资产管理体制”。国发〔2015〕63号文件对于产权市场来说最重要了，因为其中有“黄金”。

第（四）条有“业务黄金”。该条“明确国有资产监管重点”，列举有8项重点，其中第二项特别重要：“强化国有产权流转环节监管，加大国有产权进场交易力度。”

第（十五）条有“价格机制黄金”。“加快推进价格机制改革，严格规范政府定价行为，完善市场发现、形成价格的机制。”这是一个巨大进步，因为过去产权市场比较重视市场“发现价格”机制，较少重

视市场“形成价格”机制。

（四）对国发〔2015〕54 号《国务院关于国有企业发展混合所有制经济的意见》涉及产权市场条文的梳理

该文直接涉及产权市场的条文有 6 条，主要的有 3 条。

22 号文提出国企改革第四大举措是，“发展混合所有制经济”。为此配套的 54 号文对于产权市场来说同样特别重要，同样有“黄金”，因为其中明确：进一步健全交易规则；国企增资扩股进场；产权市场定价；统一结算；同时要求加强诚信建设。

第（十九）条最大的亮点是规范产权交易行为，规定增资扩股进场。这一条讲混合所有制改革，必须“严格规范操作流程和审批程序”：“在组建和注册混合所有制企业时，要依据相关法律法规，规范国有资产授权经营和产权交易等行为，健全清产核资、评估定价、转让交易、登记确权等国有产权流转程序。”更要紧的是接下来的这一句：“国有企业产权和股权转让、增资扩股、上市公司增发等，应在产权、股权、证券市场公开披露信息，公开择优确定投资人，达成交易意向后应及时公示交易对象、交易价格、关联交易等信息，防止利益输送。”“（混合所有制改革）方案审批时，应加强对社会资本质量、合作方诚信与操守、债权债务关系等内容的审核。”这就增加了诚信建设的内容，为进行第三方信用评价设置了程序。

第（二十）条讲“健全国有资产定价机制”，要求：“按照公开公平公正原则，完善国有资产交易方式。通过产权、股权、证券市场发现和合理确定资产价格，发挥专业化中介机构作用，借助多种市场化定价手段，完善资产定价机制。”

第（二十三）条讲“健全多层次资本市场”，特别重要。这一条讲了 4 层意思。第一层，讲场外市场：“加快建立规则统一、交易规范的场外市场，促进非上市股份公司股权交易，完善股权、债权、物权、知识产权及信托、融资租赁、产业投资基金等产品交易机制”；第二层，讲区域性股权市场：“为企业提供融资服务，促进资产证券化和资本流动，健全股权登记、托管、做市商等第三方服务体系”；第三层，讲统一结算：“以具备条件的区域性股权、产权市场为载体，探索建立统一结算制度，完善股权公开转让和报价机制”；第四层，讲规则和监督：“制定场外交易市场规则和规范监管制度，明确监管主体，实行属地化、专业化监管。”

（五）对国办发〔2015〕79号《关于加强和改进企业国有资产监督防止国有资产流失的意见》涉及产权市场条文的梳理

该文直接涉及产权市场的条文有3条，最主要的有两条。

22号文提出的国企改革第五大举措是，“强化监督防止国有资产流失”。79号文对加强和改进企业国资监督防止国资流失提出了总体要求，对加强内部企业监督、外部监督、社会监督和监督工作责任追究作了安排，在此基础上，专设了一节，“加强监督制度和能力建设”。

79号文“实施信息公开加强社会监督”这部分，是对中发〔2015〕22号文第（二十二）条的细化，与产权市场直接相关。79号文第（十三）条要求：“推动国有资产和国有企业重大信息公开。”第（十四）条讲要“及时回应社会舆论对企业国有资产运营的重大关切”，“切实保障单位和个人对造成国有资产损失行为进行检举和控告的权利”。

二、当前的任务

全新的使命必然带来全新的任务。

通过对22号文及其配套实施的4个文件涉及产权市场条文的系统性诠释，我们深深感到，党中央国务院对产权市场寄予厚望，赋予了极其重要的历史使命，提出了极其严格的工作要求。在今后的岁月里，执行22号文，需要许多能工巧匠创造性的发挥，迫切需要加强自身的能力建设。

（一）抓学习——认清使命，坚定信心

要在全行业开展学习22号文及其配套文件的学习活动，全面准确地掌握“一拖四”文件的精神实质，进一步掌握党中央国务院对产权市场的定位、期望和要求，列出责任清单，分工负责，计日以进。要在深入学习中坚定信心，增强责任感和担当精神。不学习不知“一拖四”是富矿，不学习不知曙光在眼前。

重点在方向上，进一步认清产权市场是作为非上市非公众企业进行资本交易的市场，从而开展定向服务。国务院国资委自2003年成立起，就提出产权市场作为资本市场的长尾部分，是有光明前景的。证券市场是为小众服务的热门市场，产权市场是为大众服务的、流转量待拓展的市场。要把服务对象从国有企业同时扩展到非国有企业，转向有限合伙企业，围绕这些服务对象去创新服务方式。

（二）抓修法——积极主动参与修法建章，争取产权市场地位法定

22号文第（二十七）条提出“要加强国有企业相关法律法规的立改废释工作，确保重大改革于法有据”。为此，国发63号第（十四）条、国发54号第（二十五）条、国办发79号第（十七）条都提出要依法推动对企业国有资产法的修改工作，这当然主要是监管部门与立法机关协调的事，但产权交易行业协会可以争取主动参与。要将“一拖四”文件中关于产权市场的内容尽可能地融入其中，最主要的是，将产权交易市场与证券交易市场并列作为资本市场的规定、通过产权市场引进战略投资者改革为混合制经济的规定、增资扩股通过产权市

场阳光办理的规定、产权市场价格发现和价格形成功能的规定、产权市场成为反腐败工作机制组成部分的规定等等，都要在新的国资法中尽可能得以体现。

（三）抓规划——以全面改革的思维设计我国产权市场新的体制机制和发展规划

2015年是产权市场受到时代眷顾的一年，历史上从来没有出现过这么多关于国企改革和产权市场发展的文件。时代在召唤我们。今年适逢“十三五”规划实施的头一年，在这样的历史关头，产权界的领袖人物和专家应当发挥聪明才智，不假手于科研院所，自己制定出一个全新的适用的改革和发展规划来。改革要注重全局性、协调性，防止局部化、碎片化。在统筹规划的前提下，坚持问题导向，排出优先次序，有节奏、有步骤、有阶段性重点地推进各领域全方位的改革。

（四）抓对接——向中纪委和国务院国资委纪委争取，将产权市场这一能保障实现“不能腐”的阳光市场，对接组装进中央反腐倡廉制度体系和工作体系中，服务于反腐倡廉大业

22号文在国企改革的“主要目标”中专门提出，目标之一是“企业党的建设全面加强，反腐倡廉制度体系、工作体系更加完善”。2016年1月14日十八届中纪委第六次全会公报指出：要“着力构建不敢腐、不能腐、不想腐的体制机制。”“坚决减存量、遏增量，确保实现不敢腐的目标，强化不能腐、不想腐。”产权市场自从诞生之日起，就被作为反腐倡廉制度体系和工作体系的天然组成部分，而且比证券市场做得要好。身为中国证监会原副主席的李剑阁痛心自揭“监管审批体制导致巨大寻租机会[①]”，这种情况在产权市场不存在。我们要继续争取

① 新浪网2016年1月10日。

将产权交易平台有机地对接组装进这两个体系之中，服务于反腐倡廉大业。

（五）抓能力建设——真正发挥资本市场的功能，提高服务国企改革的水平

一是在服务混改上，提高组合民间资本参与国企混改的能力。

应当说，国务院国资委很早就认识并重视这个问题，2012 年 5 月就出台了《关于国企改制重组中引入民间投资的指导意见》（国资发产权〔2012〕80 号），这个文件许多内容仍被 2015 年的 22 号文所吸纳。80 号文第十一条对产权交易机构提出了要求："从事国有产权转让的产权交易机构，应当积极发挥市场配置资源功能，有序聚集和组合民间资本，参与受让企业国有产权。"我们现在有一个重新认识 80 号文重要意义的问题。产权界要聚集一批民间投资者群体，才能在组合民间资本参与国企混改有所作为。用互联网 + 产权市场，是正确的选择。

二是在服务增资扩股上，提高办理增资扩股业务的能力。

增资扩股通过产权市场和证券市场办理，是国发〔2015〕54 号文最大的突破，同时也是一个考验产权市场能力的试金石。产权交易机构是否具有投资银行功能，拿到国企增资扩股项目，能不能选择到合适的投资者把股权认购出去，是一个需要用心的精密的技术活，必须全国机构联合互助方可成就。

三是在价格形成机制上，真正体现产权市场形成价格的能力。

产权市场发现投资者、发现价格的功能世所公认，但价格形成功能的能力还不强。国务院国资委产权局原局长邓志雄同志在《产权市场创新的方向》[①]《健全市场体系　完善市场机制推动中国产权市场健康发展》[②] 中对产权市场的价格形成的功能做过先导性论述。

---

① 详见《产权导刊》2011 年第 10 期。
② 详见《产权导刊》2012 年第 9、10、11 期。

（六）抓诚信建设——加强市场参与者的诚信建设，大大提高信息披露的广度和深度，更进一步适应资本市场公开透明的要求

2014 年 6 月，国务院《关于印发社会信用体系建设规划纲要（2014—2020 年）的通知》（国发〔2014〕21 号）出台后，各地各部门都加快了社会诚信建设的步伐，中国企业国有产权交易机构协会也获得了商务部和国务院国资委的批复，在全行业开展信用评价活动。国发〔2015〕54 号文第（十九）条还要求，对混合所有制经济改革合作方的诚信与操守进行审核把关。加强诚信建设，进一步提高产权市场相关各方的透明度和公信力，是必须及早重视的紧迫任务。

3. 要素市场化配置与产权市场命运[①]

——产权“生产要素生命论”探讨

（2020年）

近期，网络和报刊上大规模地涌现关于“生产要素”、特别是“要素市场化”配置的文件或文章。在中国面临人类历史上罕见的疫情冲击、即将逐步转入正常经济轨道的新形势下，读到这些渗透改革精神、坚持“要素市场化”配置导向的文件、文章，我们深感欣慰。与此同时，见上述文件文章所示未来中国“五大要素市场”总体设计和专项“市场”设计中，没有提及“管理要素市场”或“企业家市场”，也没有单独出现“产权市场”，我们也多少有些遗憾。

接《产权导刊》朋友反馈，产权交易界诸多从业同行和有关监管者朋友，对此有所忧虑。一些同志提出疑问：如此重要的“要素市场化”配置文件为何没有“产权市场”的提法呢？希望就此问题作出必要的廓清。我们认为，准确理解生产要素的内涵、产权与生产要素的关系，以及生产要素市场化配置的机理，有助于我们更好地认清产权市场发展的新趋势。本文探讨四大问题，与经济理论界特别是产权界朋友共同切磋。

一、生产要素范畴究竟包括多少元素——我们的理论认识

我们认为，“要素”（factors）的要旨在“素”，是指构成事物的必

---

① 本文是2020年5月本书作者与著名经济学家常修泽教授合写的，常教授为第一作者。常修泽，中国宏观经济研究院教授、博士生导师，“建立产权市场构想”（1987）和“广义产权论”（2009）提出者，原载于《产权导刊》2020年第6期，第5—11页。

要元素，即构成一个客观事物的存在并维持其运动的必要的最小单位，乃组成系统的基本单元。根据《政治经济学大辞典》的注释，生产要素（factors of production）是指“生产某种商品时投入的各种资源”①。至于在人类社会生产中究竟有多少生产要素，随着社会的发展，人们的认识有一个不断拓展和深化的过程。根据我们的理论积累，由窄到广，大体有以下五种内涵。

1. 两要素论

英国古典政治经济学代表人物、统计学创始人威廉·配第在其《赋税论》中有名言：“劳动是财富之父，土地是财富之母”。他认为，社会财富的真正来源是劳动和土地，而课税的最终对象也只能是土地的地租及其派生收入。劳动和土地，成为创造财富的“两要素”。我们当年通过学习《政治经济学史》已经明了这一点。

2. 三要素论

100多年前，马克思在《资本论》中引用了威康·配第的成果，但增加了资本要素。根据劳动价值论和剩余价值理论，他认为全社会生产的年产品价值由不变资本价值、可变资本价值和剩余价值三部分组成，即“C+V+M”。进而他在《资本论》中分析资本主义分配关系的重点是资本、土地生产要素所有权对剩余价值的分割，“等量资本获得等量利润”②。“V+M”体现了马克思对于“劳动”创造价值的认定。劳动、资本、土地——马克思的“三要素论”在很长一段时间内成为权威观点，一直流传到中国改革开放之后。

3. 四生产要素论

随着中国改革开放实践的不断深入，传统“三要素论”的内涵得到拓展。1997年9月中共十五大报告在谈到“把按劳分配和按生产要素分配结合起来”时，明确提出“允许和鼓励资本、技术等生产要素

① 张卓元主编：《政治经济学大辞典》，经济科学出版社，1998年版，第371页。

② 王琴：《西方收入分配理论历史演进》，《新财经》（理论版），2011年1月19日。

参与收益分配”。这里在“三要素”的基础上明确地把“技术”列入生产要素范畴。

4. 五要素论

2002 年 11 月中共十六大报告《全面建设小康社会，开创中国特色社会主义事业新局面》将管理列入生产要素。

十六大报告在谈到深化分配制度改革部分指出：“确立劳动、资本、技术和管理等生产要素按贡献参与分配的原则，完善按劳分配为主体、多种分配方式并存的分配制度。”这就首次将管理列为生产要素，加上土地，就成为五要素。

与我们产权交易市场相关的是，十六大报告提出要“发展产权、土地、劳动力和技术等市场”，这里第一位是产权市场。但是，需要说明的是，“发展产权、土地、劳动力和技术等市场”一句，有现实可理解的一面，但在理论逻辑上也有值得商榷的一面。对此，在本文第二部分的“第二”点，我们将加以展开分析。

2003 年 10 月中共十六届三中全会通过的《中共中央关于完善社会主义市场经济体制若干问题的决定》，提出“大力发展资本和其他要素市场”。其中要求积极推进“资本市场”建设，以及“加快发展土地、技术、劳动力等要素市场”，并从现实操作角度，强调“规范发展产权交易”。

5. 七生产要素论

“五要素”提出后，伴随信息革命的兴起，又一新的要素——“信息要素”逐步进入人们的视野。在研究中，人们开始意识到：信息是可以创造价值并能进行交换的无形资源，是现代生产要素的组成部分，但是否可以作为一个独立的元素单独列出，对于我们来说，则经历一个酝酿和“孕育”的过程。一开始，本文第一作者是把信息与技术放到一起探究的。例如，在 2016 年接受访谈时就这样表述：“生产要素有老有新，但基本上就是资本、土地、劳动力、技术（包括信息）、管理”，这里在“技术要素”之后特意用括号补上“信息”[①]。直到2017年6月16日，其在国家行政学院所作的《用新思维推进新旧动能转换》的报告中才提出：“我们说要寻找新的动能，很大程度要找这个新的技术。当然现在还有一种就是信息，信息将来有可能变成一个新的资源，跟技术并立”[②]。同年12月8日，中共中央政治局集体学习，主题是“实施国家大数据战略”，习近平总书记主持学习并发表重要讲话，他指出：“在互联网经济时代，数据是新的生产要素，是基础性资源和战略性资源，也是重要生产力。”[③] 2019年10月中共十九届四中全会通过的《中共中央关于坚持和完善中国特色社会主义制度 推进国家治理体系和治理能力现代化若干重大问题的决定》（以下简称《决定》）把与“信息”接近的“数据”，正式列入“生产要素”之中，而且把“知识”“技术”分列为两个独立因素，原话是：“健全劳动、资本、土地、知识、技术、管理、数据等生产要素由市场评价贡献、按贡献决定报酬的机制”。这就完整地形成了“七生产要素”论。

二、“产权”与“生产要素”是什么关系——我们的“生产要素生命论”

产权与生产要素到底是什么关系？这里阐述我们的“生产要素生命论”。简要谈三点认识：

第一，从广义上说，“产权”是覆盖到各种“生产要素”上的。

我们的产权理念，一开始20世纪80年代也是“狭义产权”。只是到了21世纪初，随着实践的进一步展开和认识的深化，才逐步实现由

---

① 常修泽：《民营企业应立足于创造市场》，《辽宁日报》2016年5月26日。

② 常修泽：《用新思维推进新旧动能转换》（在国家行政学院的报告，2017年6月16日），国家行政学院出版社音像资料。

③ 《习近平带政治局集体学习 领导干部要学懂用好大数据》，2017年12月10日12：16央视网。

“狭义产权论”向“广义产权论”过渡。

过渡的标志，是本文第一作者2003年为中共十六届三中全会《关于完善社会主义市场经济体制若干问题的决定》（以下简称《决定》）起草工作所提供的有关产权问题的基础性内部研究报告——《论建立与社会主义市场经济相适应的现代产权制度》（2003年5月20日上报中央《决定》起草组）。建议中央“从广义上”把握“产权”。第一，在产权定位上，不应局限于狭隘的“企业产权制度”，而应超越企业层面，从更高的层次提“现代产权制度”；第二，在产权内涵上，建议包括物权、债权、股权、知识产权，以及劳动力产权和管理产权等，“从而使要素产权体系完整化”；第三，在产权制度构成中，建议包括产权界定、产权配置、产权交易和产权保护四个支柱性制度。

这次全会通过《决定》后，该内部研究报告2004年被允许公开发表。先是其“摘要本”公开发表在国家发改委所属《宏观经济研究》上[①]，可贵的是“全文本”受到《产权导刊》厚爱，破例加“编者按语”，说明缘由，将“全文本”分前后两期连载[②]。这是产权界的一段佳话，也体现作者对《产权导刊》情有独钟。

《产权导刊》全文发表后，第一作者对产权的研究继续拓展完善，于2009年推出《广义产权论》，其中，第一要义就是“广领域”产权。广到哪？除了原来的“资本”产权之外，一是广到天上，即“环境产权”（如碳排放权）；二是广到地上地下，如各类自然资源（包括土地资源等）资产产权；三是广到天与地之间“人”的身上，如各种人力资本产权（包括知识产权、劳动力产权、管理产权）等[③]。总之，按照作者的“广义产权”理论，“产权”应该是能覆盖到各种“生产要素”

① 常修泽：《论建立与社会主义市场经济相适应的现代产权制度》（“摘要本”），《宏观经济研究》，2004年第1期。

② 常修泽：《论建立与社会主义市场经济相适应的现代产权制度》（“全文本”，上、下），《产权导刊》，2004年第2期、第3期（连载）。

③ 常修泽：《广义产权论》中国经济出版社，2009年版，第3页。

之上的。

第二，“产权”是“生产要素”的内在属性，并构成其“生命”。

需要说明的是，前面说到的一度流行的“发展产权、土地、劳动力和技术等市场”一句，如果从不严格的现实市场来说，人们是可理解的，但严格来说，逻辑上是有待商榷的。因为，这里的“产权、土地、劳动力和技术”等中，“产权”与“生产要素”不是平行的关系，它是潜藏于“生产要素”之中的，即是说，每一种要素中都有自己的产权。土地要素中有土地产权，资本要素中有资本产权，劳动力要素中有劳动力产权，知识要素中有知识产权，技术要素中有技术产权，数据要素中有数据产权，管理要素中有管理产权，等等。

那么，十六大报告提出“发展产权、土地、劳动力和技术等市场”里讲的“产权市场”是什么呢？我们理解，本意指的是当时存在于现实的“各类资产”的产权交易市场。

第三，“产权制度完善”与“要素市场化配置”：中国经济改革的两大重点。

2017 年 10 月中共十九大报告指出：“经济体制改革，必须以完善产权制度和要素市场化配置作为重点”。基于此，2019 年，本文第一作者在《改革与战略》杂志发表《开放倒逼下的中国经济改革“双突破”论》鲜明提出，在当今开放倒逼下的中国经济改革，面临纷繁复杂的局面，需实行“双突破论”，即通过产权制度的创新完善和要素市场化配置这两个“突破点”，来带动新阶段整个经济体制改革①。

其中，完善产权制度，是改革的第一重点。具体来说，健全现代产权制度需健全四根支柱性制度：产权界定制度，产权配置制度，产权交易制度，产权保护制度。我们 2019 年合写的《何亚斌对话常修泽：新阶段中国经济改革纵横谈》②，已专门谈如何完善产权制度，本文不再赘述。

---

① 常修泽：《开放倒逼下的中国经济改革“双突破”论》，《改革与战略》，2019 年第 8 期。

② 见《国有资产管理》2019 年第 10 期第 10—17 页。

我们认为，“要素”（factors）重在“素”，即元素或资源；“产权”（property rights）重在“权”，即权利或权益。各项生产要素的根基和载体都涉及产权制度，在实践中各项生产要素的配置和流转都涉及产权交易。产权不同于一般的生产要素，而是高于一般生产要素的权利。可以说，产权是各种生产要素的生命和精髓。这就是我们所持的产权：“生产要素生命论”。

三、关于生产要素的市场化配置与“产权市场”的位置

中国经济体制改革的第二重点，就是生产要素的市场化配置。鉴于我国经济结构性矛盾的根源在于要素配置扭曲，要结构转型、推动高质量发展，根本途径是深化要素市场化配置改革。为完成这项重大任务，2020 年 3 月 30 日中共中央、国务院专门出台了（关于构建更加完善的要素市场化配置体制机制的意见》（以下简称《意见》）。下面结合要素市场，谈谈我们的看法。

1. 牢牢把握生产要素市场化配置的四大原则

《意见》提出了四大重要原则：一是市场决定，有序流动。充分发挥市场配置资源的决定性作用，畅通要素流动渠道，保障不同市场主体平等获取生产要素，推动要素配置依据市场规则、市场价格、市场竞争实现效益最大化和效率最优化。二是健全制度，创新监管。更好发挥政府作用，健全要素市场运行机制，完善政府调节与监管，做到放活与管好有机结合，提升监管和服务能力，引导各类要素协同向先进生产力集聚，防止市场失灵。三是问题导向，分类施策。针对市场决定要素配置范围有限、要素流动存在体制机制障碍等问题，根据不同要素属性、市场化程度差异和经济社会发展需要，分类完善要素市场化配置体制机制。四是稳中求进，循序渐进。坚持安全可控，从实际出发，尊重客观规律，培育发展新型要素形态，逐步提高要素质量，因地制宜稳步推进

要素市场化配置改革。

我们认为，上述要素市场化配置的四大重要原则十分重要，把“市场决定”放在第一位，特别重要。“市场的决定性作用”和“政府作用”这个原则，是中国经济运行的基本原则。在疫情暴发时期的“非常时期采取非常举措，是对的，但从经济运行原则说，这是‘原则的例外’，不是‘原则的例内’”。“大疫过后、国际环境危机过后，进入恢复正常秩序的阶段，我们应适时地转入‘原则的例内’，经济运行还是要强调‘市场决定性’作用和政府作用”；而不应“把疫情期间的一些做法凝固化、机制化、神圣化”①。中共中央、国务院之所以此时出台这样的《意见》，是坚持正确改革发展方向的举措，我们必须牢牢把握这一要旨。

2. 关于生产要素市场化配置的内容：建议扩展为“六大要素市场”

目前报刊见到的要素市场体系，内容表述为土地、劳动力、资本、技术、数据等“五大要素市场体系”。这种表述涉及两个大问题：

一是关于知识与技术市场问题。我们认为，2019 年 10 月十九届四中全会《决定》所表述的知识要素和技术要素之间，虽有交叉但并非同一概念，将来应细化为知识与技术两个并列的市场。在我国技术要素市场化起步期，鉴于日常运用存在着交叉，《意见》初步将头脑中的“知识”与实际形成的“技术”合并为“技术”，暂在一个市场上运行是可以的，但远期看，应按两个要素市场加以完善。

二是建议明确增设“管理要素市场”或称“企业家市场”。目前《意见》提出的五个生产要素市场中，并未涉及管理市场，存在一定缺憾。针对此，有必要加上“管理市场”或“企业家市场”。我们认为，企业家是参与市场经济活动的重要主体，在国家改革、开放、创新发展中肩负着重要使命。目前，国内有些人“错把经理当官员”的官僚思

① 常修泽：《三阶段由“原则的例外”转入“原则的例内”——在 2020 莫干山春季论坛的发言（4 月 28 日）》，中国新闻网，2020 年 5 月 2 日。

想严重，亟须从国家层面推动企业家要素市场化，加大市场化选人用人力度，激发和保护企业家精神①。健全企业家（或称管理）要素市场，有助于建立企业经理人员“市场化选拔任用”机制。

3. 关于要素市场排序：建议将劳动力的地位置于首位

劳动力是各生产要素中最具创造性和主观能动性的要素，牵动其他各要素的优化配置，应当置于首位。劳动力要素市场化配置，或称为引导劳动力要素合理畅通有序流动，它涉及“人的自身解放”问题。在各生产要素中，劳动力要素（或称人力资源）是最活跃、最重要的要素。改革开放以来，劳动力市场迅猛发展，劳动力要素市场化配置程度也有所提高，但是在劳动力流动过程中还存在“障碍人的自身解放问题”。引导劳动力要素合理畅通有序流动，应着重抓住三大要点。（1）深化户籍制度改革，畅通农民工落户城市渠道，少数特大城市除外。（2）畅通劳动力和人才社会性流动渠道，这涉及“平等就业”问题。（3）完善技术技能评价制度。现在技能评价问题甚多，要畅通非公有制经济组织、社会组织、自由职业专业技术人员职称申报渠道。完善技术工人评价选拔制度，给一线劳动者提供道畅的“上升管道”。

在劳动力要素市场之后，可依次排土地要素市场、资本要素市场、技术（知识）要素市场、数据要素市场和“管理要素市场”或称“企业家市场”，从而形成一个完整的要素市场体系。将“管理要素市场”或称“企业家市场”放在后面，这并不意味着其重要性就弱，而是基于“企业家”是企业各种生产要素的组织者、协调者和指挥者，是居于综合地位的其他各种生产要素的整合者。马克思在《资本论）中说过：“一个单独的提琴手是自己指挥自己，一个乐队就需要一个指挥。”企业家就是乐队指挥。

4. 矫正“产权”的来源，变“赋予”产权为“承认”产权

各类要素的“产权”或权利是哪里来的？它是内在属性，还是外

① 常修泽：《企业家阶层新论》，《上海大学学报》（社会科学版），2017 年第 3 期。

在属性？或者，直白地说，是上面“赋予”的，还是其自身本来就有的？这里面现在存在一些误区。例如，有文章使用“赋予”产权的提法。我们认为，这种观点是不当的，很容易与官本位下的“恩赐”观点相混同。应该唤起社会对各类要素的产权或权利的尊重，建议用“界定”“承认”“确立”等用语，不用“赋予”二字，以摒弃官本位下根深蒂固的“恩赐”或“赋予”观。

基于这种正确认识，土地要素的产权是土地所有者或家庭承包者或经营者固有的，资本要素的产权是资本所有者固有的，劳动力产权是劳动力所有者固有的，知识产权是知识的创造者和拥有者固有的，技术权是技术创新者和拥有者固有的（因此需要确立并健全“职务科技成果产权制度”，切实落实以增加知识价值为导向的收入分配政策），管理产权当然是管理者自身固有的。

至于数据要素的“数据产权”归属问题，比较复杂一些。我们建议，首先要界定“数据”的内涵，要防止狭隘化，它不只是政府统计系统为国家宏观调控提供的“数据”，而是全部信息的总和；同时要建立健全“数据权利”体系，根据数据性质予以分类确权—护权：第一，对于有主体的数据，应明确该主体的所有权，完善个人信息授权制度，授权允许使用；第二，对于主体不明、采用脱敏技术处理或深入分析挖掘的数据，应对数据开发主体的权利“界定”并“承认”，这对于全面提升数据要素价值，具有重大现实意义。

5. 产权市场在现在的五大要素市场中放在哪里为好

上面我们谈的包含有企业家要素的市场六大要素市场中有“资本市场”。《意见》对资本市场提出了重要任务。特别重要的，有完善股票市场基础制度（包括发行、交易、退市等制度；投资者保护、证券民事诉讼、多层次股票体系建设等制度）；加快发展债券市场（包括稳步扩大债券市场规模，丰富债券市场品种，推进债券市场互联互通，探索对公司信用类债券实行发行注册管理制度等）。我们建议，在资本生产要素市场部分，可以提出继续发展并完善产权市场的命题。因为，产权市场是资本市场的重要组成部分。这在2015年《中共中央、国务院关于深化国有企业改革的指导意见》中已有明确表述：产权交易市场与证券交易市场平列，同属于资本市场。现代产权制度的第三要义是产权“流转顺畅”，目的是通过一定程序的产权运作（交易）使产权各种权能的所有人获得产权收益。每类生产要素都有产权，都需要上市流转，因此需要建立产权流转市场，可以归到非标的资本市场，未来的六大要素市场都能与此建立联系，这样，资本要素市场的作用就可以大大发挥。

四、产权市场发展的新趋势与当前任务

1. 全面准确地把握中央关于市场体系建设的精神实质

2017年10月中共十九大报告在提出“经济体制改革必须以完善产权制度和要素市场化配置为重点”之后，早就强调：要“实现产权有效激励、要素自由流动、价格反应灵活、竞争公平有序、企业优胜劣汰。”

2019年10月十九届四中全会《决定》要求：“建设高标准市场体系，完善公平竞争制……推进要素市场制度建设，实现要素价格市场决定、流动自主有序、配置高效公平。”

上述两段引文的关键词是三句话：“要素自由流动”，“建设高标准市场体系”，“实现要素价格市场决定、流动自主有序、配置高效公平”。我们必须在这三句关键话的前提下，来理解生产要素的市场化配置。这就是本文的核心。站在这个高度上来认识产权市场与要素市场化配置，就能“不畏浮云遮望眼”了。

2. 当前任务

结合中央的最新要求，如何抓住宝贵政策供给，更好发挥产权市场功能优势，从广度（要素范畴）、深度（向内挖潜）和质量（高效公

平）上做好要素市场化配置，产权市场就大有可为。

（1）广度上向所有生产要素市场化配置进军，开拓交易新领域。产权市场建立发展32年来，交易对象由企业国有产权逐步扩展，但是依然有局限性。中央《意见》为我们开辟了广阔天地，拓展到劳动力、土地、资本、知识技术、数据和管理等多要素的市场化配置。比如数据要素的市场化配置，首创者是贵州阳光产权交易所，自2014年12月投资成立贵阳大数据交易所以来，先后推出2016年“数据星河”战略、2018年“数+12”战略。2019年3月宣布启动增资扩股计划，扩大股东阵容、打造数据交易“朋友圈”，增强核心竞争力，成为全球第一家大数据交易所。2019年12月山东产权交易中心投资并控股的省数据交易公司在济南成立，大数据交易有了载体，成为全国第二家，这都是具有战略前瞻眼光的可贵探索。

（2）深度上向生产要素价格的市场化形成进军，发挥产权市场新能量。中央《意见》指出：“完善主要由市场决定要素价格机制”。目前，我国部分要素市场定价机制仍然不够完善，市场化价格形成机制还有很多体制机制障碍，这不利于市场化配置资源，因此，需要深化要素市场价格体制机制改革。结合上述六大要素市场，要点是：（1）推进资本市场的利率市场化机制和人民币汇率弹性形成机制；（2）完善土地市场价格形成机制；（3）完善企业劳动者报酬和工资收入形成机制、事业单位绩效工资形成机制以及机关公务员工资收入形成机制；（4）完善技术成果的转让价格形成机制；（5）完善数据“数价”和信息使用费形成机制；（6）完善管理者（企业家）的“身价”形成机制等。

（3）质量上（高效公平上）向生产要素的优化配置进军，彰显资本市场新功能。

第一，按照“健全要素市场运行机制”的要求，下一步产权界应积极参与“健全要素市场化交易平台”工作。重点是：拓展公共资源交易平台功能；健全科技成果交易平台，完善技术成果转化公开交易与监管体系；引导培育大数据交易市场，依法合规开展数据交易：支持各类所有制企业参与要素交易平台建设，规范要素交易平台治理，健全要素交易信息披露制度。

第二，按照“完善要素交易规则和服务”的要求：下一步，产权界应密切关注研究制定土地、技术市场交易管理制度；建立健全数据产权交易和行业自律机制；推进全流程电子化交易：推进实物资产证券化；鼓励要素交易平台与各类金融机构、中介机构合作，形成涵盖产权界定、价格评估、流转交易、担保、保险等业务的综合服务体系。

第三，按照“提升要素交易监管水平”的要求：下一步，产权界应打破地方保护，加强反垄断和反不正当竞争执法，规范交易行为，健全投诉举报查处机制，防止发生损害国家安全及公共利益的行为；加强信用体系建设，完善失信行为认定、失信联合惩戒、信用修复等机制；健全交易风险防范处置机制。本文第二作者早在10年前就写作了《论产权市场信用风险防范》一文，对产权市场信用风险作了揭示，就产权市场信用风险规避和治理提出了对策建议①。

上述这些功能要求，已经大大超出了传统的产权市场的基础交易功能，属于要素资源市场化配置如何更专业、更优化、更高效、更公平的新职能。这对于已过“而立之年”、一直砥砺前行的中国产权市场来说，既是新的使命和挑战，更是宝贵的发展新机遇，我们应抓住机遇，肩负起历史的责任。

① 何亚斌：《论产权市场信用风险防范》，《产权导刊》2010年第10期30—33页。

附　录

附录一

中国产权市场建设与改革40年[①]

1978年，党的十一届三中全会开启了中国改革开放的伟大征程。国有企业，作为中国经济的重要组成部分，经历了放权让利、承包经营、公司制改革、混合所有制改革等从计划经济到市场经济的改革历程，取得了辉煌成就。中国产权市场正是在这个过程中，因服务国资国企改革而生，在服务改革中发展壮大。服务范围从最初的企业国有产权转让，逐步拓展到股权、债权、知识产权等现代产权制度所涉及各类要素的有序流转和优化配置，走过从无到有、从小到大、从单一到多元的发展历程，展现出旺盛的生命力和创造力。中国产权市场自诞生以来始终肩负着国有资产公开、阳光交易的重任，为国资优化配置和保值增值提供高效平台，成为国家建立健全惩治和预防腐败体系的重要抓手。同时，中国产权市场的建设和发展，是中国在非标准化资产交易领域的重大制度创新，它与证券市场一起，构成了中国复合资本市场体系的基础框架，有效推动了产权制度改革，为我国完善社会主义市场经济体制发

---

① 本文作者为邓志雄，教授级高级工程师，国务院国资委产权局原局长、规划局原局长，现任中国电信、中国铝业、中国保利集团专职外部董事；何亚斌，研究员，中国产权协会党委原副书记、原副秘书长；吴汝川，中国产权协会会长，北京产权交易所党委书记、董事长；陈志祥，中国产权协会副会长，武汉光谷联合产权交易所党委书记、董事长；苗伟，中国产权协会副会长，山东产权交易中心党委书记、董事长；刘闻，中国产权协会常务理事，广东省产权交易集团党委书记、董事长。原载于国务院发展研究中心市场经济研究所：《改革开放40年：市场体系建立、发展与展望》，中国发展出版社，2019年1月，第215—237页。

本文定稿前，课题组成员何亚斌受组长邓志雄委托，登门向中国产权协会党委书记、秘书长夏忠仁，向国务院国资委产权局副局长李晓梁，征求意见，受到高度重视，他们提出了高水平的修改意见和建议，这些意见和建议已完全地体现在本稿中。他们的负责精神和智慧，对于提高本文质量，起了重要作用，特此表示真诚感谢！

挥了重要作用。产权市场，中国创造，为世界其他国家和地区建设现代市场体系提供了中国智慧和方案。

一、产权市场的发展历程[①]

（一）萌芽兴起阶段（1978—1993 年）

改革开放拉开中国经济体制改革的大幕。从尊重经济规律办事，到计划经济为主、市场调节为辅，到实行有计划的社会主义商品经济，再到计划与市场的内在统一，当时体制僵化的国有企业，亟须推进改制重组以适应新的市场环境，中国产权市场正是在这种背景下破土发芽。1988 年 5 月 11 日，武汉市体改委批准设立“武汉市企业兼并市场事务所”[②]，中国第一家完全意义上的产权交易机构就此诞生。之后，昆明、深圳、山东、江西、山西、北京、上海、南京、乐山等地产权交易机构如雨后春笋般出现。

1993 年 11 月，党的十四届三中全会提出建立“产权清晰、权责明确、政企分开、管理科学”的现代企业制度，首次提出实行“产权流动和重组”，产权市场发展随之趋于活跃。截至 1993 年底，全国共成立产权交易机构 170 多家，形成中国产权市场的第一次发展高潮。

（二）艰难探索阶段（1994—2002 年）

中国产权市场发展之初，尽管国家和一些省市政府出台了一些支持和规范企业产权交易的政策措施，但由于市场缺乏必要的监管体系，少

① 发展历程划分方法，系参照何亚斌：《中国产权交易评述：政策沿革视角》，载曹和平主编：《中国产权市场发展报告（2008—2009）》，社会科学文献出版社 2009 年版，第 312—320 页。

② 1988 年 5 月 11 日，武汉市体改委对武汉市财政局发出《关于同意成立武汉市企业兼并市场事务所的批复》（武体改〔1988〕第 012 号），同意成立武汉企业兼并市场事务所。

数产权交易机构对初级企业的股票擅自开展非上市公司股权拆细和连续交易，即所谓一级半市场，当时成都的红庙子、武汉的汉柜、淄博的SDK都很红火，[①] 但它游离于证券监管之外开展证券交易，引发市场风险。鉴于此，1994年4月，国务院办公厅发出明传电报12号《关于加强国有企业产权交易管理的通知》，要求暂停产权交易市场活动。到1997年，受亚洲金融风暴的影响，国务院为掌握场外交易市场情况，同年5月组织证券委员会、证监会、人民银行、体改委、国资局5部委成立联合调研组，到山东、河北专题调研，11月全国金融工作会议讨论形成清理整顿意见，12月，《中共中央、国务院关于深化金融改革整顿金融秩序防范金融风险的通知》（中发〔1997〕19号）出台。为落实这个文件要求，1998年3月，国务院办公厅转发中国证监会《关于清理整顿场外非法股票交易方案的通知》（国办发〔1998〕10号），要求“彻底清理和纠正各类证券交易中心和报价系统非法进行的股票、基金等上市交易活动，严禁各地产权交易机构变相进行股票上市交易”。因此，淄博、乐山、成都、武汉等一批不规范的柜台交易机构被关停，全国只留下上海、北京、天津、深圳等地少量比较规范的产权交易机构，市场发展态势低迷。直到1999年，伴随国家大力推进高新技术企业发展，技术产权流转存在巨大需求，催生了技术产权交易市场的建设和发展，这给处于困境的中国产权市场注入了新动力，产权市场复苏。

（三）规范发展阶段（2003—2015年8月）

如果说，中国产权市场诞生和发展的前15年，主要特征是孕育、探索和试错，那么2003年以后，在中央纪委和国务院国资委的推动下，中国产权市场进入规范运行、快速发展的时期。

2002年初，党的十五届中纪委第七次全会提出：“各地区、各部门

---

① 熊焰：《地方交易所的现状与前景》，引自2018年8月31日北京国富资本有限公司网站。

都要实行经营性土地使用权出让招标拍卖、建设工程项目公开招标投标、政府采购、产权交易进入市场等四项制度”，这是中国产权市场实行全面规范发展的制度起源。同年，党的十六大提出“健全统一、开放、竞争、有序的现代市场体系”，“发展产权、土地、劳动力和技术等市场”。2003 年 10 月，党的十六届三中全会进一步提出建立“归属清晰、权责明确、保护严格、流转顺畅”的现代产权制度，提出要“依法保护各类产权，健全产权交易规则和监管制度，推动产权有序流转”，要求“规范发展产权交易”。

按照上述要求，2003 年 11 月，国务院办公厅转发了当年新设立的国务院国资委《关于规范国有企业改制工作的意见》（国办发〔2003〕96 号），规范国有企业改制行为，同时提出“非上市企业国有产权转让要进入产权交易市场……并按照《企业国有产权转让管理暂行办法》的规定，公开信息，竞价转让”。同年 12 月 31 日，国务院国资委和财政部联合颁布《企业国有产权转让管理暂行办法》（国资委、财政部令第 3 号，以下简称 3 号令），从解决“进场交易”这个要害出发，建立了企业国有产权进场交易制度。之后，国资委指导各地出台法规和政策，就如何选择产权交易机构、做好进场交易准备、交易信息披露、场内竞价交易、买方与价格确认、交易价款结算、产权关系变更、交易过程监管等环节，制定了一整套严密的企业国有产权转让交易规则，明确了转让各环节具体的工作程序和操作细则。以 3 号令的出台为标志，我国产权市场进入规范快速发展阶段。

2009 年 5 月 1 日，《企业国有资产法》开始施行，其中第 54 条规定：“国有资产转让应当遵循等价有偿和公开、公平、公正的原则。除按照国家规定可以直接协议转让的以外，国有资产转让应当在依法设立的产权交易场所公开进行。”“依法设立的产权交易场所”和企业国有资产进场交易的原则，正式被写入法律，有了法律保障。

在这一阶段，按照国务院国资委关于企业国有资产“应进必进、能进则进、进则规范、操作透明”的原则，企业国有产权转让行为在全国范围内实现强制进场，使中国产权市场全面复兴，交易行为规范大为增强，市场效率极大提升。以此为带动，中国产权市场不断拓展服务范围，企业资产转让、行政事业单位资产转让、司法机关涉案资产交易、查没贪腐资产处置等涉及的各类国有和非国有资产，以及知识产权、林权、碳排放权、金融资产等各类生产要素也陆续通过产权市场这一阳光化、市场化平台进行交易，交易规模和市场影响力持续放大。

随着产权市场的快速发展，社会上一些机构再次出现打着产权交易所旗号开展证券市场外的拆细连续交易的行为。2011 年 11 月，国务院发布《关于清理整顿各类交易场所切实防范金融风险的决定》（国发〔2011〕38 号），要求“按照属地管理原则，对本地区各类交易场所，进行一次集中清理整顿，其中重点是坚决纠正违法证券期货交易活动”。为此，国务院成立由证监会牵头的“清理整顿各类交易场所部际联席会议”，开始对全国范围内从事产权交易、文化艺术品交易和大宗商品中远期交易等各种类型的交易场所进行清理整顿。2012 年 7 月，国务院办公厅发布《国务院办公厅关于清理整顿各类交易场所的实施意见》（国办发〔2012〕37 号），明确划清了产权市场与证券市场的业务边界。到 2014 年前后，各省市自治区陆续公布本区域通过清理整顿检查验收的交易场所名单。全国各地国资委选择认定从事企业国有资产交易的产权交易机构全部通过检查验收，产权市场经受住了考验，市场公信力进一步提升。

（四）进入发展新时代（2015 年 8 月至今）

2015 年 8 月，中共中央、国务院出台《关于深化国有企业改革的指导意见》（中发〔2015〕22 号，以下简称 22 号文），明确提出“支持企业依法合规通过证券交易、产权交易等资本市场，以市场公允价格处置企业资产，实现国有资本形态转换，变现的国有资本用于更需要的领域和行业”。该文首次将产权市场与证券市场平行纳入“资本市场”范畴，产权市场属于资本市场重要组成部分这一重要定位，在国家顶层设计中得到明确，产权市场和证券市场一起构成了有中国特色的复合资本市场。以22号文出台为标志，产权市场的发展进入新时代。

2016年7月，国务院国资委会同财政部发布《企业国有资产交易监督管理办法》（国务院国资委、财政部令第32号，以下简称32号令），明确将企业国有产权转让、增资扩股、资产转让行为一并纳入产权市场公开交易，在资产交易、流转的基础上，赋予了产权市场产股权融资功能，健全完善了产权市场的资本市场定位。

习近平总书记非常重视产权市场在中国经济转型升级中发挥的重要作用。2016年3月4日，习近平总书记在参加全国政协十二届四次会议民建、工商联界委员联组会议时指出：“要着力引导民营企业利用产权市场组合民间资本，开展跨地区、跨行业兼并重组，培育一批特色突出、市场竞争力强的大企业集团。”[①] 2017年10月，党的十九大报告提出要贯彻新发展理念，建设现代化经济体系，指出“经济体制改革必须以完善产权制度和要素市场化配置为重点，实现产权有效激励、要素自由流动、价格反应灵活、竞争公平有序、企业优胜劣汰”。中央一系列政策文件和习总书记的指示精神，确立了产权市场在新时代的发展方向，也赋予了产权市场新的使命和任务。

二、产权市场的发展成就

（一）交易规模呈跨越式发展

在长期的市场实践中，产权市场坚持提升服务功能，加快业务创

① 习近平：《毫不动摇坚持我国基本经济制度，推动各种所有制经济健康发展》，引自《人民日报》，2016年3月5日。

新，较好适应了我国不同发展阶段生产力发展的需求，平台优势不断显现，交易规模呈跨越式发展。党的十八大以来，产权市场各类交易品种累计交易额已经突破 26 万亿元，取得显著的发展成效。

（二）业务品种显著增多

中国产权协会统计数据显示，其统计范围内 68 家交易机构目前已形成 12 类主要业务，包括：产股权交易、企业融资服务（含增资业务）、实物资产交易、其他公共资源交易、诉讼资产交易、金融资产交易、环境权益交易、技术产权交易、文化产权交易、林权交易、矿业权交易和农村产权交易等①，产权市场的业务已经深入到国民经济和社会生活的多个关键领域，对实体经济发展起着关键的支撑作用，促进了社会和谐稳定。

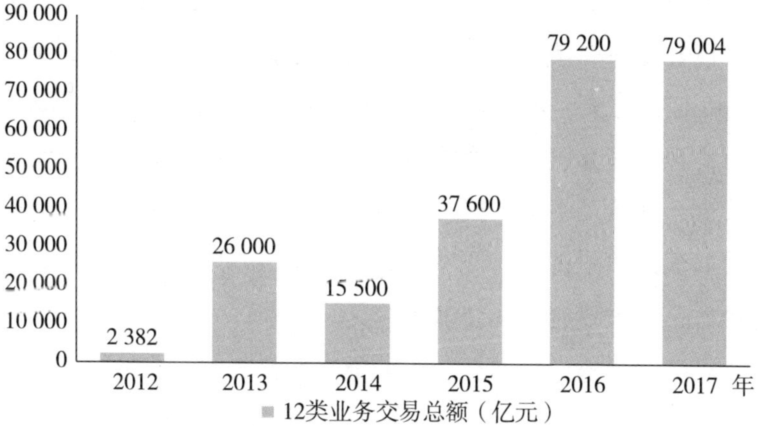

资料来源：中国产权协会《2017 年度产权交易行业统计报告》。

图 1　中国产权市场交易规模变化情况（2012—2017 年）②

① 以上数据引用自中国产权协会《2017 年度产权交易行业统计报告》。

② 2012 年 11 月，《产权交易行业统计工作实施办法》开始实施，是产权行业统一的统计制度方法。

(三) 服务领域不断扩大

第一，服务国资国企改革。在服务国有资产阳光交易方面，统计数据显示，2007 年至 2016 年，全国各产权交易机构公开挂牌转让企业国有产权 9 590 亿元，较评估结果增值 1 626 亿元，平均增值率达 20%[①]，这与未进场交易前多以评估价转让或低于评估价转让的情形形成鲜明对比，表明企业国有资产通过产权市场在流转中实现了保值增值，国有资产价值得到有效挖掘。在服务国有资产优化配置方面，企业资产交易的标的，是“活”的产权，是企业未来发展必不可少的“活”的要素。因此，产权市场不仅要助力国有资产实现保值增值，还要实现资源的最优化配置，帮助标的企业找到最有利于企业后续发展的投资者。实践证明，过去十几年产权市场涌现出一大批助力企业做强做优做大的典型案例。2006 年，福建雪津啤酒有限公司 100% 股权在福建省产权交易中心采取“两轮竞价”方式，被荷兰英博啤酒集团竞得，5.3 亿元的净资产以 58.86 亿元成交，增值率达到 1 060%，在充分竞争的情况下，以巨额增值实现了国有股权转让的高倍增值，同时顺利引进了外资，实现了多方共赢，创造了中国产权市场的“雪津神话”。2011 年，国务院国资委产权局深入福建莆田对该项目进行回访，结果表明，该项目实现了企业、买方、地方政府、社会多赢的良好成果：一是企业管理水平明显提升；二是经营规模稳步增长；三是企业品牌和发展质量得到提升，全球品牌价值达 13 亿美元；四是经济效益不断提高，纳税总额由 2005 年的 3.26 亿元增加到 2011 年的 8.45 亿元[②]。武汉光谷联合产权交易所 2015 年操作的湖北华清电力公司破产资产（鹤峰县江坪河水电站）交易项目，经过 143 轮竞价，由湖北能源集团以 15.1 亿元竞得。增值率

① 以上数据引用自国务院国资委产权局副局长郜志宇在中国产权协会三届二次常务理事会暨学习 32 号令培训班上的讲话。

② 国务院国资委产权管理局编：《国资新局》，中信出版社 2013 年版，第 3—27 页。

虽然只有11.78%，但其关键的社会意义在于，该电站是鹤峰县的“希望工程”，停工4年被起死回生恢复施工后，建设进展顺利。经2018年8月回访得知，预计2019年夏可建成发电，每年可为当地财政增加收入过亿元，防洪、航运和旅游效益显著，成为产权市场助力脱贫奔小康的典范。2015年，重庆联合产权交易所受理中新大东方人寿保险公司50%国有股权转让项目，成立精干团队，与转让方一道，挖掘项目核心价值，广泛发动市场，征集到4家合格意向受让方。经过持续4个半小时721轮的公开电子竞价，最终恒大地产集团以39.39亿元高价竞得，比挂牌价增值23.36亿元，比股权对应的净资产2.99亿元增值36.4亿元，创下该所建所以来单宗国有产权交易增值新高，受到重庆市政府和社会舆论的广泛好评。党的十八大，尤其是十八届三中全会以来，国家积极推进国企混合所有制改革，在此过程中，产权市场充分发挥交易平台功能，助力国企混改引入社会资本，在放大国有资本功能、优化法人治理结构、提升国有经济活力和竞争力等方面发挥了重要作用。32号令发布以来，国有企业通过产权市场以转让部分股权或增资扩股方式完成混改项目822宗，累计引入各类资本3 074.7亿元，在加快国有资本与社会资本融合的同时，有效降低了国有企业的负债水平，为国有经济更高质量发展提供了资金支持，确保了混改的规范、透明。东方航空物流有限公司2017年通过上海联合产权交易所引入德邦、普洛斯等行业龙头企业作为战略投资者，引入联想、绿地等民营资本作为财务投资者，同时引入核心员工持股形成利益共同体，在引进各类社会资本后，重点推进三项制度改革，经营效率显著提升，利润总额同比增长62.78%[①]。2018年，中国铁路总公司旗下动车WiFi项目通过北京产权交易所引入深圳腾讯公司和浙江吉利控股公司组成的联合体，实现高铁网和互联网的“双网融合”，产权市场助力中国铁路总公司迈出混改

① 以上数据引用自国务院国资委产权局副局长郜志宇在“2018中国企业并购与国企混改（成都）峰会”上的讲话。

第一步，产生深远影响。这些案例都说明，产权市场已发展成为推动国有资本与社会资本相互融合、交叉持股的重要平台。

第二，服务各类经济主体去杠杆和扩大直接融资。为企业融通发展所需资金，是产权市场作为资本市场的重要特征。2017 年，产权市场通过股权融资、债权融资、股权质押融资、政府与社会资本合作（PPP）等多种方式，共为实体经济企业募集资金 7 984 亿元。相比之下，2017 年共有 428 家公司通过上海证券交易所首次公开发行上市，募资 2 255. 72 亿元[①]；共有 2 379 家新三板挂牌公司完成定向增发 2 580 次，募资 1 184. 25 亿元[②]。从这些数据可以看出，产权市场在为企业提供“非标准化”的融资服务方面，发挥了重要作用。

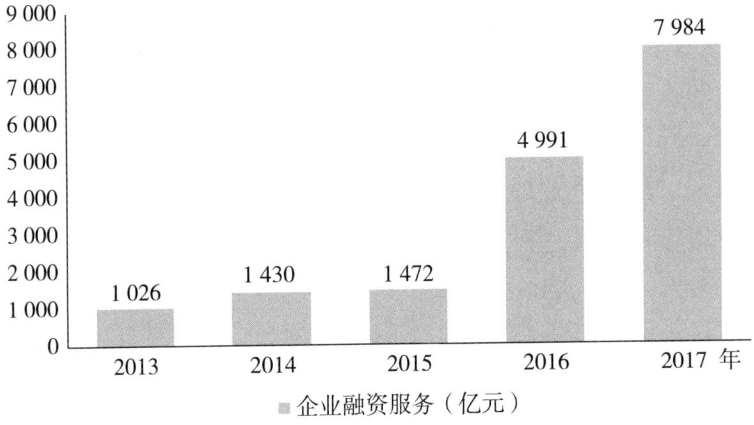

资料来源：中国产权协会《2017 年度产权交易行业统计报告》。

图 2　中国产权市场服务企业融资情况（2013—2017 年）

第三，服务各类要素资源的优化配置。按照著名经济学家常修泽的“广义产权论”[③]，产权要素是“广领域”的：一是广到天上，即“环

① 以上数据信息引用自上海证券交易所于 2017 年 12 月 25 日发布的发审信息。

② 以上数据信息引用《中国证券报》2017 年 12 月 20 日的报道：《2 379 家新三板公司定增募资 1 184 亿元》。

③ 常修泽：《广义产权论》，中国经济出版社，2009 年版，第 3 页。

境产权”；二是广到地上地下，如自然资源资产产权；三是广到天地之间的“人”的身上，如各种人力资本产权等。而产权市场的发展实践，正是沿着“广领域”产权要素来展开的。多年来，产权市场始终在积极探索和完善通过公开市场对各类要素资源进行有效配置的途径和模式，目前业务范围已经涵盖各类权益、实物资产、大宗商品和金融产品等品类，有效推动了各类要素资源的自由流转和市场化配置。2017年，山东兖矿科澳铝业有限公司14万吨电解铝产能指标通过山东产权交易中心公开转让，挂牌2.1亿元，吸引了东方希望、信发集团、魏桥集团等电解铝龙头企业在内的十多家机构参与，并最终以14.02亿元成交，增值11.92亿元，创造了产权市场有效服务供给侧结构性改革的新案例。

第四，服务政府部门资产管理和经济管理。在服务资产管理方面，产权市场积极服务公共权力部门在转变职能过程中下放产生的市场化处置业务，例如行政事业单位资产处置、公共资源交易、司法机关涉案资产交易、查没贪腐资产处置等，取得很好的成效。在服务经济管理方面，随着证监会等监管部门不断加强对上市公司并购重组和资产处置行为的监管，产权市场推出“上市公司并购重组和资产处置”等业务，为上市公司搭建了规范的并购重组和资产处置平台；为推进国内外产业和资本交流合作，产权市场推出“企业跨境并购重组”等业务，为国有、非国有、外资实体企业和金融机构，提供国际并购撮合和跨境融资等一站式服务；为助力各类企业“降杠杆”，有效防范和化解金融风险，产权市场推出“债权资产交易”业务，为银行、信托、资产管理公司、担保、典当行等机构，以及企业持有的债权资产、抵债资产的转让、债转股、投资等交易活动提供综合服务。例如，广东省交易控股集团积极开展银行不良资产跨境转让试点业务，为引入境外优质金融资源服务实体经济提供渠道；又如，广东国投破产财产整体处置项目在广东省交易控股集团以551亿元成交，溢价104亿元，有效化解了金融风险，很大程度上保护了债权人的合法权益。

（四）市场体系建设成效显著

第一，诚信自律建设初见成效。由中纪委推动、国务院同意、民政部批准登记、国务院国资委组建、党的关系由国资委党委直管的中国产权协会，于2011年2月成立，加强了行业自律，促进了产权市场统一、规范、高效发展。协会成立后，开展行业信用体系建设课题研究，建立行业信用评价工作制度，实行行业会员信用管理，对提升产权市场诚信意识、规范产权行业信用秩序起到重要作用。

第二，理论体系建设成果显现。理论研究一直是建设产权市场的基础。近年来，产权市场通过开展基础理论研究、举办创新论坛、建设博士后科研工作站、专门成立咨询研究机构等措施，不断加强理论研究工作，同时积极促进研究成果在实践中的转化应用，推动产权行业规范化、专业化、系统化发展。

第三，服务体系建设全面推进。在统一的产权市场建设方面，据中国产权协会统计，截至2018年9月底，全国具备企业国有产权交易资质的产权交易机构有122家，覆盖我国除台湾、香港和澳门以外的所有省、自治区和直辖市；部分产权交易机构还通过设立境外分支机构、发展国际会员等方式，积极推动产权市场境外服务的覆盖。2018年8月20日，澳门特别行政区行政长官颁布第94/2018号行政命令，由中央企业南光集团和澳门特别行政区政府等共同出资建设的中华（澳门）金融资产交易股份有限公司获准成立，标志着产权市场开始走向境外发展。

按照《关于实施〈国务院机构改革和职能转变方案〉任务分工的通知》（国办发〔2013〕22号）、《关于贯彻落实国务院第一次廉政工作会议精神任务分工的通知》（国办函〔2013〕63号）和《关于国资委贯彻落实2013年反腐倡廉工作任务分工的意见》（国资党委纪检

〔2013〕97号）三个文件精神，产权市场积极推动“四统一”建设。一是统一信息披露。由中国产权协会牵头，搭建全国统一的产权交易信息披露平台——中国产权网，实现了全国各机构交易信息的汇聚和集中披露，并强化信息披露的推广力度。二是统一交易规则。2016年，32号令发布以后，各地产权交易机构以此为遵循制定具体操作规则，中国产权协会也出台了相应的行业操作规范，交易规则的统一为产权市场业务的有序开展奠定了很好的基础。三是统一交易系统。产权市场的非标资产交易特质决定了交易系统的多样性。根据国务院国资委的要求，全国各产权交易机构在企业国有资产交易业务中按照统一的标准建设交易系统，同时满足了政府监管和交易机构业务的个性化需求。四是统一过程监测。当前，国务院国资委和各地方国资委依托企业国有资产交易监测系统，对产权交易机构的交易行为实时监测，实现了监管部门对企业国有产权交易全流程、各环节的动态监测。在线上线下服务体系搭建方面，适应大数据、云计算、移动互联和人工智能技术的快速发展，产权市场已实现注册、登记、挂牌、竞价、结算、在线咨询、撮合服务等交易功能的线上运行，形成完整的、支撑交易全流程的信息技术系统；与此同时，近年来，产权市场通过增设专业服务部门、发展交易中介会员、推进投资顾问服务、优化交易模式等方式，全面提升了产权市场的线下服务水平。在与证券市场联动方面，部分计划在国内外主板市场（含中小板、创业板）上市的国有企业申请上市之前，出于优化股权结构、满足上市条件等目的，积极通过产权市场进行产股权转让或增资扩股。例如，2016年9月，招商局华建公路投资有限公司通过北京产权交易所募集资金105亿元，成为32号令发布后首个进场的央企增资项目；2017年12月25日，招商公路换股吸收合并华北高速公路股份有限公司，并在深圳证券交易所挂牌上市（股票代码：001965）。此外，产权市场与新三板联动操作的项目也在不断增加，华龙证券股份有限公司通过甘肃省产权交易所募集资金96.22亿元，创造了2016年

中国新三板挂牌企业定向增发新记录。产权市场与四板市场即区域性股权市场的联动则更加普遍化和常态化。

（五）市场监管全面加强

2003 年以来，产权市场形成了一套较为成熟的监管模式。在国家层面，国务院国资委、财政部、监察部、发展改革委、证监会和国家工商总局等六部委组成联合评审组，每两年对中央企业国有产权交易机构进行综合评审。国务院国资委开发建设了企业国有产权交易信息监测系统，对产权市场的国有产权交易进行全面动态实时监测。在地方层面，各地对口六厅局对本地产权交易机构进行业务指导和管理。

（六）为世界其他国家贡献"中国智慧"

产权市场的诞生和发展，虽然是中国特有环境下的"中国创造"，但也为世界其他国家做好国有资产监管以及建立完善本国资本市场贡献了"中国智慧"。一是产权市场完善的制度规则、内部控制体系以及互联网技术支撑，实现了各项交易和各个交易环节的阳光操作，有效预防了商业贿赂等腐败行为，很大程度上确保了交易的程序正义和依法合规，解决了国有资产交易易发腐败这一世界性难题，为世界上其他具备较多国有资产存量和增量的国家提供了良好借鉴。二是产权市场的市场化操作，能够助力企业找到优质的战略或财务投资者，为企业做强做优做大和经济结构转型升级提供有力支撑。三是建设产权市场比建设证券市场更简单易行，且产权市场覆盖要素资源的范围广，市场配置资源的效率高，产权市场和证券市场平行发展的资本市场结构大大优于单一证券市场的资本市场模式，这为世界其他国家完善本国资本市场体系提供了可借鉴经验。近十年来，产权市场的对外开放逐步展开：一方面，国务院国资委组织发达省市产权交易机构负责人"走出去"，先后访问联合国开发计划署等多个国际组织，考察纽约、伦敦、法兰克福等地证券交易所，积极学习国际资本市场运作经验，推动国际合作与交流。例如，2007年8月，上海联合产权交易所与联合国开发计划署南南合作特设局在上海共同创立“南南全球技术产权交易所”（以下简称SS－GATE），通过“技术＋资金”方式援助部分欠发达国家的发展。2011年8月，时任联合国秘书长潘基文在联大报告中，3次提及SS－GATE并高度表彰其在国际技术转移和促进南南合作方面的突出贡献。国家发展改革委组织武汉光谷联合产权交易所、福建省产权交易中心负责人到古巴哈瓦那，在古巴国家和政府高等干部学院讲授中国国有产权转让的市场化操作经验，受到该干部学院院长的高度评价，写信邀请中国继续派遣授课。另一方面，采取“引进来”的办法。北京大学与康奈尔大学合办“美国未来领袖培训班”，开设“中国产权市场”课程，由国务院国资委产权局负责人讲授，获得参训者对我国阳光交易机制的赞叹。美国加州大学圣布拉第纳分校经济系考察团3次到访北京产权交易所。德国经济合作发展部与天津市人民政府合作开展的“中德合作建设中国产权交易市场体系项目”是中国产权市场首次获得的外国政府援助项目，该项目中方执行机构——天津产权交易中心在法兰克福、伦敦、布达佩斯、墨尔本设有办事处，承担招商引资任务。国家发展改革委和商务部开展“智力援外”，组织多哥和毛里塔尼亚官员培训班考察武汉光谷联合产权交易所，邀请资深产权交易专家在国内为古巴、菲律宾、埃塞俄比亚、冈比亚、赞比亚、纳米比亚、亚美尼亚、白俄罗斯、越南等多个培训班讲课，产权市场的“中国智慧”正在世界部分国家落地开花。

三、产权市场的发展经验

40年来，我国产权市场形成了一些值得长期坚持的宝贵经验，主要有六条。

（一）始终坚持市场化改革方向

在改革开放过程中，产权市场始终牢牢抓住服务生产关系变革的主线，始终将服务市场化改革作为核心工作，始终紧跟国家政策，精准站位，深入贯彻并及时挖掘产权市场发挥作用的机会。从中央和国家的决策部署，到各级政府部门的政策法规，再到行业制度规范，产权市场始终坚持第一时间学习领会，第一时间将国家和各级政府要求与发挥产权市场功能相结合，第一时间实现各项服务的落地，取得较好效果，得到各级政府和各类企业的一致认可。

（二）始终坚持推进国企改革和预防腐败

改革开放初期，国有产权转让大多采取行政化手段，一个企业卖不卖、卖给谁、卖多少钱都由党政官员主导，这导致擅自决策、少评低估、暗箱操作、自卖自买等混乱状况，滋生腐败。更为严重的是，非市场化的配置方式往往导致资源的盲目流动和错配，对企业后续发展埋下隐患。如何寻找一条既符合中国实际情况，保证国有资产不流失，又能实现最优化配置的市场化路径，成为当时亟须解决的问题。利用好产权市场实行阳光交易就成为解决这一难题的最佳答案。其一，产权市场充分的信息披露制度，广泛征集受让方，能最大可能地发现投资者。其二，产权市场基本采用网络竞价的交易方式，避免了人为干扰，能最大限度地发现交易价格。其三，产权市场公开、透明的交易流程保护了交易各方，特别是被转让标的企业债权人和职工的合法权益，保障了社会公众对国有资产交易的知情权和参与权，很大程度上避免了场外交易经常引发的债权人和职工上访问题，维护了社会和谐稳定。产权市场的建立，实现了卖方公开规范的卖，买方公平合法的买，监管方公正高效的审批，解除了国企改革中极易引发争议和混乱的产权困扰，有效遏制住了国有产权流转中存在的暗箱操作、定价过低、资产流失等突出问题，企业国有产权得以顺利流转，国企改革得以在产权层面上规范有序地展开和深化[①]。2007年，透明国际组织腐败指数总负责人约翰·兰斯多夫在对我国一些产权市场进行考察后作出如下评价："我们深刻感受到你们在所献身的反腐败斗争中所取得的成绩。政府采购和国有资产转让，在全世界都是滋生腐败的土壤。但在这里，你们用复杂而成熟的技术、透明的程序和明确的指导把这项工作组织得很好。我们钦佩你们如此迅速地在反腐败斗争中进行了最好的实践。其他国家相信可以从你们的经验中学到很多。"[②]

（三）始终坚持长尾资本市场性质定位

中国的资本市场由头部的股票市场和长尾的产权市场复合组成。产权市场具有三大特质属性[③]：一是非标准化交易属性。进场交易的是非标准化的产品，交易过程采用的是非连续的交易方式，能够为各类市场主体提供除拆细连续交易以外的各种资本市场服务，可以完成多个领域、多个交易品种的交易。二是具备完整的资本市场功能。既能以引发激烈竞争的二级市场功能为产权流转服务，也能以低门槛高效率的一级市场功能为产权形成服务。三是市场化服务平台特性。不同于一般资本市场的"银货两讫"的"一对一"交易互动机制，产权市场始终把对促进交易双方"多对多"互动服务贯穿于交易全过程：多个买方竞争一个交易标的，多个中介竞争一个交易主体，多个市场竞争一个交易项目，全面体现资本市场公开公平公正竞争要求。在发展过程中，产权市场始终坚持以上三个特质属性，始终坚持为我国数以千万计的广大非上市企业提供多种个性化资本服务，在我国经济体系建设中发挥了独特而重要的作用，使中国的资本市场形成了真正的中国特色。

---

① 邓志雄：《中国产权市场的回顾与思考》，《产权导刊》2007年第7期，第24—28页。

② 熊焰：《资本盛宴：中国产权市场解读》，北京大学出版社2008年版，第127页。

③ 常修泽：《混合所有制经济新论》，安徽人民出版社2017年版，第345页。

（四）始终坚持规范化运营

产权市场“公开、公平、公正”的平台属性，客观上要求交易机构必须坚持规范化操作。第一，在党中央、国务院相关政策指引下，国务院国资委等中央部委、地方政府部门、产权交易行业，陆续出台了一整套较为完备的产权交易制度和规则体系，确保了产权市场的有序运行和规范操作。第二，产权市场始终严格落实各项监管要求，从业务审核、会员管理、档案管理、内部控制等多方面入手，将风险防控工作有效融入到日常经营和业务活动中，建立起完善的风险防控体系。第三，产权市场始终将业务创新控制在国家法律法规允许的框架内，杜绝参与国家明令禁止的交易活动，有效维护了市场的持续健康发展。第四，基于信息系统的日常监测和地方政府与相关部委的定期不定期检查，有力加强了市场运行的规范性。

（五）始终坚持市场化创新

为发挥好资本市场功能，发挥好市场在资源配置中的决定性作用，产权市场始终按照市场化方式开展各项工作。一是坚持平台化市场机制设计，不搞中心化市场。坚持产权市场区域化设置，中央部门选用地方交易机构，地方交易机构之间既有竞争也有协同，始终保持较强的市场运行效率和发展活力。二是持续推进市场创新，不论是制度创新、交易方式创新，还是产品与服务创新，产权市场始终坚持与时俱进，通过创新有效提高项目成交率、竞价率和增值率，扩大了产权市场的服务范围。三是开展广泛的市场合作。产权市场积极与各类企业对接，及时了解企业需求，解决企业进场交易中存在的问题；积极吸收产权交易链条上的产权经纪公司、审计评估机构、律师事务所、会计师事务所、拍卖公司、财务顾问公司、投资银行机构等各类专业服务主体成为交易会员，有效提升交易活跃度、完善产权市场服务功能。

（六）始终坚持强化互联网技术支撑

产权市场始终把信息化建设作为平台规范、高效发展的重要支撑。一是适应大数据、云计算、移动互联和人工智能技术的快速发展，大部分产权交易机构已打造出包括交易竞价系统、金融服务系统、投资人数据库和移动APP应用等在内的信息技术系统，实现了便捷的移动信息服务、移动交易服务和移动支付服务，实现了项目和投资人的快速聚拢和有效分类。二是充分利用信息技术手段，首创网络竞价和动态报价等交易模式，打造了全时空、全流程的竞价方式，大大提升了国有产权的处置效率。三是国务院国资委始终坚持加强国有产权交易信息监测系统的适时动态监测，中国产权协会也积极利用互联网系统加强市场的信用评价。

四、新时代产权市场发展面临的机遇和挑战

当前，中国经济面临着极其复杂的国内外形势，产权市场发展的内外部环境也发生着深刻变化，加快建设和完善产权市场体系，推动产权市场在新时代中国经济的转型升级中发挥更大作用，既面临难得的历史机遇，也存在一些问题。

（一）新时代产权市场的发展机遇

党的十九大报告提出，“经济体制改革必须以完善产权制度和要素市场化配置为重点，实现产权有效激励、要素自由流动、价格反应灵活、竞争公平有序、企业优胜劣汰”。产权市场作为现代化经济体系的重要构成，是市场化配置各类要素资源的主战场，必将迎来高速发展的新时代。

近年来，国家货币政策转向松紧适度，财政政策更加积极有效，市

场流动性紧张的局面得到缓解，减税降费力度超过以往；国资国企改革“从点到面”加快推进，混合所有制改革迈入深水区；国家深化科技体制改革、推进科技创新和科技成果转化的力度不断加大；中央首次提出“金融供给侧结构性改革”，发展绿色金融和金融改革开放的步伐越来越快，金融服务实体经济的能力将进一步提升；“一带一路”、雄安新区建设、京津冀协同发展、长江经济带发展、东北振兴、粤港澳大湾区发展等区域发展规划，显示出要素市场是国家区域发展战略中不可或缺的金融基础设施。以上这些国家改革发展举措的背后蕴含着广阔、海量的要素资源流动需求，迫切需要产权市场更加积极有为地参与和推进改革，为中国现代化建设提供更加强大的推动力量。

2019 年 3 月 5 日，李克强总理向十三届全国人大二次会议作政府工作报告。报告指出，“我国发展仍处于重要战略机遇期，拥有足够的韧性、巨大的潜力和不断迸发的创新活力”，“经济长期向好的趋势没有也不会改变”。在国资国企改革领域，政府工作报告强调，要“推进国有资本投资、运营公司改革试点”；要“积极稳妥推进混合所有制改革”；要“依法处置僵尸企业”；要“深化电力、油气、铁路等领域改革”；要推动“国有企业要通过改革创新、强身健体”；等等。可以预见，今后一段时期，各类国有企业的产权流转、融资活动将越来越活跃，产权资本市场为这些流转和融资活动提供服务的机会也将越来越多。同时，报告对财税金融体制改革、民营经济发展环境的优化、科技研发和产业化应用机制改革、绿色发展和生态建设、全方位对外开放等均作出明确部署，为产权市场提供了一系列业务切入点，而这些都需要产权市场发挥更加重要的作用。

（二）产权市场发展面临的问题和挑战

1. 交易立法待加快

中国产权市场经过 30 年的发展，已成为国家市场体系不可或缺的重要组成部分。虽然国家一系列相关法律和规章为产权市场的发展明确了方向，但《企业国有资产法》是关于企业国有资产管理的综合性法律，32 号令仅是部门规章，因此中国产权市场至今缺乏一部专门的上位法作为基础支撑。立法的滞后、法律体系的不健全，一方面对产权市场的各项服务、业务操作带来一定的风险，另一方面则不利于非标准化资本市场的建设发展和功能的充分发挥。

2. 市场功能待提升

目前，我国产权市场的功能还未得到充分发挥，距离支撑国家和区域经济社会发展的要求还有一定差距。一是各地产权交易机构的发展程度参差不齐，一些机构运行机制老化突出，在治理结构、激励和约束机制、人才建设等方面尚有很大提升空间，市场化改革力度还有待加强；二是交易生态链上的商业银行、信托、保险、基金、资产管理等金融机构，以及投资银行、律师事务所、审计机构、会计师事务所等中介服务机构的数量和质量有所不足，这种市场体系的不健全影响到市场功能的充分发挥和可持续发展。

3. 交易信息系统待统一

信息系统对提升交易效率、促进交易规范、维护交易安全起着重要作用。当前，中国产权市场从单个机构或部分区域性市场来讲，建成了满足交易需求的信息系统，但从全国范围看，仍缺乏统一的足以支撑信息披露、竞价、结算特别是融资等全流程的信息系统。这一方面造成项目资源、投资者群体资源的分散，不能最大限度形成规模效应，影响到投资人和价格的充分发现；另一方面，信息化建设的分散，使得市场不能在移动互联、人工智能、大数据、区块链技术等信息化建设趋势的大背景下形成建设合力，影响到整个市场信息系统的迭代开发和应用，最终影响到市场的整体发展。

4. 发展动力待增强

长期以来，对于大部分产权交易机构来说，服务对象主要是国有企业，交易品种主要是国有产权和国有资产，为企业增资扩股等融资类服务的业务总量较少，为企业提供并购融资服务的能力较弱，由此造成部分交易机构运营收入来源单一、市场发展后劲不足等问题。产权市场如何加强业务创新、如何为非公有企业提供更多服务、如何为国际市场资本形成和流转服务，都是目前需要重点探索研究的方向。

五、新时代产权市场的发展路径

（一）坚持规范化，确保产权市场行稳致远

产权市场要认真贯彻落实中央经济、金融工作会议要求，加强对创新业务及重大项目的风控研究和审核备案工作，加强对已有业务的风险巡回管理工作，坚决守住不发生重大风险的底线；要增强依法决策、依法经营、依法管理意识，将法治文化融入企业经营管理过程中，不断提升依法治企能力水平；要坚持制度先行的原则，按照监管部门要求，及时起草、修订和完善各项业务规则和管理规章；要通过加快诚信建设、加强内部控制评价等措施，切实提升内部控制建设和规范化管理水平。

（二）坚持市场化，提升产权市场的资本市场功能

产权市场要按照成熟资本市场的标准，以服务实体经济和实体企业为根本出发点，不断强化和提升交易机构的公司治理能力、创新研发能力以及员工的专业技能；要在集聚上下游资源方面下功夫，要与银行、证券、保险、基金、资产管理、融资租赁、小额贷款等金融机构以及律师事务所、会计师事务所、审计机构、征信机构、信用评级机构等建立紧密合作关系，与国内外证券市场等各类交易场所开展深入合作，不断促成多边主体的合作互动与跨界集成，最终实现交易的活跃、价值的发现和效率的提升；要按照国务院要求，继续推进产权市场的市场化

改革，继续推进行业“四统一”工作，实现信息披露、交易制度、交易系统、过程监测在全国范围内的真正统一。

（三）坚持信息化，搞好“互联网＋产权市场”

产权市场应着力构建全国产权市场统一的信息门户网站和“互联网＋产权市场”网络生态体系。一是各产权交易机构要高度重视大数据、云计算、移动互联、人工智能、区块链等技术的开发和运用，高起点、高标准提升行业信息化水平，强化信息安全保障。二是按照信息时代资本市场的统一性要求，产权市场应建立统一的中国产权市场网络，以信息化培育新动能，用新动能推动新发展，各产权交易机构应通过贡献智慧、资本、资源等多种方式共同参与，避免重复建设。三是要充分利用互联网技术对产权市场原有业务和功能予以发展和创新，改善用户参与交易和投资的互联网体验，实现产权市场运营管理的精细化、网络化、数据化和智能化。

（四）探索多元化，加快对内对外开放

新时代赋予产权市场新任务和新使命，产权市场应坚持“一体两翼”的服务战略，即以服务国资国企改革为主体，以服务于民企和国外企业为两翼，不断开创发展的新动力新引擎，助力中国经济转型升级和社会和谐发展，为经济全球化和人类命运共同体的构建贡献智慧和力量。一是应坚守为国资国企改革服务的根基，紧紧围绕党的十九大报告提出的“加快国有经济布局优化、结构调整、战略性重组，促进国有资产保值增值，有效防止国有资产流失”，“深化国有企业改革，发展混合所有制经济，培育具有全球竞争力的世界一流企业”等内容，在推进国企混合所有制改革和股权多元化、降低负债率、推进重组整合、加强市值管理、促进境外国有资产保值增值等重点工作中发挥更大作用、做出更大贡献。二是应坚守为产权制度改革和要素市场化配置服

务的宗旨，推动国有资本、集体资本、民营资本、外商资本以及企业内部职工的股本交叉持股、相互融合，建立起各类资本有序流转、进退顺畅的体制机制；应按照各类要素资源所处行业特点，切实做好环境权益、技术产权、文化产权等已有的要素交易业务，不断提升服务水平和市场效率，同时紧跟政策需求，创新交易品种、交易模式和服务产品，不断促进各类要素资源的优化配置，协助政府部门实现对国民经济的调节与控制。三是以国际标准、国际视野推进产权市场国际化发展，应认真学习借鉴国内外资本市场和相关机构的先进经验和做法，应探索与国外交易平台和相关机构合作与交流，条件成熟的可选取部分国际金融中心城市探索设立分支机构，或与国际知名投资银行、律师事务所、咨询公司等中介服务机构合作建设海外办事机构，逐步搭建全球业务网络，拓展市场渠道和发展空间，推动国内和国外在资金、项目和中介服务等方面的高效对接和充分融合。

六、政策建议

（一）建立统一的产权市场法律法规制度

资本市场，法治当先。为推进产权市场高质量发展，应加快产权市场立法工作，应通过法律明确产权市场的资本市场功能定位，明确产权市场的概念、限定条件、运行规范、功能定位及主管部门，明确相关各方的法律责任。同时，应加快研究出台所有要素资源非标准化配置业务的政策法规，促进产权市场规范有序发展。

（二）完善并创新产权交易市场体系

为了完善并创新产权交易市场体系，应按照党的十八届三中全会提出的“建设统一开放、竞争有序的市场体系”的要求，从顶层制度设计入手，坚决摒弃“各自为政，各成一体”的非市场理念，打破行政壁垒和制度藩篱，充分运用产权市场的适应性和可复制性，组织更多的资本、要素资源进入产权市场交易，不再建设同质性的交易场所。

二〇一八年十一月二十日

参考文献

［1］邓志雄．中国产权市场的回顾与思考［J］．产权导刊，2007（7）：24－28.

［2］邓志雄．谈如何推进产权交易市场“四统一”建设［M］//曹和平．中国产权市场发展报告（2014）．北京：社会科学文献出版社，2015：24－31.

［3］邓志雄，胡彩娟．把产权市场打造成为推进资本混合的主要平台［J］．产权导刊，2018（3）：18－22.

［4］邓志雄．发展混合所有制经济的八条理由［J］．产权导刊，2019（2）：26－27.

［5］任兴洲．建立市场体系：30年市场化改革进程［M］．北京：中国发展出版社，2008.

［6］任兴洲，王微，王青，等．建设全国统一市场：路径与政策［M］．北京：中国发展出版社，2015.

［7］常修泽．广义产权论：中国广领域多权能产权制度研究［M］．北京：中国经济出版社，2009.

［8］常修泽．混合所有制经济新论［M］．合肥：安徽人民出版社，2017.

［9］曹和平．中国产权市场发展报告（2008—2009）［M］．北京：

社会科学文献出版社，2009.

［10］夏忠仁．协会在中国产权交易行业规范化建设中的实践及未来发展方向［M］//曹和平．中国产权市场发展报告（2014）．北京：社会科学文献出版社，2015：45－52.

［11］本书编委会．产权市场　中国创造［M］．上海：同济大学出版社，2014.

［12］熊焰．资本盛宴：中国产权市场解读［M］．北京：北京大学出版社，2008.

［13］吴汝川．混合所有制经济的实现路径以及产权市场的作用［M］//曹和平．中国产权市场发展报告（2014）．北京：社会科学文献出版社，2015：69－74.

［14］何亚斌．中国国有产权转让的市场化经验及其国际意义［J］．产权导刊，2018（3）：23－30.

［15］国务院国资委产权管理局．国资新局［M］．北京：中信出版社，2013.

［16］中国企业国有产权交易机构协会．中国产权市场年鉴：2013—2015［M］．北京：经济管理出版社，2016.

［17］中国产权协会．中国产权交易资本市场研究报告［M］．北京：中国经济出版社，2018.

附录二

情满大山[①]

——记中共鹤峰县委书记何亚斌

《湖北日报》记者　张獳海　谢　军　蔡华东

《湖北日报》1994 年 7 月 26 日编者按：

省委推荐几位县以上的优秀领导干部，要求本报突出宣传，他们是：武汉市东西湖区区委书记白元初，仙桃市市委书记刘贤木，保康县县委书记李远继，红安县县委书记、县长李明波，鹤峰县县委书记何亚斌，宜昌县县长陈华远。这些同志牢记党全心全意为人民服务的宗旨，坚持勤政廉政，锐意开拓进取，为当地经济建设和社会发展做出了重大贡献。他们成绩突出，事迹感人，精神可敬，被当地群众称赞为人民的好公仆，是我们广大干部特别是各级领导干部学习的榜样。本报从今日起开辟《公仆风采》专栏，陆续刊载他们的先进事迹。这些通讯虽然篇幅较长，但文字生动，内容丰富，值得一读。

1990 年 4 月的一天，鹤峰县民族剧场座无虚席。千余名人大代表、机关干部凝神静听着新任县长何亚斌的即席发言："……自从踏上这块洒遍烈士鲜血的热土，我就深深挚爱着它。我将以行动证明，我一辈子

---

① 原载《湖北日报》1994 年 8 月 16 日头版头条。

作者简介：张獳海，1994 年时为《湖北日报》要闻部记者，现任湖北日报传媒集团《特别关注》杂志社常务副总编辑。谢军，1994 年时任湖北日报恩施记者站站长，已故。蔡华东，1994 年时任湖北日报政宣科教部副主任，后任楚天都市报总编辑、湖北日报社传媒集团总编辑。

是鹤峰人民的儿子!”全场起立，报以久久不息的掌声……

5 年了，何亚斌履行着对人民的承诺。

(一)

鹤峰，古称容美。全县平均海拔 1 147 米，平均坡度 24.10，地表平均切割深 784 米，形成千峰矗峙，层峦叠嶂。

1989 年 8 月，刚过不惑之年的何亚斌被省委、省政府派遣到鹤峰代理县长。此前，作为湖北省统计局统计信息咨询服务中心副主任，何亚斌悄悄来鄂西南边陲与湘西接壤的鹤峰县作过社会调查：20 来万人口的小县，已累计吃国家补贴 7 000 多万元，工农业总产值居全省县市的倒数第一。

翻开《鹤峰县志》，1913 年至今，63 任县长中有 15 人未到职。新中国成立后，历任县长中有 3 位被撤职或降级，无一升迁。曾有前任县长大发感慨：到鹤峰为官，老大不易!

何亚斌义无反顾地投身大山的怀抱，他说：“我是党培养起来的干部，视人民为父母，与山区群众同呼吸共命运。”

这年 9 月，他收到一份《中国老年报》，报上用红色圈勾了一则用化名写的读者来信：鹤峰县南渡江石拱桥洞里，至今还住着一位 70 多岁的老人，一床篾摺挡风，几块竹板当床，靠施舍度日，不得温饱。

群众疾苦，撞击着他的心扉。何亚斌找来老龄委办公室主任周光友，经了解，老人谭明德原是五里区人力搬运社工人，年轻时是这一方人民生产生活资料的主要运输者。公路修通后，老人无活干了，年老体衰，无亲无戚，只好寄身桥洞，已 8 年了。此事曾经也有领导过问，但相关单位交通局说搬运社是集体单位，他们管不了；民政局说老人不是复退军人，不该他们管。

可何亚斌管定了。他在老龄委的有关报告上批示：“以鹤峰之大，岂无一七旬老人容身之地？我决定：一、由交通局负责落实住房，从南渡江搬迁到五里镇；二、由民政局每月补助40元，从本月起执行；三、限期一周内解决。”

推诿8年之久的事，代县长不到一周就解决了。闻者奔走相告。

这年10月24日，何亚斌到柘坪乡曲溪烟叶收购点，见一群人嘀嘀咕咕，神色愤愤不平。他走进去，见一位中年妇女在卖烟，收购验级的是一个青年小伙子。何亚斌问：“这批烟打什么级？”“末级。”何亚斌看看牌价，末级每斤6分钱。难怪有的农民发誓再不种烟了！“同志，这批烟级是不是低了点？”“我说末级就末级。”小伙子不屑一辩。何亚斌随手拿起3把烟叶：“我借你3把烟，明天下午4点半钟还你。”

第二天下午县烟草公司罗本智经理和一位质检员赶到曲溪。何亚斌递上3把烟叶：“你们是内行，看看这批烟能评什么级？”罗经理和质检员认定：标准的中五级。那位从农村聘来的收购员见此情景，顿时紧张起来。何亚斌说：“你也是农家子弟，怎么能出来几天就把农民的利益丢在脑后呢？”“你现在把昨天那位妇女卖烟叶的差价，跑步送给她，向她做个检讨。”

到鹤峰一年，何亚斌即跑遍全县49个乡镇。碰上不通公路的乡村就步行，有时日行50多千米。那次他带人到不通电话、不通公路、历史上无一任县长“光临”的老村乡，跋山涉水12个小时，为这个乡落实了建一座桥、修一条路、改建一所学校的计划，当年底一一兑现。

城郊中学在百年未遇的大旱中缺水停课，何亚斌带水电干部上山寻找水源，4天内架通水道；冰雹重灾地青山村一组烟叶绝收，村民朱廷协为考上省城大学的女儿无钱报到而发愁，正查看灾情的何亚斌自己掏给他300元，回县城后组织县直机关干部共捐资2万多元支援灾民；特困户的孩子李富荣考取了大学，由县政府、县教委资助一部分，何亚斌也拿出了300元……何亚斌在一次县直机关干部会上强调：“勿以善小而不为。只要是关系到人民群众的切身利益的事，县里要办，区乡村也要办，我们每个干部作为人民的公仆，更要自觉地办。长此以往，日积月累，党和政府在民众中的威望不愁不高，党和政府与民众的关系不愁不密切。”

到鹤峰之初，何亚斌即提出：县政府除完成当年全县经济建设和社会发展目标外，每年还为群众办 8 件实事。几年来，群众说县里每年 8 件实事“落地能砸个坑儿”。

这 5 年，仅就经济发展而言：1993 年与 1990 年相比较，鹤峰县国内生产总值增长 33.4%，工农业总产值增长 34.7%，国民收入增长 27.6%，财政收入增长 43%，摘掉了“倒数第一”的帽子；农民人均纯收入达到 553 元，居恩施自治州各县首位。

（二）

鹤峰穷，是全国“特困县”之一，但在何亚斌眼里心中，鹤峰是块宝地：这里气候温和，雨量充沛，适宜烟茶药等多种经济作物生长；森林覆盖率高达 42%，盛产木材；山高水长，水能资源丰富；地下资源更具潜在优势，仅走马磷矿矿带长达 55.5 千米，品位高达 30% 以上，为全国四大磷矿之一；古生物化石“百鹤玉”更是世间仅有……

“以开放促开发”，何亚斌认识到，生产力中，人是最活跃的因素。立足山区工作实际，治山必须先治人。治人必须先从领导干部开始。

于是，他就此实施着一项与经济发展同等艰巨的思想建设基础工程——“软出山”。

“软出山”之一：1990 年 12 月，何亚斌提议，由县委、县政府、县政协主要领导率领一个经贸团赴上海，“到大商埠去学习商品经济，去开拓市场”。通过种种努力，经贸团与上海烟草公司续签 5 年白肋烟基地产销协议；与上海外贸部门签订茶叶销售协议，使鹤峰“宜红茶”由原来的年出口 4 万千克增长到 21.5 万千克。更重要的是，通过这次经贸洽谈，加深了县级领导干部对商品经济的认识，增强了他们开拓市场的能力，提高了振兴山区民族经济的信心。

“软出山”之二：派出8名副区级干部对口到枝江县乡镇挂职，参与经济管理工作。如今这批干部回到本地大显身手。

“软出山”之三：分批派遣70多名青年干部到中南财大，参加该校专为鹤峰举办的“市场经济理论与实践培训班”学习。现大多数人充实到各个经济工作领导岗位，成为敢于开拓、善于开发的一代新人。

“软出山”之四：抓住机遇，一次次组团携产品带资料赴武汉、杭州、湖南的地市“人见世面，货找婆家”……

“软出山”，激活思想，更新观念，锻炼干部，在山里山外产生重大影响，被州、省领导部门称作是“比建电修路更为重要的建设工程”。县委顾问刘藻华说：以“软出山”开导，教育、改造一批人，通过这一批人来影响一代人，这是开发山区的长远大计。“软出山”，带来的直接效益则是扩大了本地产品的“硬出山”。富硒茶，如今脍炙人口，可几年前知之者稀。1991年8月28日，何亚斌率团赶赴湖南慈利县，参与武陵地区经贸交易会。开幕式当晚，鹤峰县举办了一场别开生面的文艺招待会。4名土家少女和1名土家小伙子身着艳丽的民族服装，端着拣茶簸箕翩翩起舞。当簸箕背面的5个大字光闪闪定格为“鹤—峰—富—硒—茶”时，掌声顿起。这一次，鹤峰经贸成交额高达475万元，其中富硒茶占了70%。何亚斌打听到浙江农业大学设有全国唯一的茶学系，立即前往拜访，获得热情支持。何亚斌安排县茶叶办公室主任带队，选派鹤峰茶叶加工骨干300多人分批到茶学系学习茶叶加工制作技术。紧接着，该校硒元素教研室主任赶到鹤峰，签订了联合开发富硒茶的协议。当年12月17日，浙江省科委发出《专家鉴定许可证》，指定京沪地区专家作评审鉴定。18日，何亚斌和浙江农大常务副校长夏英武分别代表两协议单位在杭州联合举行“中国鹤峰天然富硒茶”新闻发布会，由鉴定委员会专家组组长、中国科学院南京土壤研究所蒋柏欢研究员宣读了《鹤峰茶叶含硒量研究》，由鉴定委员会主任张大衡教授宣读了《中国鹤峰天然富硒茶鉴定》。这是我国第一家通过省级鉴定的天然富硒茶。会毕，当年的鹤峰春茶被与会代表订购一空，仅此一项为全县农民增收1 000多万元。

开放促进开发。到1993年底，全县经济林发展到38万亩，比1990年增加21万亩，全县农村人均2亩经济林，居全省第一。全县茶叶面积发展到10.58万亩，其总产量、总产值、总税收、人均产茶量均居全省首位，名副其实地成为“湖北茶叶第一县”。

（三）

人们说，何亚斌抓教育“贴心”，抓改革“铁心”。

1989年8月，进山伊始，他一个人来到县实验小学察看。当晚，他灯下伏案起草一封公开信：“……鹤峰固穷，然高楼栉比、大厦林立，独我子女就读勤学之所，颓然如一破庙，风雨飘摇，见者莫不悲从中来，怆然泪下……县政府决定改变这一不合理现状，于今年在实验小学建设一栋相当规模的教学楼，为人民办一实事，望各单位鼎力相助，一应手续，即予特办，不可援旧例，公文旅行，延宕时日；一切可免之税费，概予免收；一切可通融处，皆予通融。”从此，他奔走呼号，多次到省有关部门争取资金。在他操持下，一幢建筑面积4 200平方米、设计新颖、美观实用的教学大楼，傲然屹立于山城。

鹤峰县一中，原来每年高考达到“省线”的仅1人，被认为是全州教育质量最差的学校。何亚斌到省城时，一次次叩开水果湖一小、华师一附中等校校长和老师的门，共请了40多位知名教师到鹤峰讲学。华师一附中校长、全国著名教育家李水生被何亚斌聘为县政府教育顾问，该校将鹤峰一中定为教育扶贫点，建立了校际友好关系，使鹤峰一中教学质量稳步提高……

从代县长、县长到县委书记兼县长、县委书记兼人大常委会主任，何亚斌始终把改革抓在手上，大刀阔斧，步步推进。

1992 年 5 月，鹤峰在恩施州第一个、全省第一批率先实行粮油购销全放开，以便农民因地制宜，放弃以粮为纲的束缚，大胆调整产业结构，扩大比较效益更好的茶叶、烟叶和经济林木的种植面积，顺应了民心，收到极好的经济效果。

在全省与南漳县一道率先实行公费医疗改革。

鹤峰县供销系统，是严重亏损企业。1992 年底统计，库存的日用工业品呆滞、变质、残次、损坏有 430 多万元，占库存总额的 25%。翌年元月，何亚斌派出工作组先调查，再拿方案，县委县政府讨论通过后予以实施，对供销企业的经营体制实行改革，由职工自愿组成的 349 个承包体，以自主经营、自筹资金、自理税费、自负盈亏、包干上交的形式租赁了所有的门店、柜台。与此同时，县里对累计亏损近百万元、资不抵债的县百货纺织品公司，也实行了改革。到年底，改革初见成效，供销系统当年收回商品铺底资金 201 万元，收回承包费 98 万元，销售额、利润均比改革前上升 29%。

这期间，县里对汽车运输公司、民族花炮厂、建材公司进行股份制改造，实行了股份合作经营。

坚持“发展才是硬道理”，何亚斌和县委县政府“一班人”在改革中寻求突破再突破。1993 年 4 月，他主持制定了《关于加快非公有制经济发展的若干规定》，俗称“三十八条”，县委、县政府召开了全县非公有制经济发展大会。当年，个体工商业从业人员达 4 647 人，比 1990 年增长 29. 92%。个体私营经济为国家提供工商税 385 万元，比 1990 年上升 131%。1993 年，鹤峰县被省委、省政府授予“发展个体私营经济先进县”称号，在全省 36 个山区县中，鹤峰唯一获此殊荣。省委书记关广富在鹤峰视察时，认为鹤峰的改革“具有可贵的探索精神和大胆的试验性质”。

（四）

何亚斌，出生于湖北通城农家，种过田，当过兵，1982 年中南财经大学毕业后安家省城。他到鹤峰不久，在省成套局机要科工作的妻子、在水果湖一小就读的儿子，也随之迁到了鹤峰落户。

从省城的一名机关干部，成为“一县之长”，何亚斌为自己立下一本拒礼拒贿的“防身簿”，并在扉页上填了一首“浪淘沙”词告诫自己，有句云：“一身正气拒污浊，有盾可挡。”

对送上门的礼品，他和妻子能当场拒绝的就当场拒收，当场推脱不掉的就记下来，想方设法事后退回，从不“欠账”。1993 年 10 月 8 日，何亚斌收到一封信，打开一看，内有一张额度为 5 000 元的定期存单，填的是他妻子之名。“5 000 元事小，伤我清白，则事大矣！”何亚斌就此写道，而后，他将存单连字条一并按来信提供的线索退回送礼人。5 年的呕心沥血，5 年的艰苦奋斗，何亚斌满怀赤子之情，与鹤峰的土地、鹤峰的人民结下了深深的情缘。

附录三

何亚斌：产权市场拓荒者 前瞻者　成就者①

《证券日报》记者　王栓祥　赵谦德

引子

时令已是初冬，江城武汉的阳光依然暖意融融。在武汉东湖新技术开发区光谷广场的一座写字楼内，武汉光谷联合产权交易所董事长何亚斌接受了《证券日报》记者的专访。

12 月 18 日是武汉光谷联合产权交易所创建十周年的纪念日，最近，他们正处在重要时期，正在向国务院国资委申请，拟请批准光谷联交所晋升为“国家队”，获得从事中央企业国有产权交易定点机构资质，从而成为全国拥有此资质的第五家交易所。此前，只有上海、北京、天津、重庆四个直辖市的产权交易所拥有此资质。

人逢喜事精神爽。接踵而来的喜讯让何亚斌这位湖北产权界的拓荒者豪情满怀，感触良多。

---

① 原载于《证券日报》2008 年 12 月 19 日第 2 版。2008 年 12 月，时任武汉光谷联合产权交易所董事长的何亚斌获得“改革开放 30 年　影响湖北 30 人”荣誉称号，《证券日报》记者王栓祥、赵谦德为此进行了专访，采写了这个长篇通讯。

王栓祥，经济学博士，高级记者，1990 至 2006 年在新华社湖北分社工作，长期从事经济领域报道，撰写过大量有影响力的经济报道；2006 年调任《证券日报》湖北记者站任站长至今。赵谦德，记者，20 世纪 90 年代在新华社湖北分社从事地方内参编辑和报道工作，所采写的多篇内参稿曾得到湖北省委、省政府主要领导的重视和批示；2007 年任《证券日报》驻湖北记者站记者至今。

从1998年6月受命组建湖北产权交易所时的一切从零开始，创业十年，历经风雨，到如今的成就斐然的光谷联交所，拥有了宽敞明亮的现代化的交易和办公场所；具备了国有产权、知识产权、资本市场三大服务平台和产权交易、科技成果转让、投资、融资、上市培育四大功能，成为综合性、区域性的产权交易机构。近四年来，光谷联交所的交易量仅次于沪、京、津三大交易所，稳居全国第四位，年平均增长率为50%。抚今追昔，何亚斌感慨万千。他说，开拓产权交易事业的十年，是他职业生涯中最困难也是最难忘的十年。

时不利兮骓不逝

1997年11月，湖北证券公司（现为长江证券股份有限公司）依托证券机构创办产权交易机构的申请，得到湖北省政府的批准。按照政府搭台、市场运作的原则，由湖北证券公司组建湖北产权交易所。在物色主任人选时，有关部门与湖北证券公司协商认为，应选择一个有政府背景、有市场能力、行为规范、事业心强的人担当此任。几经遴选，最终选定20世纪90年代初就在鹤峰县成功实行产权制度改革并取得突出成效、担任过多个领导职务的何亚斌。

湖北产权交易所筹建时，没有编制，没有财政投入，没有办公场所，最主要的还是国有资产管理工作不受重视。国有企业改制不规范，改制涉及国有产权转让，多由地方党政领导干部说了算，基本不进入产权交易所公开交易。以从事国有产权交易为主要业务而建立起来的产权交易所，沦为没有交易业务可做的境地。

当时在湖北省会城市武汉，有分别隶属武汉市、东湖开发区、湖北省科技厅的三家产权交易机构，但几乎都是名存实亡。用一些人的话说，“轮子跑掉了、桌子坐垮了、票子用光了、人员散伙了”，有的还欠下债务。

“时不利兮骓不逝。”但有着坚定信念的何亚斌并没有向困难低头。上任伊始，在湖北省政府领导下，他就筹备举行全省第一次大型产权交易会，一年后，又成功举办了第二次产权交易大会。两次产权交易大会，成交总额达到60亿元，从此拉开了全省产权交易市场培育的历史帷幕。

但是，这种动员式的产权交易大会并没能扭转不利局面。何亚斌转而着眼制度建设，打好制度基础。2001年他促成省财政厅和省工商局出台了《关于规范产权交易过程中产权变动和工商变更登记工作的意见》，并提请省政府办公厅转发了该文。2002年省财政厅又接受了他的建议，提请省政府修订《湖北省国有资产产权交易管理暂行办法》，以省政府令发布。这两个法规和规章对湖北产权市场的培育是一大建树。

真正使产权交易转暖的，是2003年十六届三中全会关于建立现代产权制度的要求，是国资管理新体制的建立。“忽如一夜春风来，千树万树梨花开。”

何亚斌总结说，从1998年到2003年的5年，是为科学发展打基础的5年；2004年初到2008年的5年，是在科学发展道路上迅跑的5年。

理论探索不止　“湖北模式”诞生

在中国产权界，何亚斌有着很高的声望，被不少业内同行尊称为“何老师”。人们评价他是个前瞻者，更是一位产权理论的探索者。在产权交易所初创时期，他深入调查研究，对产权市场作了大量的理论探索，他的理想就是建立一个全省统一、规范、高效的产权交易市场。

还在鹤峰担任县委书记兼县长的时候，何亚斌就思考如何将产权制度改革与资源有效配置结合起来。当时，地处鄂西山区的鹤峰县商业企业亏损严重，在一个20多万人的县，县百纺公司库存的“解放”鞋就有16万双，而且还在继续进货，这种现象让何亚斌下定改革的决心。他将百纺公司所属的鹤峰商场、百货市场、百货中心门市部全部向社会公开拍卖，实行“国有民营”，以此开头，产权制度改革在这个偏远山区县铺开来。在当时的政策环境下，引起颇多争议，但实践证明，这一做法符合中央的基本精神。何亚斌使鹤峰的产权制度改革比邻县早8年至10年，为鹤峰民营经济的发展和农村产业结构的调整打下了坚实的基础，人民得到了实惠。从那以后，鹤峰连年被评为“全省个体私营经济发展先进县”。

湖北产交所成立时，根据省国资局当时的批文，它“不具有监督管理全省产权交易活动的职能，同省内其他产权交易机构是平行关系”，这个批文使得全省产权市场无法整合为统一市场。何亚斌要改变这个批文的立场，他为此付出了八年的努力。

何亚斌做了大量的调查研究。1998年他调查发现，当时湖北产权交易总的情况是机构分散，多头管理，效率很低。但同时，在现代市场体系中，产权交易市场实际上又是一个极具成长性的市场。许多企业的厂长经理都认识到生产要素流动的重要性和迫切性，并有进行产权交易的强烈愿望。何亚斌写出了调查报告，并提出一系列建议。他提出，推动全省经济结构战略性调整，归根结底必须依靠市场配置资源的机制；而这一机制的最重要的市场基础，就是包括证券市场与产权市场在内的资本市场。同时，他还极力呼吁，建立一个统一、规范、高效的产权交易市场。何亚斌看到了产权市场的发展潜力，就是国有产权迫切需要在非公开资本市场并购重组。

2001年，何亚斌等专家撰写的《关于加快湖北产权交易市场培育和发展的建议》的研究报告，被湖北省委、省政府主要领导批示。

另外，他就产权交易的制度化、产权市场的功能及其实现条件、深化产权制度改革发表了数十篇理论文章，不遗余力争取领导支持，营造市场环境，并于2004年撰写出版了专著《产权交易新工具》。

在中国产权市场的改革开放进程中，何亚斌从理论上较早进行了多种探索：

——早在1999年，何亚斌就提出国企改革的主导者必须是出资人，而不能是国企的经营者；

——2000年，他就论述了产权交易市场是资本市场的一部分；

——在国内，他第一个提出并实际开展了未上市公司股权质押融资业务，被很多省市效仿，为中小企业融资开辟了新途径；

——他第一个提出，国有独资企业凡采用增资扩股方式改制的，必须而且只能进入产权交易市场公开竞争完成，使湖北从制度上解决了这个全国性的难题；

——他首创了以评审加竞价的交易方式转让产权，所交易的产权成交价全部高于评估价。

2005年和2006年，湖北省国资委采纳何亚斌的合理化建议，以统一监管机构、统一交易规则、统一信息发布、统一审核鉴证、统一收费标准的"五统一"为原则，对省内产权市场进行整合，形成以武汉光谷联合产权交易所为龙头的全省统一开放的产权交易市场。这一做法得到国务院国资委的充分肯定，被称为"湖北模式"，并向全国推广。

开拓创新　支持中小企业融资

2008年9月10日，国务院批复了湖北省政府呈报的《武汉城市圈资源节约型和环境友好型社会建设综合配套改革试验总体方案》，这对于武汉城市圈和整个湖北的发展意义重大。武汉光谷联交所是在1.5万多字的总体方案中唯一提到名称的一家机构。方案称：要"推动武汉光谷联合产权交易所成为覆盖多种经济成分、多功能、多层次的综合性产权交易机构，加快向圈域内其他城市延伸设立分支机构。"这让何亚斌既兴奋，又感到任重道远。

他引用湖北省委书记罗清泉的一句话来定位产权市场的功能，“中部要崛起，武汉要成为区域性的金融中心，必须发展资本市场，而发展湖北资本市场的切入点就是产权市场。”何亚斌说，必须把未上市公司的股权交易纳入产权交易所，才能发挥产交所的资本市场功能、完善风险投资的退出机制。

武汉城市圈“两型社会”建设试点的启动，还让何亚斌感到应该尽快开展排污权交易。一年多来，光谷联交所做了很多基础性工作，配合湖北省环保局起草了《湖北省主要污染物排放权交易管理试行办法》。省政府常务会议讨论通过后已于11月发文，近期即将开展交易。这将有利于促进环境损害成本的市场形成机制，促进资源节约、环境友好，直接为两型社会建设服务。

2007年12月6日，国家发改委等六部门下发《关于印发建立和完善知识产权交易市场指导意见的通知》，称为3371号文。何亚斌曾经参与过该文的讨论与修改工作。文件下发后，他为此奔走于相关政府部门。今年7月，武汉大学叶永刚教授了解这一情况后，立即上书省政府，建议根据这个文件，搭建非上市公司股权交易平台。目前，武汉光谷联交所正在进行相关交易的规则设计、系统设计、软件设计，经批准后，近期将开展这项交易。何亚斌说，此事，前途不可限量，交易量和资本市场的效能很有可能不亚于证券交易所。

今年8月，科技部正式批准光谷联交所为首批“国家级技术转移示范机构”，全国一共85家机构获批，其中，省市产权交易机构开展这一业务的，除了北京产交所、上海联交所，就是武汉光谷联交所。10月，科技部将该所认定为“中小企业技术服务平台”，开展技术交易、培训和推广。今年1月至10月，该所实现技术交易额3.498亿元。

今年9月爆发的国际金融危机对实体经济产生负面影响，我国沿海外向度较高的省份受到了冲击，国家为拯救中小企业出台了很多措施。“这些措施非常必要，”何亚斌若有所思地说，“但还缺少一条，就是利用产权交易市场支持中小企业融资。”他介绍，光谷联交所从2005年开始在全国首创非上市公司股权质押融资。过去，非上市公司的股权只是在公司董秘处保存一本股东名册，如今托管到光谷联交所以后，该所对股权进行评估，并与金融机构合作，在工商部门办理股权质押后，为其获得融资。迄今为止，已经为28家中小企业融资6亿多元，深受企业欢迎。（本报12月4日曾作报道）。何亚斌还介绍，这一创新业务的特点，一是时间快，二是无须土地、房产等不动产作抵押。这些中小企业获得及时的贷款支持以后，都得到壮大发展。何亚斌指出，高科技成长性好的公司，很多并无土地、房产抵押，因此难以从银行获得贷款，它们只有人脑、计算机，但它们的股权在产权交易所能派上用场，当今，支持中小企业发展，产权市场能够发挥重大作用。

光谷联交所的这一做法，经人民银行武汉分行调研以后，行长张静大加赞赏，亲自著文向央行、银监会推荐。

大丈夫计利当计天下利

湖北产权交易所创办的时候，当时的湖北证券公司出资500万元开办，在没有财政一分钱拨款支持的情况下，如今，已实现盈利2 100万元，2008年的交易额达到876亿元。对此，何亚斌说，大丈夫计利当计天下利，作为产权交易平台，是通过发挥资源优化配置的效能、经济结构调整的效能，为国家、为社会创造财富。

“濒临破产的企业进入产权交易市场，寻找到有实力的收购方，企业搞活了，职工再就业了，这也是产权交易所创造财富的方式。”何亚斌说。

武汉制氨厂是个老国有企业，由于负债过重、经营不善、长期亏损，于1995年被法院裁定破产。同年11月由湖北双环化工集团公司整体收购并更名为武汉联碱厂。又因经营管理不善，2003年再次宣告破产。省国资委和双环集团希望在保值增值的原则下，通过引进有实力、有经验的收购方，把这家老大难企业盘活，并解决 1 000 多名职工的重新就业问题。湖北省产权交易中心受托后，经过卓有成效的项目策划和招商工作，福建省民营企业双强公司成为最终受让人，破产企业起死回生，95% 的职工重新上岗，如今生机盎然。

解放军 3510 厂，是军工后勤生产厂，2005 年 1 月宣布破产，经批准进入湖北省产权交易中心公开转让。项目组根据工厂资产状况，经过科学设计，将该厂资产进行分拆，分三个标的同时挂牌。最后，三个标的都成功实现了转让，工人又全部重新上岗。

白云边股份有限公司是湖北省名牌企业，但国有股一股独大、后续发展资金不足、激励机制不科学的问题一直困扰着企业的发展。为此，当地国资委转让 92.64% 的国有股权，进入湖北省产权交易中心公开交易。通过运用创造的“评审加竞价”的交易方式，最终武汉徐东房地产开发有限公司成为受让人。第二年，企业上缴税收就增加到 8 070 万元，增长 36%。

回首 10 年创业经历，何亚斌用五句话进行了概括：“一腔热情进入，心灰意冷彷徨，心绪茫然守望，意志笃定坚持，满怀豪情发展。”

是的，在我国产权交易界，何亚斌是一个前瞻者、守望者、创新者。十年来，他在产权制度改革、国有企业规范改制、产权交易市场建设等方面进行了卓有成效的探索；他是一个理想主义者，更是一个为理想而坚韧奋斗的开拓者。如今，当理想正一步步变成现实的时候，他仍然没有停下探索的脚步，他还在孜孜不倦地辛勤工作着。

积健为雄

在何亚斌办公室的墙壁上，挂着一幅字："积健为雄"。

采访何亚斌，感觉在他身上，大气与锐气尤显特别。上善若水，是一种气势；厚德载物，也是一种气势。以无形适有形，再从有形中独创新局，这就是何亚斌大事立言的充分彰显。他能在国家相关政策法规前，直陈己见，结果是全国产权交易同行业机构中多个第一的创立。例如，国家最近出台拯救中小企业摆脱金融危机的种种措施，他就旗帜鲜明地提出应加上"充分利用产权交易市场融资"这一条，这是一种勤于思考、敢作敢为的精神，亦可见他大气如虹，让人刮目相看。

何亚斌能有此大气，源于他的锐气。早年创业艰难，几度心灰意懒，酸甜苦辣咸，殊为不寻常。当初一纸任命书，无人无钱无办公场所，到如今，他担纲的光谷联交所，名扬遐迩，走在全国前列。辉煌的背后，是何亚斌不愿让人见的辛酸泪。他失去了许多，但他的成就得到广泛的承认。就在前几天，湖北"改革开放30年，影响湖北30人"的评选刚刚揭晓，何亚斌因致力于产权制度改革、推动湖北产权统一市场建设，有突出贡献而入选。评委会给他的颁奖词中有一段话："作为全国产权界的重要领军人物，他的理论建树和创新实践影响广泛；他创建并领导的产权交易机构，历尽艰难曲折，事业长足发展，被省政府授予'全省国企改革先进单位'的称号，连续4年雄居全国省级同业机构的排头兵。他为建立要素市场——产权市场的建设奋斗10年的行动和成就，影响湖北。"

"天道酬勤"，不朽的名言，为何亚斌的成功做了最生动有力的佐证。

后　记

2012年11月，时任中央政治局常委、国务院副总理李克强在主持召开全国综合配套改革试点工作座谈会时强调："进一步推进经济体制改革，既要搞好顶层设计，又要尊重群众和基层的首创精神。"我国产权市场的建立和发展，就是在党中央、国务院领导下，国资委、财政部不断完善顶层设计，与各省政府及其国资委、财政厅和各地产权交易机构的首创经验相结合的结果。我和我作为创始人的湖北省产权交易机构，就是这"群众和基层"的一分子；我的理论研究和实践探索留下的心得编辑成书，仅是中国资本市场建立和发展这一历史进程中的一朵浪花，汇入伟大时代的海洋。我能够产生这些成果并且将其出版，正如我在《自序》中所说，要感谢改革开放时代给予的机遇，感谢国家和省两级国资委给予的指导。

我要感谢我的导师。1997—1999年我在华中科技大学经济学院西方经济学专业攻读硕士学位研究生期间，受到三任院长的教诲，他们是：吴燮和教授、徐长生教授和张建华教授。我的硕士论文选题《湖北产权交易研究》，导师是产权经济学家张卫东教授，他给我作了精心指导，本书书名就是这位导师为我确定的，他对我的《自序》提出过严格的修改要求。

我要感谢著名经济学家、中国宏观经济研究院博士生导师常修泽教授。1998年我转行产权交易事业，就是在他的《产权交易理论与运作》指导下起步的。2002年10月17日在北京拜会他后，时常得到教导，交谊深厚。本书的编辑出版策划，多次请教他。2019年6月至8

月，常教授提出与我合作，写了一篇万字文，定名为《何亚斌对话常修泽：新阶段中国经济改革纵横谈》，发表在财政部《国有资产管理》杂志同年第 9 期，社长兼总编辑王红玲博士还为此撰写了《编者的话》，简介文章内容和两位对话人物，隆重推荐。蒙常教授愉快同意，此文原拟收入本书附录。可是由于全书字数大大超过出版社要求，我只好删除了我的多篇文章，同时也将此篇文章割爱了。这是我要向常教授说明并致歉的。

我要感谢邓志雄先生，国务院国资委产权局原局长、规划局原局长，为本书作序。我非常尊敬他，他对我一直很关心。他在序言中热情赞扬全国产权界元老："他们对产权市场的开拓创新有着源源不竭的激情，他们有志存高远、公道正派、维护契约、坚守底线的高尚品格，有专注、创新、担当、实干、奉献的产权人精神，有对投身产权事业无怨无悔、情系一生的市场情怀，非常难能可贵，值得总结弘扬。"他对包括我在内的第一代产权人的激情、品格、精神和情怀，作了高度评价。

我要感谢丁志可先生。他原是《中国产权市场蓝皮书》编辑，我是第一副主编，两人合作多年。这本书的编辑出版，就是源于他的动议和坚持，收录的文章基本上是他收集整理的，为我做了初步分类编排和很多文字处理工作。

我要感谢卢栎仁先生。他是江西省产权交易所元老，后被天津产权交易中心延请，担任中国产权行业唯一公开刊物《产权导刊》编辑部主任多年，他为我的《自序》和《前言》提出了很好的修改建议。

我要感谢龙敏贤女士。她是清华大学硕士，退休前曾任湖北人民出版社编审多年，2009 年曾担任我的专著《不信东风唤不来——我与湖北产权市场十一年》一书的责任编辑，对我从事产权事业的经历尤其是个中艰辛至为理解，这次，她以高超的文笔，为我的《自序》和《前言》作了很专业很精当的文字修改。

我要感谢张泽洲先生，我担任湖北省鹤峰县县长时的县委书记，他升任恩施州委常委、州政法委书记后，我继任县委书记兼县长。他是我的班长、兄长和师长，是我学习做人的一座高山。从1989年共事至今31年来，我们一直保持兄弟般的情谊，互相思念，互有诗文往来。他学养深厚，本书的《自序》和《前言》都呈请他最后修改、润色、把关后才定稿。

我还要感谢中国诚信信用管理股份公司中南分公司陈诗嘉和涂雅婧同志，她们为书稿的打印、编排和无数次的修改，做了大量的文案工作。

最后要感谢中国金融出版社对我专著的重视，副总编辑董迪斌和责任编辑王雪珂同志做了许多建设性的工作，吕颖设计团队精心设计了本书封面。

我要对此书的《前言》作几句推介。如果您没有足够的时间或者一开始把握不定这本书的特点，我建议您先看看《前言》，因为它实际上是对全书的导读，介绍了每一篇文章的写作背景和创新点。行文追求平实有趣。记得芝加哥大学教授、1982年诺贝尔经济学奖得主乔治·斯蒂格勒曾说过的话：经济学者的目标，是使自己的成果“正确、客观而有趣”。

回顾我从1998年毅然投身产权交易事业22年以来的工作，不敢说有多大成就，但至少没有虚度，正用得着当代著名作家、画家木心先生的诗句作结：“岁月不饶人，我亦未曾饶过岁月。”

2020年8月18日于武汉